관계를 읽는 시간

관계를 읽는 시간

나의 관계를 재구성하는
바운더리 심리학

문요한 지음

더퀘스트

나의 관계를 재구성하는 바운더리 심리학

관계를 읽는 시간

초판 발행 · 2018년 10월 25일
초판 25쇄 발행 · 2024년 11월 25일

지은이 · 문요한
발행인 · 이종원
발행처 · (주)도서출판 길벗
브랜드 · 더퀘스트
출판사 등록일 · 1990년 12월 24일
주소 · 서울시 마포구 월드컵로 10길 56(서교동)
대표전화 · 02)332-0931 | **팩스** · 02)323-0586
홈페이지 · www.gilbut.co.kr | **이메일** · gilbut@gilbut.co.kr
대량구매 및 납품 문의 · 02)330-9708

기획 및 책임편집 · 박윤조(joecool@gilbut.co.kr) | **제작** · 이준호, 손일순, 이진혁
마케팅 · 한준희, 김선영, 이지현 | **영업관리** · 김명자, 심선숙 | **독자지원** · 윤정아, 최희창

교정교열 및 전산편집 · P.E.N. | **표지디자인** · 어나더페이퍼 | **일러스트** · 최진영
CTP 출력 및 인쇄 · 예림인쇄 | **제본** · 예림바인딩

※ 이 책은 한국출판문화산업진흥원 2018년 우수출판콘텐츠 제작 지원 사업 선정작입니다.

ISBN 979-11-6050-580-1 03180
(길벗 도서번호 040123)

정가 16,000원

독자의 1초까지 아껴주는 길벗출판사

(주)도서출판 길벗 | IT교육서, IT단행본, 경제경영서, 어학&실용서, 인문교양서, 자녀교육서 **www.gilbut.co.kr**
길벗스쿨 | 국어학습, 수학학습, 어린이교양, 주니어 어학학습, 학습단행본 **www.gilbutschool.co.kr**

페이스북 **www.facebook.com/thequestzigy**
네이버 포스트 **post.naver.com/thequestbook**

나의 경계선은
나만의 내밀한 정체성을 보호하고
나의 선택 권리를 지켜준다.

_제라르 맨리 홉킨스 | 시인

아이의 관계에서 어른의 관계로

인간관계가 중요하다는 이야기는 이 세상에 차고 넘친다. 그런데 한번 생각해보자. 인간관계가 좋다는 건 과연 무슨 말일까? 또는 인간관계를 잘하려면 어떻게 해야 할까? 막막한 마음에 책도 사보고 강의도 듣고 인생을 좀 더 오래 산 사람들의 말에도 귀 기울여본다. 다 맞는 얘기다. 그런데 막상 따라 해보려면 늘 어렵다. 뭐가 문제일까? 노력 부족일까? 사람들은 대개 사이가 안 좋은 커플이나 부부는 관계를 위해 그다지 애쓰지 않을 거라고 여긴다. 하지만 그렇지 않다. 그들 역시 좋은 관계를 위해 무척 노력한다. 그럼, 노력에 달린 게 아니라면 대체 무엇이 문제일까?

인간관계는 공부나 악기 연주와 다르다. 공부나 악기 연주는 연습하면 할수록 더디더라도 조금씩 실력이 나아진다. 그러나 인간관계는 그렇지 않다. 애를 써도 엇나가는 경우가 셀 수 없이 많다. 2인 3각 경기와 비슷하달까. 혼자 열심히 뛰어봤자 상대와 호흡이 맞지 않으면 발이 걸려 넘어지고 만다. 나는 열심히 뛰는데 상대는 노력하지 않는 것처럼 느껴져 화가 난다. 마음 같아서는 끈을 풀고 혼자 뛰거나 파트너를 바꾸고 싶다. 그렇다면 과연 다른 파트너랑 뛰면 호흡이 잘 맞을까?

나 역시 자라면서 인간관계는 늘 어려웠다. 노력할수록 꼬여버리는 경우가 부지기수였다. 상처를 받지 않으려 했지만 받았고, 주지 않으려고 애썼지만 주고 말았다. 그 시절 내가 혼란 속에서 간신히 매달린 해법은 '상대와 일정한 거리를 두는 것'이었다. 상처를 주지도 받지도 않을 거리!

함께 있되 거리를 두라
그래서 하늘 바람이
너희 사이에서 춤추게 하라

청년 시절 우연히 만난 칼릴 지브란Kahlil Gibran의 시는 무척 아름다웠다. 아니, 지혜로웠다. '그래, 이게 답이구나!' 싶었다. 그러나 솔직히 말하건대 '상처받지 않을 거리'에서 나는 자유롭기보다 외로웠다. 정신과 의사가 되고 나서야 그 '거리 두기'가 사실 회피의 다른 이름이라는 것을 알았다.

상담실을 찾은 사람들은 마음의 고통을 호소한다. 그 고통은 어

디에서 왔을까? 초기 심리학자인 알프레드 아들러Alfred Adler는 "인간의 고민은 전부 인간관계에서 오는 고민이다"라고까지 했다. 정말 그렇다. 문제는 그렇게 고통스럽다고 하면서도 그 관계에서 벗어나지 못하는 사람들이 대다수이며, 설사 벗어나더라도 또 다른 사람을 만나 비슷한 관계방식을 되풀이한다는 것이다. 인간은 본능적으로 즐거움을 좇고 고통을 피하는데 왜 인간관계에서만큼은 고통을 놓아주지 못할까? 서로의 행복을 바란다는데 왜 정작 누구도 행복하지 않고 서로 고통만 주고받을까?

자신을 인격적으로 무시하는 상사에게 오히려 더 인정받으려고 애쓰는 회사원, 학생이 화를 내면 어쩔 줄 몰라 울어버리는 교사, 매번 마지막이라면서 결국 노후자금까지 다 털어가며 자식의 카드빚을 해결해주는 부모, 누군가 이성적인 관심을 보이면 질겁하고 차단부터 하는 여성, 배우자의 외도를 애서 모른 체하는 남편, 대학생 딸에게 구타당하면서도 아무에게도 말 못하는 엄마, 자신과 다른 의견을 얘기했다는 것만으로 화를 못 참는 상사, 연인이 떠나지 못하도록 폭력을 휘두르거나 자살을 시도하는 사람, 바람피우는 애인과 헤어지고 또 바람기 있는 애인을 만나는 사람……. 이해도 안 되고 말도 안 되는 일이 비일비재하다. 그렇다고 해서 이 비상식적인 인간관계를 맺는 사람들 대부분이 정신병에 걸렸거나 사회적인 기능을 못하지는 않는다. 대개는 일상생활에서 사리판단 잘하는 보통 이상의 사람들이다. 그런데 인간관계만큼은 정말 말도 안 되는 선택과 행동을 한다.

왜 그럴까? 그것은 '관계의 틀' 때문이다. 일정한 모양의 빵을 계속 구워내는 빵틀처럼 인간관계에는 틀이 있다. 이 틀로 말미암아 우리는 서로 다른 사람을 만나더라도 비슷한 관계방식을 되풀이한다. 문제는 그 기본 틀이 어린 시절에 만들어졌다는 점이다. 이 기본 틀은 '아이-어른'의 관계에서 만들어진 것이기에 '어른-어른'의 관계에는 맞지 않는다. 우리는 어른이 되면서 '아이-어른'의 관계틀을 '어른-어른'의 관계틀로 바꿔야 한다. 하지만 어린 시절에 관계 손상을 겪은 사람들의 기본 틀은 잘 바뀌지 않는다. 해결되지 못한 감정과 신념 그리고 애착 갈망 등이 그 기본 틀을 붙들어매고 있는 데

다가, 그 틀 덕택에 어떻게든 이 세상에서 살아남을 수 있었기 때문이다.

어린 시절에는 생존에 도움이 되었던 관계틀이라고 하더라도 성인관계에 적용하면 많은 문제가 생겨난다. 아이 때는 시키는 대로 할 수밖에 없고, 일방적으로 의존할 수도 있고, 화가 나면 토라져 말을 안 하거나, 원하는 게 있으면 떼를 쓸 수도 있다. 그러나 어른의 관계는 다르다. 스스로를 보호해야 하고, 무엇 때문에 화가 났는지 이야기하고 갈등을 풀어야 하며, '나'만 중요하다고 우길 수 없다. 나를 책임지면서도 상대의 입장을 헤아리며 조화를 이루어야 한다. 그러나 기본 틀에 사로잡힌 사람들은 그럴 수가 없다. 그러므로 만일 어른인 당신의 인간관계가 계속 힘들다면 반드시 관계의 틀을 살펴봐야 한다. 우리는 자신도 모르게 어린 시절의 관계방식으로 오늘의 관계를 맺고 있기 때문이다. 그러므로 당신이 겪는 관계의 어려움은 상대를 바꾼다고 해결될 일이 아니다. 당신의 관계방식을 스스로 이해하지 못하는 한, 그리고 과거의 관계방식을 바꾸지 않는 한 문제는 반복된다.

나는 몇 년 전부터 '바운더리boundary'라는 개념을 통해 인간관계의 문제와 해법에 접근하고 있다. 내담자가 과거의 관계틀을 이해하고, 어른의 관계틀로 바꾸는 데 바운더리 개념이 무척 효과적인 도구임을 숱한 상담을 통해 확인하고 있다. 그렇다면 바운더리란 무엇을 말하는가? 이는 인간관계에서 '나'와 '나 아닌 것'을 구분하게 하는 자아의 경계이자, 관계의 교류가 일어나는 통로를 말한다. 자아의 진짜 모습은 혼자 있을 때가 아니라 관계 안에서 바운더리라는 형태로 그 실체를 드러낸다.

이 바운더리의 핵심 기능은 보호와 교류다. 바운더리에 이상이 있는 사람은 '나'와 '나 아닌 것'을 혼동하고, 위험한 상황에서 자기를 보호하지 못하거나 위험하지 않은 상황에서 과잉보호를 하는 등 상호교류에서 어려움을 보인다. 그에 비해 건강한 바운더리를 가진 사람은 굳이 거리를 두려고 애쓰지도 않고 자신을 속이거나 희생하며 인간관계를 맺지도 않는다. 이들은 자신을 돌보면서도 친밀해질 수 있고, 좋은 것은 받아들이고 해로운 것은 내보낼 수 있다. 바운더리의 보호와 교류 기능이 잘 작동하기 때문이다.

바운더리 심리학은 지금 모습으로 충분하다는 위로의 심리학이 아니라 당신의 관계를 재구성하는 변화의 심리학이다. 나는 당신이 자신을 돌보면서 상대와 친해지고, 당신이 당신의 모습으로 살아가려는 것처럼 상대를 상대의 모습대로 살아가도록 존중하고, 갈등을 피하기보다 갈등을 풀어갈 줄 알고, 상대를 염두에 두되 원치 않는 것은 거절하고 원하는 것은 구체적으로 표현하는 사람으로 변화하기를 바라며 이 책을 썼다. 한 가지 양해를 바라는 것은 '바운더리'라는 말의 뉘앙스를 대신해줄 적절한 우리말을 찾지 못했다는 점이다. 물론 '경계' 또는 '영역'이라는 말이 있다. 하지만 이 책에서 사용하는 '바운더리'의 의미는 '보호'와 '교류' 양면을 강조하는 데 비해 이 단어들은 '보호'라는 의미에 치우친 감이 들어 '바운더리'라는 외래어를 그대로 사용하기로 했다.

이 책은 크게 두 가지 내용으로 이루어져 있다. 전반부인 1부와 2부에서는 자아의 바운더리가 왜 중요하며 어떻게 만들어지고 어떻게 문제가 생기는지를 이야기하고, 이어서 3부와 4부에서는 바운더리를 건강하게 다시 세울 방법들을 제안할 것이다. 먼저 1부는 문제제기를 하는 도입부다. 사례를 통해 바운더리가 무엇이고, 왜 중요한지, 그리고 어떻게 만들어지는지를 알아본다. 2부는 바운더리에 문제가 생기면 어떤 일이 일어나는지 구체적으로 살펴보고자 한다. 이를 위해 역기능적 관계 양상을 네 유형으로 구분하여 이들의 심리 상태를 이해한다. 이어 3부는 건강한 바운더리로 기능하기 위해 필요한 다섯 가지 요소를 알아보고, 마지막 4부에서는 바운더리를 건강하게 재구조화하기 위해 우리가 시도해볼 수 있는 방법들을 제안하려고 한다.

물론 바운더리가 건강해진다고 해서 관계의 고통에서 자유로워지는 것은 아니다. 관계의 고통은 인간이 사회적 존재로 살아가기 위해 발달시켜온 진화의 유산이기 때문이다. 인간이 놀라운 사회성을 가질 수 있었던 것은 역설적으로 관계의 작은 손상에도 고통을 잘 느끼도록 설계되었기 때문이다. 즉, 인간의 높은 사회적 협력이야말로 '사회적 고통의 예민함'에 빚지고 있는 셈이다. 관계의 고통에서 자유로울 수는 없다면 우리는 그 고통 안에서 무엇을 해야 할까? 몸이 고통을 느낄 때 비로소 몸을 돌보는 것처럼, 우리는 관계에서 고통을 느낄 때 관계를 돌보아야 한다. 동물은 고통을 피하지만 인간은 고통을 끌어안는다. 그리고 그 고통의 의미를 발견하고 성장한다. '고통을 자원화하여 성숙해지는 것!' 그것은 고통에 대해 인간만이 가지고 있는 태도다.

몇 년 동안 기존의 심리학을 바운더리라는 개념으로 통합하고자 했던 이 치기 어린 시도가 일단락을 맺었다. 봉두난발의 머리카락처럼 어지럽기만 한 이야기들을 이렇게 가지런히 땋아 묶어준 더퀘스트 출판사와 박윤조 부장에게 깊은 고마움을 전한다.

2018년 가을 초입에
문요한

2부

일그러진 바운더리

: 순응형 · 돌봄형 · 방어형 · 지배형

왜 그 사람은 그런 식으로 관계를 맺을까?

3부
행복한 관계의 조건
바운더리가 건강해지려면 필요한 다섯 가지

4부

바운더리의 재구성

바운더리를 다시 세워 '나답게' 사는 법

1부

문제는 바운더리다

당신의 관계는 안녕한가요?

몸이 고통을 느낄 때 비로소 몸을 돌보듯,
관계가 고통스러울 때면 우리는 관계를 돌봐야 한다.

1장

착해서 힘든 게 아니야

●

미숙한 착함에는 자기도 모르는 의도가 숨겨져 있다.

이들의 친절은 스스로 인정하든 인정하지 않든 늘 보상을 요구한다.

●

"사람들은 왜 그렇게 이기적이죠?"

서연이 하소연하듯 이야기했다. 자기는 친한 친구가 원할 때면 언제라도 개인사정을 미룬 채 함께하는데 정작 자신에게 친구가 필요할 때에는 왜 그렇게 나 몰라라 하는지 너무 속상하다고 했다. 상담실까지 오게 된 사연은 친한 친구에게 남자친구가 생긴 것에서 시작됐다. 고등학교 동창인 친구는 이른바 서연의 '절친'이었는데, 연애를 시작하면서부터 서연을 대하는 태도가 점점 달라졌다. 서연도 연애를 해봤으니 이해는 했다. 그러나 서연이 보기에 친구는 그 정도가 심했다. 먼저 연락하는 법이 없었으니까. 나중에 연락하겠다고 해놓고 아예 잊어버리는 일도 잦아졌다. 처음엔 섭섭함에서 시작한 감정이 분노로 번졌고, 상담실에 올 무렵에는 강한 배신감이 되어 있었다.

연애할 때 서연은 혹시라도 친구가 마음 상할까 봐 늘 배려하고 챙겼다. 남자친구와 둘만 만나고 싶은데 친구까지 불러낸 적이 한두 번이 아니었다. 남자친구와 관련된 일은 죄다 친구에게 털어놓았다. 그러는 바람에 남자친구와 다투기까지 했다. 반면에 친구는 서연이 했던 것처럼 배려하는 모습은 손톱만큼도 보이지 않았다. 아직까지 자기 남자친구와 같이 만나자고 한 적도 없고, 둘 사이가 어떤지 잘 얘기해주지도 않으니 말이다.

그러다가 얼마 전에 서연은 감정적으로 폭발하고 말았다. 친구가 오래전에 단둘이 여행하기로 약속한 계획을 다음으로 미루자며 연락해온 것이다. 서연은 보나마나 친구의 남자친구 때문이라고 생각했고, 화가 난 나머지 "너랑은 이제 끝이야!"라고 내뱉고는 전화를 끊어버렸다. 친구도 놀랐지만 화를 낸 서연 자신도 놀랐다. 서연은 친구에게 이렇게까지 화를 낸 적이 없었기 때문이다. 친구는 당황스럽기 짝이 없었다. 자신이 미안한 일을 만든 건 맞지만 서연이 충분히 이해해줄 것이라 생각했기 때문이다.

착해서 늘 손해라고요?
미숙한 착함과 성숙한 착함

　서연의 인간관계는 기본적으로 그랬다. 누군가와 친해지기 위해서 불편한 점이 있더라도 최대한 참는다. 웬만하면 양보하고 상대에게 맞춰준다. 이를테면 약속을 잡아도 상대가 편한 시간에, 상대가 오기 편한 곳에서 만난다. 곤란한 부탁도 웬만해선 거절하는 법이 없다. 때로는 무리를 해서라도 들어준다. 상대가 약속을 갑자기

변경하거나 약속시간에 늦어도 웃는 낯으로 넘어간다. 그뿐 아니다. 서연은 친구의 생일이나 특별한 날을 기억해서 잘 챙겨준다. 쇼핑할 때에도 친구에게 어울릴 만한 게 있으면 하나 더 사서 선물로 준다. 연락도 늘 자기가 먼저 한다. 좋은 친구는 비밀이 없어야 한다고 생각하기에 좋은 일이든 안 좋은 일이든 친구에게 시시콜콜 이야기한다.

그런데 처음에는 고마워하던 상대도 시간이 지나면서 서연의 배려를 당연하게 여긴다. 상대가 자기 이야기를 잘 안 하거나 자신에게 너무 소홀하다고 느껴지면 한 번씩 속이 상한다. '얘는 도대체 나를 어떻게 생각하는 거지?'라는 의문이 종종 들지만, 그래도 참는다. 그런 걸 굳이 이야기하면 어색해지고 불편해지니까. 그러나 '가랑비에 옷 젖는다'는 말처럼 이런 일이 계속 쌓이면, 감정의 둑이 허물어져내리고 도저히 참지 못하는 순간이 찾아온다. 그러면 서연은 연락을 끊고 만다. 그리고 이런 과정은 어느새 하나의 패턴이 되어 끊임없이 되풀이되고 있었다.

서연은 자신이 착해서 늘 손해를 본다고 토로했다. 때로는 사람들이 얄밉고 화가 나서 자신도 얌체처럼 행동하고 싶은데 잘 되지 않는다고 했다. 상대의 입장을 먼저 헤아리는 것이 몸에 배었다는 것이다. 서연은 우산을 예로 들어 이야기를 이어갔다. 비가 오는데 자기만 우산이 있다면 자신이 비를 더 맞더라도 친구 쪽으로 우산을 더 씌워준다고 했다. 설사 친구가 불편해하더라도 그렇게 해야 직성이 풀린다니, 서연의 인간관계를 단적으로 보여주는 좋은 예였다.

"그럼, 만약 서연 씨에게 우산이 없다면 우산이 있는 친구들은 어떻게 하나요?"

"……그러게요. 저는 친구가 비를 덜 맞게 더 씌워준다고 했잖아요. 친구 집이 더 멀면 집까지 데려다주거나 우산을 주거나 해요. 친구들이 괜찮다고 해도 그렇게 해요. 그런데 정작 친구들은 나를 배려해주지 않아서 속상할 때가 많아요. 내가 우산이 있는지 없는지 신경도 쓰지 않거나, 우산을 씌워주더라도 나한테 더 씌워주는 것 같지는 않아요. 때로는 자기 바쁘다고 그냥 가버려요. 난 아무리 바빠도 끝까지 챙겨주는데, 치사하게!"

노골적으로 말하지는 않았지만, 서연은 '난 착한데 다른 사람들은 이기적'이라고 생각하고 있었다. 다만 착하다는 말을 좋은 의미로만 여기지는 않는 것 같았다. 사실 시대가 바뀌면서 '착하다'는 말은 뉘앙스가 꽤 달라졌다. 만일 당신이 누군가에게 "당신은 참 착한 사람 같아요"라는 말을 듣는다면 어떨 것 같은가? 맥락에 따라 느낌이 다를 수 있겠지만, 현재 한국사회를 살아가는 성인이라면 선뜻 그 말이 반갑게 들리지는 않을 것이다.

언제부터인가 '착하다'는 말에는 어리숙하고, 자기 주장도 못하고, 자기 것을 잘 못 챙기고, 개성이나 매력이 없는 사람을 표현하는 부정적인 의미가 덧붙여졌다. '착하다'는 말이 '상처받기 쉬운' 또는 '매력 없는'이라는 말과 비슷해진 셈이다. 부모들은 종종 이렇게 이야기한다. "애가 착해빠졌어요." "착해서 큰일이에요." 착하기만 해서 경쟁이 치열한 이 사회를 어떻게 헤쳐갈 수 있을지 걱정된다는 뜻이 담겨 있다. 실제 다른 아이들을 너무 잘 돕는다며 '착한 성격'을 고쳐달라고 초등학생 아이를 데리고 상담실을 찾은 부모도 있었다. 지금도 그 아이의 당혹스러운 눈빛이 잊히지 않는다.

다른 사람의 요청을 잘 들어주고, 늘 습관적으로 상대를 배려하는 사람들이 있다. 흔히 이런 사람들을 가리켜 '착하다'고 한다. 이게 과연 '착한' 게 맞나? 혼란을 줄이려면 착함을 둘로 구분할 필요가 있다. '성숙한 착함'과 '미숙한 착함'이다. 먼저 '미숙한 착함', 이것은 간단히 말해 '순응'이다. 어른들의 말을 잘 듣고 시키는 대로 순순히 따르는 어린이의 모습과 같다. 아이들은 힘이 약하고 비판적 사고가 발달하지 않았기 때문에 그럴 수 있다. 그러나 나이가 들면 다르다. 비판적으로 사고하고 스스로 판단할 수 있는 나이가 되면 다른 사람의 생각을 그대로 받아들이지도 않고 누가 시킨다고 해서 그대로 따르지도 않는다. 그러니 어른이 아이처럼 다른 사람의 말을 잘 듣고 따라 한다면 착한 것이 아니라 미숙한 것이다. '아이-어른'의 관계에서는 필요했던 '순응'이라는 방식을 '어른-어른'의 관계에서도 반복하고 있는 것이다.

그렇다면 '성숙한 착함'이란 무엇일까? 그것은 '마음이 어질고 선하다'는 의미다. 미숙해서가 아니라 오히려 성숙해서 그렇다. 이들은 자기 주관이 있지만 상대방의 입장을 존중할 줄 알고, 사람들의 시선이 아니라 자신의 내적 기준에 따라 옳고 그름을 구분해서 행동하고, 어려움을 겪는 누군가를 보면 안타깝게 여기고 친절을 베푼다. 많은 사람들은 '자기희생'을 착한 것이라고 생각하지만, 자기

희생에 바탕을 둔 선善은 미숙함일 뿐이다. 미숙한 착함에는 의도가 있다. 칭찬이나 인정을 받으려고 하거나, 상대의 호감이나 환심을 사려고 하거나, 친절과 배려의 대가를 바라는 보상심리가 숨어 있다.

그 여자가 지나치게 친절한 이유

명품과 짝퉁처럼 '착한 것'과 '착한 척하는 것'은 명백히 다르다. '착한 척하는 것'은 '선善'이 아니라 '위선僞善'이다. 평소 유권자를 존경하지도 않으면서 선거철만 되면 "존경하는 여러분!"이라고 외치는 정치인, 동네 궂은일을 도맡아 하고 청소년 선도위원으로 활동하면서도 정작 집에서는 폭력을 휘두르는 가장과 다를 바 없다. 위선은 인간이라는 존재의 모순을 보여줌과 동시에 인간의 중요한 특징임에 틀림없다.

어찌 보면 선보다 위선이 인간의 특징을 노골적으로 드러내주는지도 모르겠다. 이는 그만큼 인간에게 인간관계와 사회적 평가가 중요하다는 반증이다. 인간은 다른 사람뿐 아니라 자신까지 속일 만큼 관계를 중시하는 존재다. 특히 자존감이 낮을수록 다른 사람의 관심, 인정, 평가를 중요하게 여긴다. 자기가치감이 부족하고 자신을 스스로 돌보지 못하기 때문이다. 이들은 자기가치감의 결핍을 다른 사람의 호감과 평가로 채우려고 애를 쓴다.

그러므로 이들의 친절은 스스로 인정하든 인정하지 않든 늘 보상을 요구한다. 자신의 배려와 마음씀에 대해 상대가 어떤 식으로든 인정이나 보답을 해주기를 바라는 것이다. 그 기대가 채워지지 못하면 이들은 상처를 받는다. 겉으로는 부인하지만 마음속으로는 '나는 너를 위해 이렇게 했는데 너는 왜 나를 위해 그렇게 하지 않지?'라는 잣대를 댄다. 그러므로 '미숙한 착함'을 가진 이들에게는 인간관계 역시 일종의 거래관계라고 할 수 있다. 이들은 끊임없이 계산을 하는 '채권자 마인드'를 놓지 않는다. 이들은 상대의 동의를 구하지 않고 과잉친절을 베풀어 인간관계를 일종의 채무관계로 만들어버리는 재주가 있다. 그리고 상대가 벗어나지 못하도록 계속 친절을 베풀어 빚을 늘려놓는다.

그런데 상대가 계속 받기만 하고 갚을 생각이 없어 보이면 이들은 결국 한계에 부딪혀 폭발한다. '왜 너는 나에게 받은 친절을 되갚지 않아!'라며 일종의 빚 독촉을 한다. 그러나 상대는 당황할 수밖에 없다. 왜냐고? 먼저 빌려달라고 한 적이 없으니까. 물어보지도 않고 스스로 줘놓고서는 빌려준 것이라고 하니 당황할 수밖에 없지 않은가! 특이하게도 이들은 완전한 빚 청산을 결코 바라지 않는다. 상대가 빚을 완전히 갚아버리면 서로를 이어주는 고리가 없어진다고 본능적으로 느끼기 때문이다. 그러니 이들은 늘 상대가 자신에게 해주는 것 이상으로 친절과 배려를 베풀고 자신이 베푼 것보다 더 적게 받으려고 한다.

착한 게 아니라 '약한' 거야

착한 사람은 굳이 스스로에게 착한 사람이 되어야 한다고 강요하지 않는다. 착한 사람은 아낌없이 주는 나무가 아니다. 또 내가 이만큼 해줬으니까 너도 나에게 이만큼 해줘야 한다는 식으로 계산하지도 않는다. 상대와의 관계가 염려되어 자기가 힘든 걸 참고 억지로 무언가를 하려고 하지 않는다. '성숙한 착함'이란 기본적으로 자신에게도 좋고 상대에게도 좋은 인간관계를 추구한다. 흔히 "오른손이 하는 일을 왼손이 모르게 하라"고 한다. 예수가 남긴 이 말을 우리는 보통 '좋은 일은 남들에게 알리지 말고 하라'는 의미로 해석한다. 하지만 문자 그대로 알리고 말고가 중요한 게 아니다. 더 중요한 의미는 '보상을 바라지 말고 좋은 일을 하라'는 것이다. 인정이나 보상이 아니라 누군가를 위하는 행위 그 자체에서 기쁨을 느끼는 것이 바로 성숙한 착함이며 사랑이다.

서연은 왜 남자친구와 만날 때 단둘이 만나고 싶은 마음을 굳이 억누르고 친구까지 불러 같이 만나야 했을까? 그게 친구를 챙겨주는 일이었을까? 친구에게 그것은 결코 자신을 위한 배려가 아니었다. 친구는 오히려 불편하니 "그냥 너네 둘이 만나!"라고 이야기하곤 했지만, 집 근처까지 가서 친구를 불러낸 건 서연이었다. 당연히 친구는 서연 커플과 셋이서 만난 적이 있다고 해서 자신 또한 그래야 한다고 생각하지 않았다. 자신의 일거수일투족, 특히 남자친구와 관련된 일을 서연에게 모두 얘기하고 싶지도 않았다.

이런 사람들은 착해서가 아니라 자기를 스스로 돌보지 못할 만큼 자아가 약해서 인간관계가 힘들다. 성인에게 나타나는 '미숙한 착함' 아래에는 '낮은 자존감'과 '발달하지 못한 바운더리'가 자리잡고 있다. 제대로 성장하지 못한 자아는 슬프게도 스스로 위안과 기쁨을 만들어낼 줄 모른다. 그런 자아를 지닌 사람들은 관심사나 취향, 성격 등의 동질감에 기초해서 편안한 인간관계를 맺는 것이 아니라 과잉친절이나 순응을 통해 상대방의 인정과 관심을 얻고자 한다. 스스로 만들지 못하는 위안과 기쁨을 다른 사람과의 관계에서 얻어내려고 하는 것이다. 자연히 시간이 지날수록 관계는 한쪽으로 기운다.

냉정하게 말하면 이들의 모습은 상대를 위하는 '척'하는 데 가깝다. 실제로 이들은 관계에 대한 크나큰 기대에 압도된 나머지 상대에게 온전히 집중할 수가 없다. 모든 주파수를 상대에게 맞추고 많은 관심을 보이는 것 같지만, 사실 그들의 관심은 온통 상대 자체가 아니라 상대가 자신을 어떻게 보느냐에 쏠려 있다. 상대가 어떤 생각을 하고, 무엇에 관심을 가지고 있고, 서로에게 무엇을 원하는지 제대로 알지 못한다. 그냥 자기 방식대로 열심히 잘해주면 상대도 자신을 좋아해줄 것이라는 착각 속에 관계를 맺는다. 마치 자신이 좋아하는 막대사탕을 엄마에게 한가득 주면 엄마도 기뻐할 것이라고 생각하는 아이와도 같다. 물론 엄마는 아이의 의도를 알기에 얼마든지 기쁜 척해줄 수 있다. 하지만 건강한 성인은 자신의 감정을 조절하지만 만들어내지는 않는다. 서연은 상대를 나와 다른 마음을 가진 독립적인 인격체로 바라보지 못한다. 나와 남을 구분하는 '바운더리'가 희미하기 때문이다. 늘 엄마랑 같이 있으려고 하고, 내가 좋아하는 것은 엄마도 좋아한다고 생각하는 아이와 같다. 결국 과잉친절을 베푸는 이들은 상대 때문이 아니라 자기 때문에 상처받는다.

2장

왜 상처는 가까운 사람이 더 줄까?

●

상대와의 거리가 가까워지면 전혀 의도하지 않았어도

상처를 주고받을 수 있다. 이것이 인간관계의 본질이다.

●

"노력해도 안 되는 게 있네요. 정말이지 내가 할 수 있는 건 다 해봤습니다. 애초에 우린 서로 안 맞았는데, 그동안 억지로 맞추려고 너무 애써온 것 같습니다."

결혼 8년 차인 영호가 먼저 입을 열었다. 영호 부부는 둘 다 변호사로, 부부상담을 하러 오긴 했지만 사실 관계가 회복될 것이라는 기대를 포기한 지 오래다. 이미 3년 전부터 각방을 쓴다고 했다. 어쩔 수 없이 동석해야 하는 자리가 아니고서는 밥을 같이 먹는 일이 없다. 영호만 따로 상담하는 자리에서 그는 자신의 심정을 이렇게 이야기했다. "내가 지금까지 무언가를 위해 이렇게 노력한 일은 없었어요. 사법고시 공부를 할 때보다 더 노력한 것 같아요. 저는 좋은 가정을 만들고 싶었습니다. 정말 좋은 부부가 되고 싶었고 아내를 행복하게 해주고 싶었죠. 그러나 이제 와서 생각해보면 너무 절망스러워요. 상처밖에 남은 게 없거든요." 그가 상담하러 온 이유는 이혼을 앞두고 그래도 할 수 있는 노력은 다 했다는 일종의 선언 같은 의미였다. 그는 결혼생활에 마침표를 찍고 싶어했다.

받았다는 사람은 많은데
준 사람은 없는 '상처'

인간관계를 주제로 강의나 워크숍을 할 때면 종종 이런 질문을 던진다. "지금까지 당신에게 크게 상처를 준 사람은 누구입니까?" 많은 사람들이 어렵지 않게 대답한다. 가장 많이 나오는 사람은 누구일까? 그렇다. 부모와 배우자가 압도적이다. 그리고 친구, 애인, 형제자매, 직장 상사 등이 그 뒤를 잇는다. 하나같이 가까운 이들이다. 그 질문을 듣고 누군가를 떠올리는 것만으로 얼굴 표정이 달라지는 이들도 있다. 상처받은 기억은 머릿속에만이 아니라 온몸에 저장되어 있는 것 같다.

잠시 후에 또 다른 질문 하나를 던져본다. "지금까지 당신 때문에 크게 상처를 받은 사람은 누구입니까?" 사람들은 좀처럼 대답이 없다. 단지 옆 사람들의 눈길이 신경 쓰여서만은 아니다. 비밀 유지를 위해 익명으로 종이에 써서 내라고 해도 잘 떠올리지 못한다. 작은 실망이나 상처는 줘봤겠지만 누군가에게 그렇게 큰 상처를 준 일은 없다고 생각하는 사람들이 대다수인 것이다. 아이러니하지 않은가? 우스갯소리로 도박판 돌아가는 모습과 비슷하다. 돈을 잃었다는 사람만 있지, 땄다는 사람은 없다.

세상에는 대단해 보이는 사람이 참 많지만 하나하나 속을 들여다보면 인간은 참 약한 존재다(돌려 생각하면 조금은 위안이 되는 얘기이기도 하다). 정신과 의사를 하면서 느낀 것은 인간은 인간에게 너무나 쉽게 상처받는 존재라는 사실이다. 누군가의 스쳐 지나가는 말 한마디와 의미 없는 행동 하나에도 우리의 마음은 깊게 베이거나 구겨지곤 한다. 눈길 한 번 부딪히는 것만으로 사랑에 빠지기도 하지만, 반대로 적개심을 느끼고 살인을 저지르는 것 또한 인간이다. 왜 그럴까? 인간은 뼛속까지 사회적 존재이기 때문이다.

사회적 존재라는 말은 이중적이다. 사람 덕분에 기쁘고 행복하지만, 또한 사람 때문에 고통받도록 설계된 존재라는 점에서 그렇다. 인간의 감정은 고도로 분화되어 있다. 그 감정의 대부분은 사회적이다. 복잡다단한 사회적 감정 때문에 우리는 쉽게 상처받는다. 상대가 내 마음 같지 않아 힘들고, 상대가 나를 무시하는 것 같아 힘들고, 상대와 멀어지는 것 같아 힘들고, 상대가 나보다 다른 사람을 더 좋아하는 것 같아 힘들고, 내가 집단에서 따로 노는 것 같아 힘이 든다.

그런데 이런 사회적 감정은 왜 이토록 예리하고 강렬하게 느껴지는 걸까? 이 감정들은 무슨 역할을 위해 존재할까? 강렬한 사회적 감정이 그저 인간에게 뼛속까지 스미는 고통을 주려고 존재하지는 않을 것이다. 신체적 고통을 잘 느끼도록 설계된 덕분에 인간은 몸을 보호한다. 마찬가지로 사회적 고통은 곧 관계를 잘 돌보라는 신호다. 상대가 나를 무시해도, 집단에서 따돌림을 받아도, 사랑하는 사람이 나를 떠나도 우리가 아무 고통을 느끼지 않는다면 애초부터 인간관계를 위해 노력할 필요가 없지 않겠는가.

우리가 상처받기 쉽다는 말은 거꾸로 우리 자신 역시 누군가에게 상처를 주기 쉬운 존재라는 말과 같다. 당신도 얼마든지 상처를 주는 그 누군가가 될 수 있다는 것이다. 이기적이라거나 나쁜 사람이어서가 아니다. 이타적이기 짝이 없는 사람이거나 공감의 명수여도 남에게 상처를 줄 수 있다. 상대와의 거리가 가까워지면 전혀 의도하지 않았어도 상처를 주고받을 수 있다. 이것이 인간관계의 본질이다. 생각해보자. 만원버스에서는 애초에 상대를 불편하게 하려는 의도가 있건 없건 조금만 움직여도 불편을 주고받을 수밖에 없다. 한 침대에서 두 사람이 자면 상대를 괴롭히려는 생각은 꿈에도 없었건만 잠결에 상대를 깨울 수 있다. 심지어는 상대를 위로하려고 한 말과 행동에도 상대는 오히려 괴로워하거나 상처받을 수도 있다. 어떤 식물에게는 자주 물을 주는 것이 해가 될 수 있고, 인간에게 좋은 음식이 어떤 동물에게는 독이 되는 것과 같다. 부모는 관심과 사랑이라고 생각하며 베풀지만 아이들에게는 감시와 간섭이 되고, 친구는 관심을 기울여 조언을 해주지만 듣는 사람은 무시당했다고 느낀다. 인간관계는 본질적으로 힘들다.

영호는 이 결혼에서 자기 혼자 너무 많이 노력한 게 억울했고, 자기 혼자 너무 많은 상처를 받았다고 생각했다. 아내의 기분에 먼저 신경 쓰고, 언제나 인내하고 양보하며, 다툰 뒤에도 먼저 사과하면서 대화를 시도한 사람은 늘 자신이었다. 자신은 아내와 사이가 멀어지면 일이 손에 안 잡히는 데다 서로 말도 안 하고 지낼 때면 집에 있는 게 가시방석인데, 아내는 자기 할 일도 잘하고 집에서도 아무 불편함 없이 지내는 것처럼 보였다. 과연 아내는 별로 힘들지 않았을까? 영호는 부부간의 문제를 형사사건처럼 아내는 가해자, 자신은 피해자 구도로 바라보고 있었다. 그는 나를 마치 판사라고 여긴 듯 누구의 잘못이 큰지 객관적으로 판결해주기를 바랐다.

안타깝게도 그는 자신 때문에 아내가 겪었을 고통은 미처 헤아리지 못했다. 아니 듣고 싶지 않았고 들으려고 하지 않았다. 그렇게 일방적으로 양보하고 노력한 자신 앞에서 아내는 힘들다는 말을 할 자격이 없다고 생각했다. 간혹 아내가 힘들다고 하소연하면 그는 무반응으로 일관했다. 아내가 힘들다고 할 때 영호에게 가장 먼저 떠오르는 것은 '너 참 이기적이구나' 하는 느낌이었다.

바운더리가 모호해질 때:
관계의 소유욕

모자를 오래 쓰고 있으면 벗고 나서도 왠지 계속 쓰고 있는 느낌이 들 때가 있다. 안경도 마찬가지다. 마치 내 몸의 일부이기라도 한 듯 자꾸 머리나 콧등으로 손이 간다. 모자는 내 바깥에 존재하는 물건인데, 내 머리 위에 오래 있다 보니 내 신체의 경계, 즉 바운더리가 잠시 모호해진 것이다.

인간관계 역시 마찬가지다. 누군가와 가까워질수록 우리는 상대를 '남'이 아니라 나의 일부처럼 여기는 습성이 있다. 사람의 자아에도 바운더리가 있다. 누군가와 가까워질수록 바운더리는 흐트러진다. 다시 말해 나의 경계가 일부 허물어지면서 '우리'라는 교집합이 만들어진다. 서로 다른 사람이 만났지만 같은 관심사를 발견하고, 비슷한 감정을 느끼고, 추억을 공유하고, 더 나아가 상대의 고통과 기쁨의 일부를 나의 고통과 기쁨으로 느끼게 된다. 친밀함이란 이렇게 '나'와 '너'가 만나 그 사이에 '우리'라는 공유 영역을 만드는 것이다.

공유 영역은 나와 너의 바운더리가 일부 허물어지며 생겨난 곳이라 어느 한 사람의 영역이라고 할 수 없다. '나'이면서 '너'인 '나-너I-You'의 영역이다. 누군가를 만나 이렇게 바운더리가 허물어지고 '우리'가 만들어지는 것은 전혀 이상한 현상이 아니다. 오히려 그런 일이 벌어지지 않는 게 이상하다. 누군가와 자주 만나는데도 '너는

너, 나는 나'라는 경계가 명료하다면 그 관계는 형식적인 관계일 뿐
이다.

　문제는 이 친밀함의 양면성에서 생겨난다. 친밀함은 나에게 상
대와 연결되어 있다는 연결감과 안정감을 준다. 그러나 그 이면에는
그늘 또한 있다. 누군가와 가까워진다는 것은 서로의 바운더리가 겹
쳐진다는 것이기 때문에 나와 너의 구분이 모호해지고 상대를 나의
일부처럼 생각하게 되는 것이다. 내가 말하지 않아도 상대가 내 마
음을 알아주기를 바라고, 누가 뭐라고 해도 상대는 끝까지 내 편이
기를 바라고, 상대가 내 생각대로 생각하고 내 마음에 들도록 행동
하기를 바란다. 양상은 다르지만 결국 상대가 상대의 모습대로가 아
니라 내 기대대로 존재하기를 바라는 욕구가 커진다. 다시 말해 상
대방이 나와 다른 마음을 가진 독립적인 한 인간이라는 사실을 잊고

'관계의 소유욕'이 생기는 것이다. 어린아이일수록 이런 욕구가 강하게 나타난다. 부모가 늘 자기만 바라봐주기를 바라고, 말하지 않아도 자신의 마음을 다 헤아려주기를 바라고, 내가 좋아하는 것은 부모도 좋아해주기를 바란다. 이렇듯 친밀한 관계는 '연결감'이라는 빛과 함께 '소유욕'이라는 어둠이 늘 같이한다.

어찌 보면 인간은 물질적 소유욕보다 관계의 소유욕이 더 클지 모른다. 〈창세기〉에 따르면 최초의 인간은 아담이다. 아담이 에덴동산에서 짝 없이 혼자 지내자 조물주는 아담의 갈비뼈를 꺼내어 이브를 만들어준다. 왜 하필 갈비뼈일까? 이 상징적인 이야기에는 인간관계에 대한 중요한 단서가 담겨 있다. 아담에게 최초의 타인인 이브는 아담처럼 흙으로 만들어진 것이 아니라 아담의 신체 일부로 만들어졌다는 사실이다. 한마디로 아담에게 이브는 남이 아니라 자신의 일부인 셈이다. 이 이야기에는 인간은 타인과 가까워지면 가까워질수록 상대의 타자성他者性을 부정하고 자신의 일부처럼 여기게 된다는 의미가 담겨 있다.

하나가 된다는 것, 말은 참 근사하다. 그러나 '하나됨'은 두 가지로 구분해야 한다. 우선 '건강한 하나됨'은 불완전한(인간은 누구나 불완전하다) 두 사람이 만나 서로가 서로에게 의지하되 각자의 개별성을 유지하는 상호의존적인 관계를 말한다. 다른 한쪽에는 '신경증적인 하나됨'이 있다. 후자의 중심에는 유아적 애착욕구가 있다. 갓난아이는 양육자가 잠시 떨어지는 것도 공포로 여기고, 양육자가 온전히 자신에게만 관심을 쏟아주고 돌봐주기를 바란다. 아이에게 양육자의 사정은 전혀 중요하지 않으며 안중에도 없다. 아이는 오직 자기 안위에만 신경을 쓴다.

애착이란 자기 생존을 위한 일방적인 집착과 의존을 말한다. 인간의 애착욕구는 동물 중에서도 가장 강하기 때문에 안정적 애착이 형성되는 3세 이후로도 지속되어 정도는 덜하더라도 여전히 양육자의 사랑을 독차지하고 싶어한다. 자기만 위해주기를 바라고, 말하지 않아도 자신의 마음을 다 헤아려주기를 원한다. 유년기 이후의 이러한 애착욕구는 상대를 나의 욕망 충족의 대상으로 보는 '소유로서의 하나됨', 간단히 말해 소유욕이다. 유아의 애착욕구는 정상이지만 성인의 애착욕구는 관계를 파국으로 끌고 가는 원인이 된다. 이들은 성인이 되어서도 상대가 자기만 바라봐주고, 말하지 않아도 이해해주고, 자기 기대에 부응해주기를 일방적으로 요구한다. 그러고는 기대에 부응하지 못하면 실망하고, 좌절하고, 분노하고, 고통스러워한다.

이런 사람들은 크게 두 부류로 나눌 수 있다. 첫째, 유아기에 애착손상을 반복적으로 겪은 탓에 어른이 되어서도 애착갈망을 가지고 있는 사람들이다. 이들은 애착손상으로 마음에 구멍이 난 것처럼 늘 내면의 결핍을 느낀다. 이 결핍은 일반적인 인간관계에서는 별다른 문제를 일으키지 않지만 누군가와 가까워지면 문제를 일으킨다. 결핍은 늘 과잉을 부르기 때문이다. 애착결핍은 애착갈망으로 이어져 상대를 소유하고 싶어지고 상대와 하나가 되기를 원한다. 물론 연애 초기에는 호르몬의 분출로 어느 커플이나 늘 함께 있고 싶고 뭘 해도 좋아 보이고 서로 하나가 된 것 같은 착각에 빠진다. 마치 어릴 때 양육자와 공생관계를 맺었던 것처럼 강력한 융합이 일어나는 것이다. 그러나 일반적인 사랑은 이내 열정이 시들고 그 자리에 우정과 친밀함이 깃든다. 혼란을 겪지만 결국 융합의 관계는 재분화가 일어나 '나' '너' '우리'의 관계로 재정립되는 것이다. 그러나 애착결핍을 가진 이들은 이러한 재분화가 일어나지 않는다.

둘째, 자기 세계를 발달시키지 못하고 삶의 의미와 기쁨을 찾지 못한 어른들이다. 이들은 뚜렷한 애착손상은 없다고 하더라도 어른이 되는 과정에서 자신의 개별성을 발달시키지 못하고, 삶의 의미와 방향을 찾지 못했다. 이들은 주어진 일을 열심히 하지만 어느 순간부터 삶에서 공허감을 느낀다. 어떤 이들은 그 공허감을 자신의 삶을 찾아가는 발판으로 삼지만 그렇지 못한 이들은 방황한다. 그리고 엉뚱하게 자신이 불행하고 삶이 공허한 이유를 가까운 상대방의 탓으로 돌리거나 상대가 해결해주기를 바란다. 이로 인해 퇴행적으로 상대에 대한 기대감이 높아지고 관계의 소유욕이 커진다. 상대가 자신을 행복하게 해주어야 한다고 생각하고 상대가 자기 기대대로 해주기를 바라는 것이다. 상대에게 좌절한 이들 중에는 결별이나 외도를 통해 새로운 사람을 만나보지만 공허감은 더 깊어지고 만다. '자기결핍'이 낳은 실존적 공허는 관계를 통해 채워지는 것이 아니기 때문이다. 관계의 소유욕은 연인이나 배우자뿐 아니라 자녀를 향하는 경우도 많다. 자기 삶에 대한 희망 대신 자녀의 삶에 대한 희망에 기대어 삶을 살아가며, 자신의 기대와 욕망을 끊임없이 자녀에게 주

입한다.

　이렇게 유년기의 애착결핍이나 성인기의 자기결핍은 가까운 인간관계를 왜곡시킨다. 상대의 개별성을 고려하지 못하고 상대를 자기욕망 충족의 대상으로 바라보는 것이다.

바랄 수 없는 것을 바랄 때: 결핍이 몰고 온 파국

　'바랄 수 있는 것을 바라는 것'이 건강함이다. 그럼 신경증은 무엇인가? '바랄 수 없는 것을 바라는 것'이다. 죽지 않기를 바라는 것은 건강하지 못하다. '늘 행복하기를 바라는 것' '서로 사랑하는 마음이 변치 않기를 바라는 것' '상대가 내 기대대로 행동하기를 바라는 것' 이 역시 신경증적 바람이다.

　인간관계 중에서도 특히 부부관계에 문제가 있는 내담자들을 상담해보면 공통적으로 '상대에게 바랄 수 없는 것을 바라는' 마음이 크다. 덜렁거리는 성격의 배우자에게 꼼꼼하기를 바라고, 공감능력이 떨어지는 배우자에게 말을 따뜻하게 해주기를 바라고, 우울한 성향의 배우자에게 잘 웃고 애교 있기를 바라는 등 그 사람이 잘할 수 없는 것을 잘하기를 바란다.

　영호는 이해심 많고 따뜻한 아내를 원한다고 했다. 자신이 기분이 상해 있으면 말하지 않아도 먼저 다가와 무슨 일이 있는지 물어보고 자신의 마음을 위로해주기를 바랐다. 그러나 아내는 말을 걸지 않으면 먼저 다가오는 법이 없었다. 엄마가 되면 좀 더 가정적이 될 거라고 기대했지만 딸이 태어난 뒤로도 달라진 것은 없었다. 딸이 6개월이 되기도 전에 다시 일을 시작한 것도 불만이었다. 마음 같아서는 3년 정도는 아이를 키워주기를 바랐지만 참고 넘어갔다. 오히려 집까지 아내의 직장 근처로 옮겨주었다. 그러나 아내는 그것을 굉장한 배려인 양 말하는 남편을 이해할 수 없었다. 아이를 돌보며 직장을 다니는 자신에게 그 정도는 당연히 해주어야 한다고 생각했다. 영호는 둘째를 낳자는 말을 꺼내면 아내가 그럴 마음이 없다고 딱 잘라 거절하는 것도 못마땅했다.

갈등은 부모와도 이어졌다. 전문직 부모 아래에서 자유롭게 자란 아내는 살림살이까지 하나하나 신경 쓰는 시어머니를 힘들어했고, 이를 감추지 않았다. 예를 들면 어머니는 수시로 농산물과 반찬거리를 챙겨 보내지만 아내는 그때마다 먹는 사람 없으니 보내지 마시라고 이야기했다. 영호는 어머니 마음을 생각해서라도 '고맙습니다. 잘 먹겠습니다'라고 말해주기를 바라지만 아내는 너무 솔직했다. 자신의 집을 무시해서 배려심 없고 무례한 것 같아 상처를 받았다. 시댁에 안부전화도 점점 뜸해지더니 2년 전부터는 일 핑계로 명절에도 내려가기 싫어했다. 장남의 위신이 말이 아니었다. 중간에 끼여서 난처한 적이 많았지만 그래도 아내를 위해 변명 아닌 변명을 했다. 그러나 아내는 그런 노력에 한 번도 고마워하지 않았다. 실망은 미움으로, 미움은 증오로 커져만 갔다.

영호의 불만을 아내는 어떻게 느끼고 있을까? 아내는 영호를 이 해할 수가 없다. 연애할 때 벌써 자신이 어떤 사람인지 알았을 텐데 말이다. 아내는 다른 여자들에 비해 애교도 없고 이해심이 많지도 않았다. 결혼 전부터 아이는 하나만 낳을 것이며, 육아 때문에 직업 을 포기하지 않겠다고 선언했다. 결혼 전에는 자신의 어머니와 달리 의사 표현을 분명히 하고 자기 일을 열심히 하는 모습에 반했다고 말하지 않았던가! 그런데 결혼 이후로 점점 다른 사람이 되어달라고 요구한다고 느꼈다. 영호 이야기와 달리 정작 아내는 남편이 배려해 주지 않는다고 생각했다. 남편은 자신이 무엇을 원하는지도 물어보 지 않고 늘 자신이 주는 것을 좋아해주기를 바랄 뿐이었다. 그리고 자신이 힘들다고 하면 "그게 왜 힘들어! 좋게 생각할 수도 있잖아" 라고 반응했다.

영호는 결혼 전에는 아내에게 바라는 것이 아무것도 없다고 했 지만, 막상 결혼한 뒤에는 바라는 것이 점점 많아졌다. 이성적인 아 내에게 따뜻한 사람이기를 바라고, 자신의 삶에 충실한 아내에게 집 안일을 나서서 하는 맏며느리가 되기를 바라고, 말로 표현해줘야 이 해하는 아내에게 말하지 않아도 자신의 마음을 이해하는 사람이기 를 바랐다. 그리고 아내가 기대에 부응하지 않자 좌절하고 분노했다.

영호는 2남 3녀의 장남으로 부모의 많은 관심을 받고 자랐다. 그것은 사랑이라기보다 기대에 가까웠다. 그는 아버지 뜻에 따라 시 골에서 초등학교를 마치고, 중학교 때부터 서울에 있는 친척집에서 생활했다. 싫다는 말조차 못했다. 부모의 기대대로 법대에 진학했고,

오랜 시간 고시에 매달렸다. 다른 길을 생각할 수 없었다. 어렵게 합격했지만 그것은 기쁨이 아니라 부채를 해결한 것 같은 홀가분함이었다. 그조차 오래가지 못했다. 뒤늦은 혼란이 찾아왔다. 연수원 시절부터 겉돌았다. 그동안은 부모의 기대에 부응하느라 열심히 살아왔지만 이제 무엇을 위해 살아야 할지 의문이었다. 다른 동기들 따라서 취직하고 변호사로 개업했지만 일은 아무 재미도 없고 고달프기만 했다.

반면 아내는 어릴 때부터 법률가가 되고 싶었고 학생 시절부터 지금까지 사회활동에 관심이 많다. 연애 시절에는 자신의 목표를 가지고 열심히 살아가는 아내의 모습이 참 좋아 보였다. 그런데 결혼 후 일과 육아 모두를 놓치지 않으려고 바쁘게 살아가는 아내의 모습에 안타깝기보다 화가 났다. 자신에게 무관심하고, 자기밖에 모르는 것처럼 느껴졌다. 왜 그랬을까?

영호는 결핍이 많았다. 학교에 다니느라 일찍이 부모와 떨어져 친척집에서 눈칫밥을 먹었던 시절의 외로움도 컸고, 성인이 되어 삶의 의미와 방향을 잃어버린 데 따른 혼란도 컸다. 그러한 결핍과 불만은 고스란히 아내를 향한 기대로 이어졌고, 이는 더 큰 갈등과 고통을 낳았다. 있는 모습 그대로 아내를 좋아했던 그는 어느덧 자신의 기대대로 살아가는 아내를 원했다. 그의 부모가 그에게 그랬던 것처럼.

그러나 영호는 부모의 기대에 부응하느라 애썼지만 아내는 달랐다. 영호 부부와의 상담은 세 번 만에 중단되었다. 영호는 처음부터 부부갈등의 원인은 아내라고 생각했고 당연히 아내가 달라져야 한다고 생각했다. 결국 상담은 아무런 소득도 없이 끝이 났다. 벌써 5년도 넘은 일이다. 그 뒤로 두 사람이 어떻게 되었을까? 영호는 자신의 기대에 맞는 다른 사람을 만나 행복하게 살고 있을까? 영호는 내면의 결핍을 다른 사람을 통해 해결하게 되었을까?

● 관계의 소유욕이 강한 사람들의 특징 ●

1. 내면의 결핍이나 삶의 불만을 관계를 통해 채우려고 한다.
2. 가까워지면 상대가 나와 다른 마음을 가진 개별적인 사람이라는 사실을 잊고 만다.
3. 가까워질수록 상대에 대한 비현실적인 기대가 많아지고, 상대가 자기 기대대로 바뀌기를 요구한다. 상대가 바뀌지 않으면 몹시 고통스러워하고 불행하다고 느끼며, 상대를 가해자로 자신을 피해자로 여긴다.
4. 자신을 늘 이해해주기를 바라고, 표현하지 않아도 자신이 원하는 것을 알아서 해주기를 바란다.
5. 비대칭적인 기준을 가지고 있어, 정작 상대방이 자신에게는 무엇을 원하는지에 대해서는 별 관심이 없다.

3장
조종하는 자와 조종당하는 자

●

놀랍게도, 시간이 가면서 남자가 던진 말들은
고스란히 미진의 생각과 감정이 되었다.

●

"남자친구가 너무 감정조절을 못하는데, 좀 고칠 수 있을까 해
서요. (…) 그런데 저도 문제가 있어요. 제가 자꾸 남자친구의 성미
를 건드리거든요. 남자친구도 저도 바뀌고 싶어서 왔어요."

데이트 폭력 때문에 남자친구와 같이 상담실에 온 미진이 어렵
게 말문을 열었다. 남자의 폭력은 처음에는 고함을 지르거나 폭언을
퍼붓는 수준이었으나 점점 심각해져서 최근에는 물을 끼얹거나 미
진을 세게 밀쳐서 머리를 다치게 한 일까지 있었다. 남자는 미진이
자신을 무시하는 것을 참을 수 없다고 했다. 자신에게도 문제가 있

지만 미진이 애초에 자기를 자극하지 않으면 둘 사이에는 문제가 없을 거라고 했다. 여자친구가 하도 조르니까 한번 와줬다는 양 심드렁한 표정이었다. 남자를 잠시 밖으로 내보내고 단둘이 얘기를 나눠보니 미진의 마음은 상당히 복잡했다. 남자친구를 사랑한다고 했지만 정작 사랑의 감정 안에는 연민, 두려움, 분노 등의 감정이 뒤엉켜 있었다.

연결감이 족쇄가 될 때: 감정사슬

미진은 뜻밖에도 자신이 남자친구의 폭력을 조장했다는 죄책감을 가지고 있었다. 남자친구가 폭력적인 아버지 때문에 어린 시절 상처를 받았다는 사실을 잘 안다는 게 이유였다. 미진은 남자친구가 폭력적으로 행동하면 이내 '내가 좀 이해해주고 넘어가도 됐을 텐데…… 내가 또 이 사람의 상처를 건드렸어!'라는 생각이 든다고 했다. 하지만 알고 보면 이 말은 남자친구가 싸울 때마다 되풀이한 말이었다.

"내가 우습지? 너도 우리 아버지와 다를 게 하나도 없어! 왜 너까지 나를 무시해?"

"자꾸 토 달지 마. 내가 그런 말 들으면 어떻게 되는지 뻔히 알잖아. 왜 자꾸 나를 나쁜 사람이 되게 만들어!"

남자는 늘 자신이 화를 낸 책임을 미진에게 돌렸다. 그 말을 처음 들었을 때만 해도 미진은 말도 안 되는 소리라고 생각했다. 그러면 남자는 집요하게 미진의 말을 물고 늘어지거나, 기분이 상해 아예 입을 닫았다. 미진은 남자친구가 불같이 화를 내도 괴로웠고, 한마디도 없이 냉담하게 구는 것도 견디기 힘들었다. 그래서 마음에도 없이 "내가 미안해"라고 한 적도 있었다.

남자도 처음에는 그 정도로 기분을 풀었다. 그러나 시간이 갈수록 남자의 태도는 극단적으로 변했다. "미안해? 미안한 걸 아는 애가 그런 식이야?"라며 더 윽박지르고 자기 앞에 완전히 납작 엎드리기를 강요했다. 놀랍게도 시간이 가면서 남자가 던진 말들은 고스란히 미진의 생각과 감정이 되었다. 둘 사이가 안 좋으면 미진은 '자동적으로' 자기 때문에 그렇게 되었다고 여기게 되었다. 그런데 어떻게 된 일인지 미진이 책임감과 죄책감을 느끼면 느낄수록, 바짝 엎드리면 엎드릴수록 관계의 갈등과 남자친구의 폭력은 심해졌다.

사람끼리 가까워지면 서로를 이어주는 연결의 끈이 생긴다. 그 끈은 생각이 아니라 '감정'으로 만들어진다. 이는 사랑·친밀함 같은 좋은 감정의 끈도 있지만, 두려움·죄책감·질투·미움 같은 안 좋은 감정의 끈도 있다. 물론 대개는 둘이 섞여 있게 마련이다. 감정의 끈은 무척 질기다. 끊어내고 싶어도 잘 끊어지지 않는다. 생긴 지 오래된 끈일수록 끊어내려고 하면 더 깊이 꼬여버리는 경우가 많다. 마치 옛이야기에 등장하는 고르디우스의 매듭과도 같다. 옛 프리기아

의 수도 고르디움에는 고르디우스의 전차가 있었는데, 그 전차에는 매우 복잡하게 얽힌 매듭이 달려 있었다. 그것을 푸는 사람은 온 아시아를 정복할 수 있다는 전설이 전해졌지만 너무 복잡하게 얽혀 어느 누구도 풀지 못했다. 그런데 그 지역을 지나던 알렉산드로스대왕이 그 얘기를 듣고는 서슴지 않고 단칼에 매듭을 잘라버렸다. 감정으로 얽힌 인간관계는 곧 고르디우스의 매듭이다. 이 매듭은 결국 '대담한 방법을 써야만 풀 수 있는 삶의 문제'를 상징한다. 어떤 관계는 시기를 놓치면 풀려고 할수록 더욱 꼬여버려 결국 잘라버리지 않으면 안 될 순간이 찾아온다. 하지만 잘라내는 데 따르는 고통은 그냥 참고 견디는 고통을 훨씬 능가할 것처럼 느껴진다. 악연이 이어지는 이유다.

앞서 말한 미진 커플의 경우도 그렇다. 좋은 감정으로 출발한 관계에 점점 안 좋은 감정이 끼어들면서 어디서부터 풀어야 할지 모르게 복잡해져버렸다. 이들의 관계는 점점 수직적으로 바뀌어갔다. 한쪽이 일방적으로 휘두르고, 한쪽은 일방적으로 휘둘리는 관계가 되어버린 것이다. 성인의 인간관계에서 건강함의 가장 중요한 척도는 '수평성과 상호성'이다. 누구나 좋은 관계를 바라지만, 건강한 관계로 나아가지 못하는 이유는 단지 애정이나 노력의 문제가 아니다. 실마리는 얼마나 서로의 세계를 이해하고 존중하면서 가까워질 수 있느냐에 있다.

사실 친하지 않은 사람들과의 인간관계는 별로 어렵지 않다. 문제는 가까운 사람들과의 관계다. 인간관계는 겉만 봐서는 모른다. 겉으로는 친하고 가까워 보이지만 그 내면을 들여다보면 상처투성이인 관계가 부지기수다. 게다가 서로가 서로를 힘들게 하는 끔찍한 사이인데도 거기에서 벗어나지 못하는 것이다. 왜 그럴까? 복잡한 감정으로 얽혀 있기 때문이다. 마치 눈에 보이지 않는 수갑이나 사슬에 매인 듯 두 사람이 감정에 묶여 있는 것이다. 이렇게 괴로우면서도 벗어날 수 없을 만큼 감정적으로 깊이 얽혀 있는 상태를 '감정 사슬'이라고 부른다.

물론 절대적으로 수평인 관계는 없다. 시소가 평소에 한쪽으로 기울어져 있듯, 대개는 힘이나 결정권 등이 어느 한쪽으로 치우쳐 있다. 특히 우리나라처럼 집단주의와 권위주의 문화가 뿌리 깊은 경우에는 상사나 선배, 부모와의 관계에서 심리적 압박을 받기가 쉽다. 그렇다고 해도 성인의 관계라면 일방적이거나 부당한 요구에 계속 끌려다니면서 괴로운 관계를 계속 유지할 이유는 없다. 하지만 일단 감정사슬이 만들어지면 머리로는 정리를 하거나 거리를 두어야 한다고 생각더라도 가슴으로는 되지 않는다. 누가 끌고 가고 누

● 당신은 감정사슬에 묶인 적이 있는가? ●

당신은 이런 관계에 놓인 적이 있는가? 지금 혹시 떠오르는 사람이 있는가? 다음의 두 가지 질문에 답해보자.

1. 가까운 상대와의 관계에서 자신의 주장이나 결정권을 발휘하지 못하고 상대에게 일방적으로 끌려간다고 느끼는가?
   그렇다 ☐   아니다 ☐

2. 상대와 관계를 유지하기 힘들다고 여러 차례 느끼면서도 심리적인 어려움 때문에 관계를 정리하지 못하고 마냥 미루고 있는가?
   그렇다 ☐   아니다 ☐

이 두 가지 질문에 하나라도 '그렇다'고 대답했다면 당신은 감정사슬에 묶여 있는 것이다.

가 끌려간다고 콕 집어 말하기도 어렵게 감정사슬은 두 사람을 꽁꽁 묶어버린다. 미진 역시 남자친구의 폭력은 점점 수위가 올라가는데도 헤어질 생각조차 못하고 있다. 미진은 서로 더 노력하면 좋은 관계가 될 것이라고 믿지만, 그 실상은 혼자 노력하고 있는 것과 다르지 않다. 이때의 노력이란 인내와 자기억압의 다른 이름일 뿐이다.

감정사슬의 흔한 모습

감정사슬은 흔히 두려움, 과잉책임감, 신경증적 죄책감이라는 세 가지 감정을 주축으로 이루어진다. 이 세 가지 부정적 감정을 중심으로 다양한 감정이 얼기설기 얽혀 있는 경우가 많다.

감정사슬을 이루는 첫 번째 부정적 감정은 '두려움'이다. 한쪽은 계속 위협을 가하고 한쪽은 계속해서 두려움을 느낀다. 그러나 사실 위협을 가하는 쪽 역시 두려움 때문에 위협을 가하는 경우가 많다. 자신에게서 멀어질까 봐 두려운 것이다. 다른 것은 두려움에 반응하는 방식뿐이다. 상대를 사랑하면 할수록, 상대가 필요하다고 느낄수록 관계가 멀어질지 모른다는 가정이 정신적 두려움을 일으킨다. 이런 두려움은 기질에 따라 상대에게 순응하는 태도로 나타날 수도 있고, 거꾸로 상대를 통제하고 확인하려는 강요로 나타날 수도 있다. 반면 상대의 두려움을 잘 포착하는 이들은 "헤어져!" "너는 나 없이는 못 살아" 하며 정신적으로 위협을 가하기도 한다. 또는 싸늘한 표정이나 계속된 침묵으로 상대를 조종하고 굴복을 유도한다. 결국 한쪽은 계속 위협을 가하고 한쪽은 순응하게 되는 역기능적인 관계가 고착된다. 이는 언어적 위협으로 그치지 않는다. 상대가 순순히 굴복하지 않으면 폭력을 쓰기도 한다. 만일 첫 번째 폭력 상황에서 두려움과 공포 때문에 저항하거나 항의하지 못하고 상대에게 굴복하고 말았다면, 이후의 관계에서 전과 다르게 반응하기란 쉽지 않다. 무력감은 쉽게 학습되기 때문이다.

감정사슬을 이루는 두 번째 부정적 감정은 '과잉책임감'이다. 미진은 그와 헤어져야겠다는 생각을 수십 번도 더 떠올렸다. 그러나 그때마다 '나마저 떠나버리면 이 사람은 엉망이 돼버릴 거야'라는 걱정이 미진을 주저앉혔다. 사실 좋은 관계는 좋은 감정으로만 유지되지 않는다. 감정은 시시각각 변하기 때문이다. 감정 외에 필요한 것은 무엇일까? 서로에 대한 건강한 책임감이다. 그러나 모든 책임감이 긍정적인 것은 아니다. 무책임 못지않게 병적인 책임감도 있다. 바로 '과잉책임감'이다.

건강한 책임감은 자신의 인생과 역할에 대한 책임감이다. 그러나 '과잉책임감'은 이를 넘어 상대의 존재 자체를 자신이 책임져야 한다고 느끼는 것을 가리킨다. 상대의 불편한 감정, 상대가 해결해야 할 문제, 더 나아가 상대가 살아갈 인생 등을 자신이 책임지고 해결해줘야 한다고 느끼는 것이다. 그래서 이들은 자신을 뒤로한 채 상대의 기분을 좋게 바꿔주려고 애쓰고, 상대의 문제를 직접 해결해주려고 나서고, 상대의 삶을 좋게 만들기 위해 필요 이상 개입하지만, 자신은 점점 소진되고, 상대는 점점 의존한다. 의도는 좋았을지 몰라도 관계는 점점 파행으로 치닫는다. 과잉책임감은 부모 자식 간에 가장 흔히 나타나지만 연인관계, 친구관계, 사제관계 등 어디에든 있다. 당신 주위에 성인이면서도 홀로 서지 못하는 사람이 있는가? 그렇다면 주변을 보라. 과잉책임감을 가진 이들이 가까이 있을 것이다. 의존적인 사람의 문제는 당사자의 문제인 동시에 과잉책임감을 가진 가까운 사람의 문제이기도 하다. 의존과 과잉책임은 쌍으로 존재한다.

감정사슬을 이루는 세 번째 부정적 감정은 '신경증적 죄책감'이다. 건강한 성인은 자신의 잘못된 행위에 대해 미안함이나 죄책감을 느낀다. 반면 신경증적 죄책감은 관계에서 생겨난 갈등이나 문제를 일방적으로 자기 책임이라고 느끼는 것을 말한다. 또한 누군가를 탓할 수 없는 상황이나 문제도 자기 탓이라고 여긴다. 이들은 관계 문제를 놓고도 늘 '내가 예민해서' '내가 이기적이라서' '내가 못나서'라며 자신을 탓한다. 건강한 죄책감이 자신의 잘못된 행위를 후회하는 것이라면, 신경증적 죄책감은 '나라는 사람 자체가 잘못되었다'고 느끼는 것을 말한다. 비록 겉으로는 특정한 생각이나 행위를 자책하는 것처럼 보이지만, 이들은 애초부터 '나'라는 사람이 근본적으로 문제라고 생각한다. 이들의 죄책감이 자기개선이나 상대에 대한 진정한 사과로 이어지지 못하는 이유가 여기에 있다.

이들은 죄책감이 지나쳐 상대 앞에서 저자세로 위축되거나 죄책감에서 벗어나려고 부적절한 언행을 일삼는다. 무엇을 잘못했는지도 생각하지 못한 채 '미안하다'는 말을 남발하거나 난데없는 행동을 한다. 예를 들어 아이에게 화를 잘 내서 죄책감이 심한 엄마가 있다고 해보자. 그 엄마는 아이가 잘못을 저지를 때마다 크게 화를 냈다가 나중에는 모든 게 자기 탓이라며 신경증적 죄책감에 시달린다. 결국 아이를 붙잡고 울면서 "엄마가 잘못했어" "너는 아무 잘못도 없어. 내가 나쁜 엄마라서 그래!"라며 감정을 쏟아내고 만다. 그게 아니면 혼낼 때와는 정반대로 게임을 하라고 흔쾌히 허락하거나 장난감을 왕창 사주는 식으로 죄책감을 떨치려고 할 수도 있다. 엄마의 상반된 모습에 아이는 혼란스러울 뿐이다.

감정을 조종하는 사람과 감정을 조종당하는 사람

감정사슬에 엮이는 게 한쪽 문제만은 아니다. 감정사슬에 쉽게 엮이는 사람이 있다면 반대로 감정사슬을 잘 엮는 사람도 있다는 얘기다. 감정사슬은 이 궁합이 맞아야 만들어진다. 사실 감정이란 바이러스처럼 전염성이 강하다. 유쾌한 사람과 같이 있다 보면 저절로 기분이 좋아지고, 우울한 사람과 있으면 괜히 기분이 처지는 것처럼 상대의 감정이 보이지 않게 내 안으로 스며들기 때문이다. 하지만 감정의 전파력은 사람마다 다르다. 자신의 감정을 강력하게 주변으로 퍼뜨리는 사람이 있는가 하면, 감정을 드러내지 않아 별로 영향을 끼치지 않는 사람들도 있다. 또 다른 사람의 감정에 대한 면역력도 사람마다 달라서 다른 사람의 감정에 쉽게 전염되는 이들도 있지만 반대로 다른 사람의 감정에 거의 영향을 받지 않는 이들도 있다. 우리 자아에는 일종의 '감정 필터' 역할을 하는 바운더리가 있기 때문이다. 다른 사람의 감정이 잘 옮는 사람은 바운더리라는 필터가 너무 성기고, 감정 전염이 잘 되지 않는 사람은 필터가 매우 촘촘한 셈이다.

부정적인 감정사슬을 잘 엮어 사람을 옴짝달싹 못하게 하는 사람을 '감정조종자'라고 한다. 물론 이런 성향은 무의식적인 측면이 크다. 감정조종자가 처음부터 실체를 드러내지는 않는다. 처음에는 친절하고 자상한 이미지로 비치기도 한다. 그러나 시간이 지날수록 자신의 통제욕구와 독선을 드러내고, 자기 생각과 주장에 따를 것을 강요한다.

처음에는 "넌 내가 만난 다른 사람들과 달라" "너처럼 좋은 사람은 없었어" "우린 너무 잘 통해" "내가 너 하나는 책임진다" "네가 있어 정말 힘이 된다" 등 달콤한 말로 특별한 관심과 보살핌을 보이는 것이 특징이다. 상대는 자신이 특별한 사람이 된 듯한 기분이 든다. 하지만 그 대가를 치르기까지는 그리 오래 걸리지 않는다. 곧 상대에게 휘둘리는 느낌을 받거나, 실제로 휘둘린다. 자연스럽게 저항해보지만 감정조종자는 그런 저항마저 능숙하게 이용한다. 때로는 좋은 말로, 때로는 위협으로, 아니면 눈물 섞인 하소연을 동원해서라도 계속 자기 뜻대로 조종하려고 든다.

부부나 부모 자식 간의 관계에서 심심치 않게 볼 수 있다. 감정 조종자들은 상대의 자율성을 존중하지 못하고 자기 통제에서 벗어 나는 것을 견디지 못한다. 감정조종자가 부모인 경우에는 이런 표 현들이 등장한다. "너 때문에 내가 못살겠다. 왜 네 마음대로 하려고 해?" "누구 죽는 꼴 보려고 그래?" "내가 너에게 이것밖에 안 되냐!" "내가 너를 어떻게 키웠는데 나한테 이럴 수 있어!" 거꾸로 자식이 부모의 감정을 조종하는 경우도 있다. "나한테 해준 게 뭐가 있다고 이 정도도 못해줘!" "배 아파서 낳은 자식 맞아?" "이러려고 나를 낳 았어?" 어느 쪽이 감정조종자든 상대의 감정적 약점을 파고들어가 서 상대의 감정을 노골적으로 또는 은밀하게 자기 뜻대로 통제하려 고 드는 것은 같다.

이쯤에서 헷갈릴 수도 있다. 어떤 관계에서든 이 정도 다툼은 있 게 마련 아닌가? 그렇다. 누구나 화가 나면 상대에게 상처 주는 말 을 할 수 있다. 하지만 감정조종자는 그 정도와 양상이 보통 사람과 확연하게 다르다. 그들의 가장 큰 특징은 자신의 잘못과 관계의 문 제를 끝까지 상대 책임으로 돌리며, 상대가 스스로를 의심하다 결국 본인 탓을 하게끔 만든다는 것이다.

일반적인 관계에서 다툼은 일회적이고 일시적이다. 뒤돌아서면 괜히 심하게 말한 것 같아 미안해하거나 마음이 불편하다. 그러나 감정조종자들은 그렇지 않다. 이들은 상대의 마음을 헤아릴 줄 모른 다. 오직 자신의 불편한 감정에만 집중하고 상대를 이기려고 한다. 그들이 바라는 것은 이해가 아니라 지배다. 이들은 처음부터 끝까지 관계에서의 갈등이 상대방 책임이라고 생각하므로 스스로 상처받았다고 느낀다. 그래서 상대의 감정을 집요하게 움켜쥐고 자기 뜻대로 감정을 조종하려 든다. 이를 '투사적 동일시projective identification'라고 한다.

일반적으로 투사projection가 '자신의 감정이나 문제를 상대 탓으로 떠넘기는 것'이라면, 투사적 동일시란 '상대가 나의 감정과 문제에 책임을 느끼도록 집요하게 유도하고 조종하는' 것이다. 바꿔 말하면, 투사적 동일시는 '자신의 감정이나 문제에 대한 책임을 상대가 떠안게 하는 것'이다. 문제를 공에 비유하면, 투사가 공을 상대를 향해 던지는 것이라면, 투사적 동일시는 상대에게 가서 상대의 손에 공을 꽉 쥐여주고 손을 펴지 못하게 해서 상대가 그 공을 받을 수밖에 없도록 만드는 것이다. 그 과정에서 이들은 마치 독심술사처럼 행동한다. 상대의 의도와 감정을 자기 멋대로 편집해 이를 받아들이도록 강요하는 것이다. "너는 속으로 계속 나를 무시하고 있잖아." "거짓말 하지 마. 너는 내가 화가 나서 어쩔 줄 몰라 하는 것을 즐기고 있어." 겪어보지 않은 사람들은 이들의 집요함을 이해할 수 없다.

어떤 사람들이 조종당하나요?

감정조종자를 상대하는 사람은 점점 힘들어진다. 이들이 "내가 화난 건 너 때문이야! 네가 그렇게 만들었어!"라고 상대 탓을 하면 처음에는 "아냐! 그게 왜 나 때문이야?"라고 부인한다. 하지만 그렇다고 물러선다면 감정조종자들이 아니다. '내가 왜 너 때문에 화가 났는지'를 집요하게 거듭 하소연하고 윽박지른다. 인정하지 않으면 왜 인정하지 않느냐며 또 화를 내거나, 아니면 내내 입을 닫고 상대를 투명인간 취급 하기도 한다. 결국 상대는 지친 나머지 어느 순간 '그래 나 때문이라고 하자!' 하고픈 심정이 되어버린다. 하지만 감정조종자들은 거기서도 멈추지 않는다. 그들이 원하는 것은 사과도 아니고 화해도 아니다. 상대를 무력화시켜야 직성이 풀린다.

시간이 지날수록 상대는 자신감과 자율성을 잃고, '나는 상대를 화나게 하는 사람'이라는 투사적 동일시를 차차 받아들이게 된다. '그렇다고 하자!'에서 진짜 '그런 사람'이 되고 마는 것이다. 한번 무너지기 시작하면 감정 조종은 더욱 거세진다. "너도 다른 사람이랑 똑같아. 나에게 상처를 줬어" "너를 만나 내 인생이 불행해졌어" "너는 너밖에 모르는 이기적인 인간이야" 등 상대 탓이 끝도 없이 이어진다. 마치 거미가 거미줄에 걸린 나비를 친친 동여매듯 여러 가지 감정사슬을 펼쳐 묶어놓는다. 이들은 자신이 바라는 대로 상대를 조종하고 지배하는 수직적 관계를 만들면서 동시에 자신은 힘든 감정에서 벗어난다. 그 과정에서 자신의 힘을 느끼며 우쭐해진다.

상대는 이제 제 힘으로 감정조종자에게서 벗어나기 힘들다. 감정적 소용돌이에 휘말릴 때마다 지긋지긋해하면서도 점점 이것이 누구의 문제이고 잘못인지 확신하지 못한다. 점점 자신의 문제가 크게 느껴진다. 미진 커플이 딱 그랬다. 미진은 뭔가 잘못되어간다는 것을 어렴풋이 느끼면서도 관계 문제와 폭력을 자초했다는 죄책감과 두려움에 시달려왔다. 게다가 감정조종자들이 비난과 공격만 퍼붓지는 않는다. 종종 피조종자를 위로하고 희망을 준다. 상대가 너무 고통스러워하면 달래기도 하고 사과도 한다. 그뿐 아니라 자신의 요구에 순응하면 달콤한 말과 선물로 보상을 해준다. 피조종자들은 그 모습을 사랑으로 착각하고는 감정조종자가 긍정적으로 달라지고 있다는 증거로 삼는다. 그러고는 내가 더 노력하면 더 좋은 관계가 되리라는 희망을 놓지 않는다. 물론 그것이 무너져내리기까지는 오래 걸리지 않는다.

그렇다면 감정조종자는 모든 사람의 감정을 조종할 수 있을까? 아니다. 아무리 뛰어난 최면술사라도 모든 사람을 최면에 빠지게 하지는 못한다. 최면감수성이 높은 사람들만 최면에 걸린다. 관계에도 궁합이 있다. 늘 잔소리하는 사람과 계속 잔소리를 듣고 있는 사람, 가학적인 사람과 피학적인 사람이 한 쌍을 이루듯 감정조종자들은 감정을 조종하기 쉬운 이들과 관계를 맺는다. 쉽게 말해 자아의 바운더리가 희미한 사람들, 자기 세계가 채 발달하지 못한 사람들이다. 이들은 다른 사람의 감정이나 주장을 거르지 못하고 그대로 받아들이기에 감정조종의 대상이 된다. 감정조종자들은 바운더리가 희미한 이들을 본능적으로 잘 알아보고 휘두르지만, 바운더리가 건강한 이들은 쉽게 조종하지 못한다. 바운더리가 건강한 이들은 처음에는 감정조종자들을 미처 못 알아볼 수도 있지만 시간이 지나면서 문제를 자각하고 밀어내거나 차단할 수 있다.

감정조종자들은 경직되고 폐쇄적인 바운더리를 가지고 있어 상대의 감정에 별 영향을 받지 않는다. 그에 비해 피조종자들은 바운더리가 너무 희미하고 열려 있어 상대의 감정을 빠르게 흡수하고, 심지어 통제와 간섭마저 관심과 애정으로 받아들이기 쉽다. 뒤늦게 자신이 휘둘리고 있음을 깨닫지만 이미 감정사슬이 얽힌 상태라면 어디까지가 상대의 문제이고 어디서부터가 자신의 문제인지 구분하기는 어렵다. 물과 기름처럼 구분되는 것이 아니라 마치 여러 색깔의 물감이 물에 번지듯 섞인 셈이다. 그래서 대개는 자신이 참거나 노력하면 관계가 나아질 것이라는 희망을 품고 예속적인 관계를 이어가곤 한다.

더 놀라운 사실은 일부 피조종자들은 관계가 이렇게 착취적이더라도 혼자 있는 단절보다는 안도감을 느낀다는 점이다. 나쁜 관계라도 없는 것보다 낫다는 이들의 고단한 마음에서 인간이 뼛속까지 사회적 존재라는 사실이 만들어낸 그림자가 엿보인다.

4장

그런데 바운더리가 뭔가요?

●

바운더리는 자신을 보호할 만큼 충분히 튼튼하되

동시에 다른 사람들과 친밀하게 교류할 수 있을 만큼 개방적이어야 한다.

●

　과잉친절을 베푸는 서연, 관계의 소유욕이 강한 영호, 데이트 폭력을 휘두르는 남자친구, 그리고 그에게서 벗어나지 못하는 미진, 이 네 사람의 모습은 각각 다르다. 하지만 그들에게는 공통점이 하나 있다. 모두 나와 너를 구분하는 경계가 혼란스럽고 수평적인 관계를 맺지 못한다는 점이다. 다시 말해 그들의 관계는 자아와의 균형을 잃었으며 일방적이다.

　이들은 왜 건강한 관계를 맺지 못할까? 왜 관계에서 자아와의 균형을 잃어버린 것일까? 그 균형을 조절해주는 바운더리가 잘 발달하지 못했기 때문이다. 이제 우리는 본격적으로 바운더리가 어떻게 만들어지고 어떻게 기능하는지 이해할 필요가 있다.

내 자아의 울타리

먼저 바운더리라는 개념부터 이해하자. 바운더리는 '인간관계에서 나타나는 자아와 대상과의 경계이자 통로'를 말한다. 몸으로 치자면 피부와도 같다. 피부의 무게는 몸무게의 15~20퍼센트를 차지한다. 면적은 1.7제곱미터이며 500만 개가 넘는 신경선이 있어 이를 통해 차가움, 따뜻함, 가려움, 간지러움, 통각 등 다양한 감촉을 느끼고 전달한다. 우리는 피부를 통해 나와 외부의 경계를 확인한다. 소유의 경계라는 것도 있다. 이를테면 '나의 것' '나의 자동차' '나의 집' 등이 있다. 만일 누군가 아무 말 없이 당신의 것을 가져가거나, 당신 차에 돌을 던지거나, 당신 집에 허락 없이 들어온다면 어쩌겠는가? 어떻게든 두 손 놓고 있지는 않을 것이다.

우리의 자아에도 경계, 즉 바운더리가 있다. 바운더리가 있기 때문에 나의 생각과 상대의 생각, 나의 취향과 상대의 취향, 나의 감정과 상대의 감정, 나의 욕구와 상대의 욕구 등을 '나'와 '상대'로 구분한다. 그런데 이러한 정신적인 바운더리는 물건의 소유관계를 확인하듯 명확하지 않다. 내 생각이라고 생각했지만 사실은 다른 사람 생각이거나, 내 욕구인 줄 알았던 것이 사실 나를 사랑해주는 사람이 나에게 가진 욕구일 수도 있다. 이러한 현상은 인간이 사회적 존재이기 때문에 나타나는 일이다. 이렇게 환경의 영향을 받는 가운데서도 자아의 '바운더리'는 자신의 심리적 형체를 유지하며 살아갈 수 있도록 해준다.

《채근담菜根譚》에 '해미불함海味不鹹'이라는 말이 나온다. 바다의 해산물은 먹어도 짜지 않다는 뜻이다. 생선회에서 짠맛을 느끼기는 어렵다. 아니, 짜디짠 바닷물에 사는데 해산물은 왜 짜지 않을까? 해산물의 세포막에는 일정 농도 이상의 소금을 체외로 배출하는 장치가 있기 때문이다. 마치 저지대의 건물에 침수를 막아주는 빗물 배수펌프를 설치하는 것과 같은 원리다.

해산물뿐만 아니라 모든 생명의 가장 기본 단위인 세포에는 그 모양과 형태를 유지하고 내외부의 물질 이동을 조절하는 세포막cell membrane이 있다. 이 세포막을 사이에 두고 세포의 안팎으로 끊임없이 물질의 이동이 일어난다. 삼투압이나 확산처럼 농도 차이에 따라 체액이 이동하기도 하지만, 세포막에 있는 나트륨 펌프처럼 농도 차에 역행하는 능동적인 이동도 활발히 일어난다. 만일 능동적 수송을 통해 해롭거나 불필요한 물질을 밖으로 내보내지 않는다면 세포는 생존할 수 없다.

정리하자면, 세포막이라는 반半개방적인 울타리에는 세포의 생명활동에 필요한 물질은 끌어들이고 불필요한 물질은 내보내는 펌프가 있고, 그 덕분에 생명체가 자기 몸을 보호하고 생명활동을 영위할 수 있다. 이렇듯 생명은 개체를 유지하면서 환경과 교류하고, 개별적인 동시에 환경 의존적인 존재다.

이 세포막과 같은 기능을 하는 것이 바로 자아의 바운더리다. 바운더리가 제대로 형성되지 않은 유년기에는 휴지가 물을 빨아들이듯이 환경의 영향을 고스란히 받는다. 그러다가 나이가 들수록 차차 자아가 만들어지면서 바운더리도 작동하기 시작한다. 다른 사람들의 생각, 감정, 욕구, 가치관 등을 일방적으로 받아들이는 것이 아니라 받아들일 건 받아들이고 받아들이지 않을 건 걸러내는 필터 역할을 한다는 말이다.

그렇다고 이 바운더리가 단단할수록 좋은 것은 아니다. 인간에게는 자기보호의 기능만큼이나 상호교류라는 기능도 중요하기 때문이다. 바운더리는 자신을 보호할 만큼 충분히 튼튼하되, 동시에 다른 사람들과 친밀하게 교류할 수 있을 만큼 개방적이어야 한다. 세포막처럼 유연해야 한다. '튼튼하면서 열려 있어야' 한다니, 참 무엇 하나 쉬운 게 없다.

바운더리는 무슨 일을 하나요?

자아를 보호하면서도 외부와의 교류를 위한 통로가 되어주는 것! 그것이 바운더리다. 이제 이 바운더리의 기능을 좀 더 세분화해서 알아보자.

첫째, '자타식별self-other discrimination'이다. 쉽게 말해 '나'와 '나 아닌 것'을 구분한다. 외부 대상과 자신을 물리적으로 구분하는 것부터 대인관계에서 자신의 생각, 욕구, 감정, 소유, 역할, 책임 등을 지각하고 구분하는 것까지를 다 가리킨다. 어린아이들은 자타식별을 잘 못한다. 내 것과 남의 것을 구분하지 못하기에 가게에서 돈을 내지 않고 물건을 집어 나오기도 하고, 친구의 장난감을 말도 없이 갖고 올 수도 있다. 다섯 살이 안 된 아이들은 내 생각과 상대의 생각, 내 경험과 상대의 경험이 다르다는 것 또한 모른다. 상대가 나와 다른 마음을 가진 독립적인 인간임을 모르기 때문이다. 내가 좋아하는 것은 상대도 좋아한다고 생각하고, 내가 알고 있는 것은 상대도 알고 있다고 생각한다. 그것을 '자아중심성egocentricity'이라고 한다. 나와 너의 구분이 잘 되지 않는 미숙함을 가리키지만 그 또래 아이들에게는 당연한 특성이다.

그러나 성인이라면 얘기가 달라진다. 내가 좋아하는 것을 상대도 좋아할 것이라 기대하고, 내 생각과 상대의 생각이 일치해야 한다고 생각하고, 내가 말하지 않아도 상대가 내 마음을 알 것이라고 생각하는 것이 어른의 당연한 특성일까? 바운더리가 건강한 어른은 기본적으로 '상대를 나와 다른 마음을 가진 독립적인 인간'으로 바라본다. 그러나 바운더리가 건강한 어른이라고 하더라도 관계가 가까워지면 가까워질수록 이러한 관점은 흐려지기 쉽다. 상대가 나와 같은 마음을 가진 사람이기를 바라고 내 뜻대로 움직여주기를 바란다. 바운더리가 무너지는 것이다. 인간관계가 힘들어지는 가장 큰 이유가 바로 이것이다.

둘째, '자기보호self-protection'다. 바운더리는 외부로부터 우리를 보호한다. 그래서 몸과 마음이 외부와 뒤엉키지 않고 형태를 보존할 수 있다. 동물들은 모두 자기 영역이 있으며 낯선 존재가 허락 없이 자신의 영역을 침범하면 방어와 공격 태세를 갖춘다. 인간도 예외가 아니다. 건강한 자아의 바운더리에는 '위험 감지 센서'가 있다. 위험이 다가오면 알람이 울리게 되어 있다. 이 장치의 센서는 너무 과민해서도 안 되고 너무 둔감해서도 안 된다. 위험하지 않을 때에는 바운더리가 잘 열려야 하고, 위험할 때는 알람이 울려 바운더리를 닫아야 한다.

셋째는 '상호교류mutual interchange'다. '자기보호'만큼이나 중요한 기능이다. 인간이 집을 만들 때 담만 쌓지 않고 문을 만드는 것은 자신뿐만 아니라 다른 사람들이 드나들기 위해서다. 인간에게 교류는 선택사항이 아니다. 외부와 교류하지 않는 것은 곧 죽음을 의미하기 때문이다. 다른 사람과 관계를 맺지 못하고 고립된 인간은 사회적으로 죽은 상태와 같다. 물론 대상에 따라 달리 개방해야 한다. 좋지 않은 것을 받아들이지 않고 좋은 것을 받아들이는 것이 바운더리가 존재하는 궁극의 목적이다.

넓게 보면 바운더리에는 그 밖에도 '자기표현' 기능이 있다. 헤어스타일이나 옷차림이 사람의 개성을 반영하듯, 관계에서 드러나는 표정·말투·몸짓·자세 등도 상대에 대한 우리 내면의 생각과 감정을 반영한다. 바운더리가 건강한 사람은 내적 상태를 반영해서 바

같으로 표현하지만 건강하지 못한 사람은 내적 상태와 외적 표현이 크게 어긋난다. 친구가 약속을 잊어버려서 화가 났는데 정작 상대 앞에서는 환하게 웃으며 "괜찮아! 그럴 수도 있지 뭘" 하는 것처럼.

바운더리에 탈이 나면:
희미하거나, 경직되거나

그런데 '자아의 세포막'이나 다름없는 바운더리에 문제가 생겼다면 어떻게 될까? 간단히 말하면 집 울타리가 망가진 것과 같다. 이로부터 인간관계에 많은 문제와 어려움이 생겨난다. 나와 나 아닌 것을 구분하지 못하고, 자기를 보호하지 못하고, 상호교류에 어려움이 생긴다면 가까운 인간관계만 망가뜨리는 것이 아니다. 바운더리에 문제가 생기면 그 여파는 일상의 모든 상황에서 다양한 모습으로 나타난다. 바운더리가 혼란스러운 사람은 직장에서 '내 일'과 '네 일'을 구분하지 못한다. 이들은 당연히 자기가 해야 할 사적인 집안일을 아무런 거리낌 없이 부하 직원에게 시킨다.

반대로 어떤 이들은 상사가 시키는 일이라면 확인해보지도 않고 당연히 자신의 일이라고 생각한다. 물론 늘 '내 일'과 '네 일'을 따질 수는 없다. 회사의 많은 일 중에는 꼭 누구 책임이라고 할 수 없는 일도 있고, 결원이라도 생기면 자기 일이 아니라도 남은 사람들이 '나누어' 하는 것이 맞다. 그러나 궂은일이나 나누어서 해야 할 일을 혼자 다 하고 있다면 바운더리에 문제가 있는 것이다.

바운더리에 생긴 이상은 간단히 두 가지로 구분할 수 있다. 남과 나를 구분하지 못하고 자아를 보호하지 못할 정도로 '희미한 바운더리vague boundary'와 반대로 교류하는 것 자체가 힘들 정도로 지나치게 폐쇄적인 '경직된 바운더리rigid boundary'다. 자아의 바운더리가 희미하면 어떻게 될까? 한 나라의 국경이 분명하지 않고 모호하다면 어떤 일이 벌어질지 생각해보자. 인접 국가 간에 국경분쟁이 끊이지 않을 것이다. 한 사람의 바운더리도 마찬가지다. 경계가 모호하면 자기 세계가 약하고 외부에 휩쓸리기 쉽다. 동의 없이 아무나 내 삶에 개입하도록 내버려두는 것도 문제이지만, 반대로 다른 사람의 삶에도 지나치게 관여하기 쉽다.

반대로 바운더리가 경직되어 있다면 어떨까? 교류가 좀처럼 일어나지 않고 혼자만의 세계에 갇혀 지내게 된다. 극단적으로 말하면 이들은 '나'밖에 모르고 자기 생각과 느낌에 매몰되어 있어서 다른 사람의 감정이나 견해를 고려하지 못한다. 이들은 지나칠 정도로 방어적이거나 자기 주장만 내세우기 때문에 누군가와 관계를 맺어도 별다른 교류가 일어나지 않는다.

영양실조와 비만이 모두 병이듯, 관계의 건강함 역시 늘 양면성을 살펴야 한다. 자기보호를 하지 못해 상대에게 끌려다니는 것도 문제이지만 자기보호에 매달리느라 상호교류를 하지 못하는 것 역시 문제다.

최근 인간관계와 관련된 몇몇 심리도서에서 안타까운 점을 발견했다. 보호와 교류 사이에서 균형을 잡지 못하고 한쪽 문제에 초점을 맞추는 바람에 독자들이 이를 엉뚱하게 해석하고 받아들일 우려가 있었다. 예를 들면, 바운더리가 희미한 사람들은 자신에게 좀 더 집중하고 바운더리를 강화해야 한다. 그러나 이런 사람들이 공감이나 애착을 강조하는 책을 보면 자신의 문제를 오히려 강화하기 십상이다. 반대로 바운더리가 너무 경직되어 상대에게 공감할 줄 모르고 자기 주장만 강한 사람들은 다른 사람을 존중하고 상대의 관점에서 생각할 수 있어야 한다. 이들이 거절이나 자기 주장을 강조하는 책을 보면 오히려 자신의 문제를 합리화하거나 심화시킬 수 있다. 이러한 부작용을 피하려면 먼저 자신의 관계 유형을 알아야 한다. 2부에서는 이에 관한 얘기를 본격적으로 나눠보려고 한다.

균형 잃은 바운더리의 비극:
에코와 나르키소스

그리스 신화에는 바운더리에 문제가 생기면 어떤 일이 벌어지는지를 아주 잘 보여주는 이야기가 하나 있다. 고대 로마의 시인 오비디우스가 쓴《변신 이야기》에는 에코와 나르키소스의 이야기가 등장한다.

세상에 여성보다 더 아름다운 남성이 있을까? 이 매력적인 남성의 이름은 '나르키소스'다. 조각 같은 외모는 눈부셨고, 그를 한 번이라도 본 여성은 사랑에 빠지고 말았다. 심지어 남자나 요정들도 예외는 아니었다. 하지만 그는 그 누구도 사랑하지 않았다. (나르키소스에서 유래한 '나르시시즘'은 종종 '자기애自己愛'로 번역되곤 한다. 하지만 이는 건강한 자기사랑과 혼동되기 쉬우니 '자아몰두' 또는 '자아도취'로 번역하는 것이 좋다고 생각한다.)

요정 에코 역시 나르키소스를 보고 첫눈에 반한다. 그러나 '메아리'라는 뜻의 이름처럼 에코는 자신의 말은 한마디도 할 수 없고 다른 사람의 말만 되받아서 이야기할 수 있었다. 에코는 그저 멀리서 사랑하는 나르키소스를 물끄러미 바라볼 뿐이다. (오비디우스에 따르면 에코는 원래 남의 말을 안 듣고 자기 이야기만 하는 심한 수다쟁이였다. 그러다가 수다 탓에 헤라의 분노를 사서 목소리를 잃었다. '자기 목소리를 잃어버린 것'은 자아의 부재를 뜻하는 하나의 비유다.)

에코가 할 수 있는 말은 오로지 나르키소스가 사냥을 하며 외치는 말을 한마디씩 되받아 외치는 것뿐이었다. "사랑해!"라는 한마디가 얼마나 하고 싶었을까? 하지만 나르키소스는 눈길 한번 주지 않았다. 에코라는 존재 자체도 인식하지 못한 것이다. 미칠 것 같은 에코의 마음은 점점 불타올랐고, 급기야 뛰쳐나가서 나르키소스를 끌어안고 만다. 하지만 에코가 눈에 들어올 리 없는 나르키소스는 싸늘한 표정으로 에코를 밀쳐낸다. 매몰차게 거절당한 에코는 수치심을 견디지 못하고 동굴로 숨어버린다. 그러고는 실의에 빠져 야위어가다가 형체는 사라지고 목소리만 남는다. 이름 그대로 메아리가 된 것이다. 자기만을 사랑하는 나르키소스의 삶 역시 비극으로 끝을 맺는다. 그는 샘물 위에 비친 자신의 모습을 하염없이 바라보다가 죽어갔다. 그가 죽은 자리에서 피어난 꽃이 바로 수선화다.

나르키소스가 자아에 몰두했다면 에코는 정반대로 자아를 잃어버린 채 대상에 몰두했다. 이들은 자아와 관계의 균형을 잃어버린 '자아몰두'와 '대상몰두'의 양극단을 보여준다. 나르키소스는 '우리'를 이룰 줄 모르고 폐쇄적인 자아를 가진 경직된 바운더리를 지녔고, 에코는 자아가 형성되지 못한 채 관계에만 매달리는 희미한 바운더리를 지녔다. 이 두 인물의 최후는 어떤가? 파멸이다. 자아와 관계의 균형을 잃어버린 인간은 제대로 살아갈 수 없음을, 균형이 무엇보다 중요한 것임을 말해준다.

이 이야기가 21세기에 던지는 메시지는 무엇일까? 〈내가 제일 잘나가〉라는 노래 제목처럼 지금은 명실공히 자아몰두의 시대다. 모든 집이 아이 중심으로 돌아가는 이 시대에 아이들은 부모와 세상이 자신을 위해 존재한다고 생각하며 자란다. 마치 오랜 시간 동안 천체가 지구를 중심으로 돌고 있다고 믿었던 옛사람들처럼. 그럼 나르시시즘이 장악하다시피 한 이 시대에 어떻게 자아와 관계의 균형을 되찾아야 할까?

● 바운더리에 대한 흔한 오해 ●

첫째, 바운더리를 세우는 것은 이기적이다?

자기를 보호하는 것은 폐쇄적인 것도 이기적인 것도 아니다. 자기를 보호하지 못하면서 관계를 맺는 것, 자기를 돌보지 못하고 다른 사람만 돌보는 것이 미숙함이다. 건강한 관계란 나를 돌보면서 친밀해지는 것을 말한다.

둘째, 바운더리는 변함이 없어야 한다?

바운더리는 고정된 것이 아니다. 건강한 바운더리는 유연하다. 대상과 친밀도에 따라 달라져야 한다. 처음에는 좋은 관계였지만 반복적으로 불신할 만한 행동을 한다면 바운더리는 언제든 다시 조율되어야 한다. 한번 믿었다고 끝까지 믿거나, 처음에 마음에 들지 않았다고 계속 거리를 두는 것은 건강하지 못하다.

셋째, 인간관계는 달라지지 않는다?

어린 시절에 형성된 애착은 바운더리의 기초를 만들지만 살아가면서 만나고 경험하는 많은 관계 속에서 바운더리는 건강해질 수도 있고, 반대로 허물어지거나 경직될 수도 있다. 어릴 때의 경험이 바운더리 형성에 크게 영향을 주지만, 어른이 되어서도 자각과 훈련을 통해 자신의 바운더리를 다시 세울 수 있다. 힘들겠지만 바운더리를 더 건강하게 만들어 인간관계를 변화시킬 수 있다.

넷째, 가까울수록 바운더리는 허물어야 한다?

친한 사이라면 벽 따위는 허물어야 한다고 한다. 맞는 말이다. 하지만 서로를 경계하는 벽은 허물더라도 나와 상대를 구분하고 자기를 보호하는 바운더리까지 허물어서는 곤란하다. 친밀하다는 것은 서로의 바운더리를 더 열어가는 것이지 없애는 것이 아니다. 경계가 없어진다고 더 친밀해지는 것은 아니다. 아무리 친한 상대라도 해서는 안 될 말이 있고, 더 묻지 말아야 할 일이 있고, 상대의 선택을 존중해줘야 할 때가 있다. 분별력을 잃어버린 친밀함은 위험하다. 바운더리가 사라지면 상대의 개별성을 존중하지 못하고 함부로 대하기 쉽다. 모든 것을 다 터놓고 투명하게 살아야 좋은 부부관계일까? 모든 시간을 함께하면 좋을까? 결코 그렇지 않다. 좋은 부부관계는 '나, 너, 우리'가 조화를 이룬 관계다. 어딘가에 균형점이 있게 마련이며, 그것을 넘어서면 오히려 관계에 해가 된다.

다섯째, 바운더리가 건강한 사람은 자기 주장을 잘한다?

절반만 맞는 말이다. 사회적 관계에서는 자기 주장을 잘하는 것이 필요하지만 가족이나 친구처럼 가까운 사적인 관계에서는 비판단적인 non-judgemental 태도가 더욱 중요하다. 때로는 자기 주장을 내세우기보다 침묵할 줄 알고, 지는 것이 이기는 것이라 생각하고 양보할 줄도 알아야 한다. 분명하게 자기 입장을 표명하고, 누구의 잘못인지 시시비비를 가리고, 솔직하게 자신의 감정을 드러내는 것보다 가만히 상대의 이야기를 들어주고, 상대의 마음을 반영해주는 것이 더 중요하다. 바운더리가 건강한 사람들은 자기 주장만큼이나 상대의 마음을 헤아릴 줄 안다.

5장

바운더리는
어떻게 만들어지나요?

●

아이는 공생적 관계에서 벗어나 모든 공포와 고독

그리고 자신의 무능감을 견디면서 자기 세계를 만들어간다.

●

사람은 언제 태어날까? 정상적인 경우는 최종 월경주기의 첫째 날부터 약 280일, 40주 후에 태어난다. 통상 37주 이전에 출산하는 경우를 조산早産이라고 하고 42주 이후에 출산하는 경우를 만산晩産이라고 한다. 아이의 입장에서 보면 37주 이전에 태어나면 미숙아, 42주 이후에 태어나면 과숙아다. 임신 주수가 짧을수록 출생 시 위험성이 증가하고 발달상 문제를 보인다. 발달이 덜 된 상태에서 너무 빨리 태어나면 심한 경우 인큐베이터에서 집중관리를 받아야 한다. 그렇다면 과숙아는 어떨까? 엄마 배 속에서 오래 있었다면 더 발달한 상태로 태어날까? 그렇지는 않다. 과숙아 역시 여러 문제가 있다. 40주가 넘어서면 태반의 기능이 쇠퇴하기 때문에 자궁 내 환경이 점점 열악해져서 산소나 영양이 충분히 공급되지 못한다. 결국 생명이 태어날 때 중요한 것은 타이밍이다.

자아 탄생의 심리학

자아의 바운더리는 당연히 자아의 발달과 궤를 같이한다. 자아가 만들어진다는 것은 자아의 형태를 갖출 수 있는 바운더리가 만들어진다는 것을 의미한다. 그렇다면 자아는 언제 태어날까? 과연 신생아는 태어날 때부터 자아가 있을까? 세상에 나온 뒤에 자아가 만들어진다면 자아가 만들어졌다는 것을 무엇을 보고 알 수 있을까?

세상에 나오는 순간 탯줄은 끊어지고 아이는 엄마와 분리된다. 그러나 아기는 아직 자신과 대상을 구분하지 못한다. 아직 자의식이 없는 아기는 먼저 감각과 운동기능을 발달시키고, 이를 통해 몸과 몸 밖의 경계를 파악한다. 나와 외부를 구분하는 '신체경계physical boundary'가 먼저 발달하는 것이다. 이렇게 외부와 나를 공간적으로 분리해서 구분하게 해주는 뇌 영역을 정위연합영역Orientation association area이라고 한다. 이 영역은 대뇌 두정엽 뒷부분에 있는데, 실제 유체이탈을 경험할 때는 이 부위의 기능이 저하되어 있어 신체경계에 혼란이 생긴다고 한다. 심리적 경계, 바운더리의 형성은 더 오래 걸린다. 마거릿 말러Margaret Mahler라는 헝가리의 정신분석학자는 유아의 자아발달 과정을 '분리-개별화separation-individuation'라는 용어로 설명했다. 즉, 출생 초기에는 정신적으로는 하나였다가 차츰 애착대상과 분리되면서 자아를 획득해간다는 얘기다.

말러에 따르면 이 과정은 여러 단계로 이루어진다. 먼저 아이는 세상에 태어나서 3개월가량은 자극에 제대로 반응하지 못하는 '자폐' 단계에 놓인다. 그리고 3개월에서 1세까지는 대상과 자기를 구분할 수 없는 '공생symbiosis' 단계다. 이 시기에 아이는 애착대상과 강력한 애착관계를 형성한다. 그러나 이 공생 기간에도 아이는 애착대상과 자기가 조금씩 다르다는 것을 인지하면서 '분리-개별화'에 들어간다. 말러는 그 시작 시점을 공생이 절정에 달하는 6개월 전후로 보았다. 마치 달걀에서 병아리가 부화하여 태어나는 과정처럼 공생의 알껍데기를 툭툭 치면서 개별화가 이루어진다.

본격적인 개별화는 아이가 스스로 걷게 되는 12개월이 지나면서 이루어진다. 아이는 스스로 이동하는 능력을 획득하면서 자기의 개별성을 좀 더 인지하기 시작한다. 자신의 몸을 적극적으로 움직여 주변 환경을 탐색하면서 본격적으로 애착대상과의 분리를 시도한다. 그러나 세상은 여전히 불안하고 자신은 미숙할 따름이다. 아이는 양육자와 공생관계를 유지하고 싶은 애착욕구와 스스로 세상을 경험하려는 탐색욕구 사이에서 갈등하면서 혼란과 불안을 겪는다. 이 시기의 아이는 호기심과 불안의 감정이 교차하기 때문에 모순된 모습을 보인다. 같이 있을 때는 벗어나고 싶어하고, 벗어나면 다시 같이 있고 싶어한다. 변덕스럽게도 수시로 애착대상에게 매달렸다가 떨어지는 과정을 되풀이한다. 그 시기의 아이들만 이렇듯 상반된 모습을 보이는 것은 아니다. 인간이란 평생 '가까워지면 멀어지고 싶고, 멀어지면 가까워지고 싶은', 즉 고슴도치 딜레마를 가지고 살 수밖에 없는 존재다. '접근'과 '회피'라는 근본적인 두 힘이야말로 인간관계의 핵심 갈등core conflict이다.

아이는 공생적 관계에서 벗어나 모든 공포와 고독, 자신의 무

능감을 견디면서 자기 세계를 만들어간다. 그 과정은 결코 안정적일 수 없다. 오락가락 변덕스럽다. 그것이 자아의 분화와 독립에 나타나는 본연의 모습이다. 이 과정에서 애착대상의 역할이 중요하다. 아이의 혼란과 모순된 욕구를 잘 받아줘야 한다. 애착대상과 떨어지려는 것을 위험하다는 이유로 억지로 붙잡아두거나 애착대상에게 다시 돌아오는 것을 감정적으로 밀쳐내서는 안 된다. 아이가 탐색을 하다가 불안해하며 멈칫거리면 "괜찮아, 뒤에 엄마(아빠)가 있잖아!" "우리 아가는 뭐가 그렇게 궁금할까?"라며 아이를 격려해줘야 한다. 아이가 돌아오면 두 팔을 벌리며 "어서 와요. 우리 아가!" "뭐가 그렇게 재미있었어?" 하며 반겨줘야 한다. 이런 과정을 거치면서 아이는 자아와 관계의 균형을 잃지 않은 채 자율성을 발달시켜나갈 수 있다. 자아의 분화란 나와 너로 나누어지는 '단절된 분리'가 아니라 나와 네가 우리로 연결되어 있는 '연결된 분리'라고 할 수 있다.

그렇다면 무엇을 보고 자아가 태어났음을 알 수 있을까? 말러는 자아 탄생의 기준을 30개월 전후에 생겨나는 '대상항상성object constancy'이라고 보았다. 이 낯선 용어는 무엇을 뜻할까? 아이가 애착대상이 눈앞에 없더라도 실제 애착대상이 있는 것처럼 심리적 위안을 느끼고 잠시 혼자 있을 수 있는 상태를 가리킨다. 애착대상이 엄마라면, 아이의 마음속에 엄마의 이미지가 안정적으로 자리잡아야 가능한 일이다. 다시 말해 이전에는 엄마라는 실체가 눈앞에 있어야만 마음이 안정되었다면, 대상항상성이 생긴 뒤에는 엄마의 이미지가 내면에 새겨져 잠시 혼자 있더라도 위안을 느낄 수 있다. 이를

'위안의 내재화soothing introject'라고 하며, 성인의 정서조절 능력의 밑바탕이 된다.

대상항상성이 있는 아이와 없는 아이는 차이가 크다. 대상항상성이 자리잡은 아이는 깨어 있는 내내 엄마를 필요로 하지 않는다. 오래는 아니어도 혼자 놀고 혼자 생각하는 자기 시간을 갖는다. 자기 욕구에 따라 자기 놀이를 한다. 그러므로 아이에게 대상항상성이 생겼다는 것은 미숙하나마 다음과 같은 세 가지 심리적 능력을 갖추었음을 의미한다. 첫째, '혼자 있는 능력capacity to be alone', 둘째, 좌절과 불안을 다독일 수 있는 '정서조절 능력', 그리고 셋째, 자기 욕구에 기반을 둔 '자기 세계를 구축하는 능력'이다. 이 대상항상성이 건강한 자아의 탄생을 말해준다. 만약 어떤 사람이 성인이 되었는데도 이 세 가지 능력이 잘 보이지 않는다면 그 뿌리라고 할 수 있는 대상항상성이 제대로 발달하지 못했다고 유추해볼 수 있다.

대상항상성은 추상적 개념이 아니다. 애착대상이 관계 속에서 보여준 수많은 위로와 지지, 포옹과 애무의 느낌, 따뜻한 미소와 눈맞춤, 같이 놀았던 경험 등이 마음에 차곡차곡 쌓여서 만들어진 기억의 퇴적물이다. 눈앞의 현실과 손에 잡히는 감각만 존재하던 유아의 삶에 이제 기억이 자리잡고 과거라는 시제가 만들어진 것이다. 아이는 대상항상성을 머리로가 아니라 마음으로 알고 있으며, 필요할 때 꺼내 쓸 수 있다.

애착대상이 엄마라고 해보자. 대상항상성을 갖춘 아이는 엄마가 눈에 안 보일 때에도 마음속에 돌봐주는 엄마가 함께 있는 것이다. 엄마가 없는 동안에도 "괜찮아! 엄마 여기 있잖아" 하는 엄마의 목소리와 자신을 바라보며 환히 웃는 엄마의 미소, 따스한 엄마의 손길을 기억한다. 자신이 놀라거나 불편해하면 달려와서 달래주던 엄마를 기억한다. 아이의 대상항상성은 오직 애착욕구가 충족된 '애착경험의 기억'을 통해서만 만들어진다. 내면화된 애착경험 덕분에 아이는 덜 불안해하고 기다릴 줄 알게 된다.

애착손상은 자아 발달을 왜곡한다

한 전문직 여성이 이혼 문제로 상담실을 찾았다. 이 여성은 이혼을 원했지만 차마 결단을 내릴 수 없었다. 이혼하고 나서 혼자 살아갈 자신이 없었다. 경제적인 문제는 아니었다. 이혼이 인생의 실패처럼 여겨졌고 자신을 응원해줄 사람이 아무도 없을 것만 같았다. 친정어머니가 건강하게 살아 계시지만 이 여성에게는 아무런 위안이 되지 않았다. 오히려 자신을 비난할 것 같기 때문이다. 친정어머니는 이 여성이 평범한 회사원과 결혼하는 것을 탐탁지 않아 했다. 그렇다고 심하게 반대하지도 않았다. "네가 좋으면 해야지 어쩌겠냐! 그래도 난 별로다." 어머니가 딸의 결혼에 대해 마지막으로 던진 말이었다. 결혼식장에서는 내내 못마땅한 표정으로 앉아 있었다. 결혼하고 1년이나 지났을까? 부부싸움을 하고 너무 힘들어서 친정에 갔을 때였다. 딸을 보자마자 어머니의 첫마디는 이랬다. "내가 뭐

랬냐! 그 사람은 아니라고 했지? 내가 이럴 줄 알았다." 어머니는 오히려 역정을 내고는 친구를 만나기로 했다며 나가버렸다. 딸은 크게 기대하지는 않았지만 어머니가 마지못해서라도 위로해줄 거라 생각했다. 그러나 화부터 내는 어머니의 모습에 할 말을 잃었고, 결국 친정집을 나와 정처 없이 걷다가 공원 벤치에서 엉엉 울었다.

사실 어머니는 누구보다 자녀교육에 열성이었다. 고등학교를 졸업할 때까지 날마다 자동차로 등하교를 시켜준 것은 물론이고, 고등학교 3년 내내 딸보다 늦게 자고 일찍 일어나 챙겨주었다. 그러나 어머니는 늘 옳고 그르거나 좋고 나쁜 것이 먼저일 뿐, 딸의 마음을 헤아려주지 않았다. 심지어 딸이 가장 친한 친구랑 다투고 힘들어할 때도 "너도 뭔가 잘못한 게 있으니까 걔가 그렇게 나오는 거 아니겠냐?"라며 시시비비를 가리려고 했다. 돌아보면 어린 시절부터 그랬다. 자신의 감정을 받아준 적이 거의 없었다. "그게 울 일이야! 뚝 안 그쳐! 울면서 이야기하면 나가버릴 거야." "어디 엄마한테 화를 내! 너 좋으라고 한 거잖아." 무엇을 선택할 때도 마찬가지였다. 당신 기준에 맞지 않으면 마음에 안 든다는 것이 표정에 고스란히 드러났다. 옷을 하나 고르더라도 "이상한 애네. 그게 뭐가 좋아? 넌 이런 옷이 어울려!" 하며 면박을 주었다. 딸의 감정, 생각, 취향 등을 그 자체로 괜찮다고 이야기해준 적이 없었다. 그것은 자존감에 큰 영향을 주었다. 자신의 내적 경험을 스스로도 확신할 수 없었다. '내가 이 상황에서 화가 나는 게 맞는 건가?' '내가 선택하면 잘못되지 않을까?'

이 여성은 성인이 되고 나서 언제부터인가 이런 의문을 품고 있다. '엄마는 나를 사랑한 건가?' 자신을 위해 많은 관심과 노력을 기울였다는 것은 잘 알지만 그것이 과연 사랑인지 의심스러웠다. 여성은 어린 시절에 어머니로부터 내적 경험을 부정당했던 이야기를 하며 조심스럽게 물었다.

"이런 것도 상처인가요?"

정말 불행한 어린 시절을 경험한 사람들에 비하면 풍족한 환경과 헌신적인 어머니 밑에서 어린 시절을 보낸 자신의 일은 너무나 작아 보였다. 하지만 어린 시절 양육자와의 관계에서 애착욕구의 좌절, 즉 공감의 실패는 상처가 될 수 있다. 이 여성과 어머니 사이에는 정서적 연결감이 없었다.

인간관계에서 가장 중요한 능력이 '공감'이라는 데 이견을 달 사람은 없을 것이다. 공감은 성인보다 아이에게 더욱 중요하다. 안정적 애착 형성과 자아 발달의 초석이 되기 때문이다. 공감을 통한 정서적 연결감이 잘 유지되어야 아이는 건강하게 자아를 발달시킬 수 있다. 다시 말해 보호와 교류가 잘 기능하는 건강한 바운더리가 형성된다. 반대로 반복적인 공감의 실패는 애착손상과 자아 발달의 왜곡으로 이어진다.

건강한 자아란 아이가 양육자와 완전히 분리된다는 의미가 아니라 '나'와 '너' 그리고 '우리'로 분화되어간다는 것을 말한다. 앞에서 말했듯이 분화란 '단절된 분리'가 아니라 '연결된 분리'다. 심리적으로 '우리'를 만든다는 것은 말처럼 간단하지 않다. 같이 있는 시간이 많다고 해서 저절로 만들어지지 않는다. 심리학적으로 '우리'란 그저 1인칭 복수대명사가 아니라 '상호주관의 심리적 공간을 공유하는 관계'를 뜻한다. 상호주관이라는 말을 풀어서 이야기하면, 부모와 자녀의 관계에서 부모는 아이의 마음 상태를 느끼고, 아이는 내가 느낀 것을 부모도 느끼고 있다는 것을 확인함으로써 서로에게 '서로 공유하는 심리 영역'이 생겨나는 것을 말한다. 위에서 이야기한 여성의 경우라면 친구와 다퉈서 속상했을 때 아이의 속상한 마음을 엄마도 함께 느끼고, 엄마가 속상해하는 것을 다시 아이가 느끼는 상태가 바로 심리적인 '우리'다. 감정만이 아니라 느낌, 욕구, 생각 등도 마찬가지다. 생애 초기에 양육자와 이 공감의 과정을 거쳐야 아이는 대상항상성이 생겨나고 자신의 마음을 이해하는 통로가 생겨난다.

아이가 어릴수록 공감적 이해는 중요하다. 아이는 불편함을 느끼더라도 그 불편함이 어디에서 기인하는지를 정확히 모르기 때문이다. 기저귀가 축축하거나, 배가 고프거나, 몸 어디가 아프거나, 갑갑하거나, 갑자기 무서워졌거나, TV 소리가 귀에 거슬리거나, 너무 더워서일 수도 있고, 이 모든 게 한꺼번에 덮쳤을 수도 있다. 그것을 구분하고 제대로 반응해주는 것은 온전히 부모 몫이다.

아이의 불편함과 욕구를 부모가 잘 이해하고 해소시켜준다면 아이는 이내 다시 편안해진다. 그리고 비로소 자신이 무엇 때문에 불편했는지를 이해하게 된다. 아이는 자신의 감정과 내적 경험을 이해받으면서 부모와 연결되어 있음을 느낀다.

하지만 부모가 아이의 불편을 이해하지 못하면 '우리'라는 영역은 위협받고 자기를 이해하기도 어려워진다. 애착손상은 공감의 실패에서 비롯한다. 학대나 방치처럼 극단적인 것만이 애착손상의 원인은 아니다. 더워서 우는 아이에게 "내 새끼!" 하며 꼭 안아준다거나, 아이가 "난 이 옷이 좋아!"라고 하는데 "그런 게 뭐가 예뻐? 그거 말고 이거 입어!"라며 다른 옷을 주거나, "나방 무서워!"라고 놀라는데 "야, 나방이 뭐가 무섭니?" 하며 아이를 나방 앞으로 밀어붙이는 것도 애착손상의 원인이 될 수 있다. 공감의 실패를 반복적으로 경험하는 아이는 자신의 기호·감정·취향·욕구 등을 신뢰하지도 표현하지도 못하게 되며, 바운더리가 제대로 발달할 수 없다.

그럼 모든 게 부모 때문이야?

결국 공감에 기반한 안정적 애착이 아이의 자아와 바운더리 발달에 중요하다는 이야기다. 그런데 애착이라는 주제는 자칫 식상하게 들릴 수 있다. 어떤 부모들은 애착 이야기만 나오면 지레 움츠러든다. 애착 이야기가 불안 또는 죄책감을 자극하기 때문이다. 특히 아이와 많은 시간을 보낼 수 없는 직장맘들은 자신이 좋은 엄마인지에 대해 끊임없이 의심하고, 최선을 다하면서도 늘 자기비난에서 벗어나지 못한다. 특히 아이들에게 문제라도 생기면 일차적 책임을 자신에게 돌린다. (학자들이 이를 조장한 적도 많았다. 예를 들면 1948

년에 독일의 정신분석가 프리다 프롬라이히만 Frieda Fromm-Reichmann은 조현병의 원인을 부모, 특히 어머니의 잘못된 양육에 있다고 주장했다. 자녀의 요구나 감정 이해에 둔감하고 지배적이고 간섭하려 드는 엄마가 그렇다는 것이다. 프롬라이히만은 '조현병을 만드는 엄마 schizophrenogenic mother'라는 용어를 만들어냄으로써 엄마의 고통과 죄책감을 더욱 자극하기도 했다. 지금은 생물학적 원인들이 밝혀지면서 그런 오해는 사라졌다.)

아이가 말이 늦거나, 분리불안이 심하거나, 친구들과 잘 어울리지 못하면 양육의 잘못으로 생각하는 경우가 많다. 이러한 자책은 아이와의 관계를 건강하게 만드는 데 도움이 되기보다 많은 경우 악순환에 빠진다. 자신을 나쁜 엄마라고 생각하고 오히려 자기혐오나 자기소진에 빠져버리는 것이다. 과연 이게 맞는 걸까?

많은 사람들이 잘못 알고 있는 것 중 하나는 애착의 형성과 손상을 일방적으로 부모 책임으로 보는 것이다. 그러나 인간관계에서 나타나는 문제가 어느 한 사람만의 잘못으로 벌어지는 일은 없다. 애착손상도 마찬가지다. 갓난아이는 아무것도 모르고 아무것도 못하는 것처럼 보인다. 하지만 인간에게 애착은 곧 생존 문제이므로 아이는 필사적으로 노력한다. 빤히 쳐다보기, 표정 따라 하기, 구슬피 울기, 환하게 웃기, 붙잡고 매달리기 등.

이렇게 애착형성이 쌍방향으로 일어나듯, 애착손상 역시 쌍방향적이다. 부모의 양육태도도 중요하지만 아이의 기질 또한 무시할 수 없다는 얘기다. 예를 들면 심한 낯가림, 예민한 감각, 과도한 칭얼거림, 의존적 성향, 유난히 고집스러운 성격, 지나친 공격성 등 유전적으로 타고난 기질도 크게 영향을 끼친다. 대표적인 연구사례로 알렉산더 토머스Alexander Thomas와 스텔라 체스Stella Chess가 1956년부터 1984년까지 실시한 종단연구가 있다. 이들은 뉴욕에 사는 141명의 영아를 대상으로 집중적인 연구를 한 결과, 아이들의 기질을 순한 아이easy child, 까다로운 아이difficult child, 그리고 더딘 아이slow-to-warm-up child 이렇게 세 부류로 나누었다. 각각 40퍼센트, 10퍼센트, 15퍼센트로 분류했고, 나머지 35퍼센트는 하나의 그룹으로 분류할 수 없었다. 이 중에서 까다로운 아이들은 눈을 뜨자마자 울고, 생물학적 기능이 불규칙적이고, 적대적이고, 새로운 사람이나 상황에 적응하는데 시간이 많이 걸려 양육하기가 유독 어려웠다. 학자들마다 수치의 차이가 있지만, 10~33퍼센트는 어떤 부모가 키우더라도 '까다롭고 힘든 아이'에 속한다. 어떤 아이들은 누가 키워도 대체적으로 잘 자라고, 어떤 아이들은 정도의 차이는 있겠지만 누가 키워도 애착손상을 받기 쉬운 아이로 태어나는 것이다.

고집스러운 아이, 불안한 성향을 가진 아이는 애착손상이 잘 일어날 수밖에 없다. 이들은 평범한 엄마를 만나더라도 자기 성향 때문에 쉽게 좌절감과 불안감을 느낀다. 모든 게 서툰데도 꼭 자기 방식대로 하려고 하고, 불안감이 지나쳐서 양육자에게서 잠시도 떨어지지 않으려고 안간힘을 쓴다. 이러한 기질이 잘 다듬어지지 않은 채 어른이 되면 인간관계에서 비슷한 문제를 일으킨다. 상대를 자기식대로 통제하거나 이기려 하고, 불안감 때문에 계속해서 상대에게 의지하거나 상대를 믿지 못하기 쉽다.

특히 유전적으로 불안성향이 높은 아이들은 늘 인간관계가 버거울 수밖에 없다. 어른이 되어서도 낯가림이 심하고, 남 앞에 나서기를 유독 두려워하고, 상대의 표정 하나하나에 신경을 쓰고, 거절에 예민하고, 어쩌다 한마디하고 난 뒤에는 걱정과 고민을 놓지 못하는 편이라 사람을 상대하는 일에서 스트레스를 크게 받는다. 교사라면 문제학생이 많은 학교가 아니라 일반적인 학교에 근무하더라도 하루하루가 스트레스의 연속으로 느껴질 수밖에 없다. 이러한 과도한 불안성향과 예민함은 애착손상의 결과라기보다 애착손상의 원인에 가깝다. (도파민을 분해하는 효소인 COMT 유전자나 세로토닌 운반체 5-HTT 유전자 등 여러 유전자가 이 과도한 불안성향과 관련된다.) 애착손상의 원인은 부모에게도 있지만 아이 자신에게도 있는 것이다.

애착은 '복구'하는 것이 훨씬 중요하다

최근 심리학과 관련된 이야기에는 주로 애착과 자존감이 등장한다. 그러다 보니 '애착 노이로제' '자존감 노이로제'에 빠지는 부모들이 있다. 그렇잖아도 대한민국의 가정은 아이 중심으로 돌아가는데, 그것도 모자라 더 많은 시간을 아이와 함께하며 더 많은 것을 주려고 애쓴다. 사실 많은 육아서와 심리도서에서 보여주는 부모의 모습, 특히 늘 아이를 지지해주고 아이의 감정에 공감하며 정서적으로 안정된 엄마의 모습이란 마치 바비인형의 몸매처럼 비현실적이다. 아이에게 하루에도 몇 번씩 소리칠 수밖에 없는 현실의 엄마들에게 육아서 속 엄마는 멀게만 느껴진다.

이 책도 그렇지 않느냐고 반문할지 모르겠다. 물론 공감의 중요성을 강조하고 있다. 하지만 공감능력이 높다고 해서 늘 화를 내지 않거나 어떤 상황에서도 공감을 잘하는 것은 아니다. 부모, 특히 엄마는 엄마이기 이전에 한 인간이다. 지친 양육자를 위로하자고 하는 얘기가 아니라, 사람들이 애착에 대해 잘못 알고 있는 또 다른 사실을 전하기 위해서다. '안정적 애착이란 애착손상을 주지 않는 것'이라고 생각하는 것은 크나큰 오해다. 그 누구보다 따뜻하고 지혜로운 양육자가 제아무리 애착손상을 주지 않으려고 애쓴다 해도 아이에게 애착욕구를 좌절시키지 않을 수는 없다. 초보 엄마일수록 더욱 그렇다. 처음부터 엄마인 사람이 어디 있겠나?

애착손상을 주지 않는 것보다 더 중요한 것은 애착손상을 회복하는 것이다. 애착은 한번 깨지면 붙일 수 없는 유리그릇 같은 것이 아니다. 수없이 넘어지고 다치면서도 오히려 더욱더 단단해지는 인간의 몸과 같다. 아무리 기술이 발달해 인간에 가까운 휴머노이드가 개발되더라도 인간의 굳은살을 흉내 내기란 어려울 것이다. 소재의 회복력이 좋으면 원형 복구까지는 되겠지만, 인간의 손발처럼 다치고 찢어지는 과정을 통해 더 단단해질 수는 없을 테니까.

애착은 그런 것이다. 한 번도 손상되지 않았기에 애착이 안정적으로 이루어지는 것이 아니라 수없이 깨지면서도 이를 다시 복구하고 연결시키기 때문에 단단해지는 것이다. 예를 들어, 세 살짜리 아이가 밤늦게까지 자지 않고 계속 칭얼거려 "야! 너 정말 안 잘 거야?"라고 큰 소리를 질렀다고 해보자. 깜짝 놀란 아이는 더 울며 보챈다. 엄마는 울지 말라며 더 큰 소리를 낸다. 이런 상황을 만들지 않으면 좋겠지만, 이를 피해갈 수 있는 엄마가 과연 얼마나 있을까? 그러나 중요한 것은 그다음이다. 다음 날 아무 일도 없었다는 듯이 넘어갈 게 아니라 아이의 마음에 말을 걸어보는 것이다. "○○야, 잘 잤어? 그런데 어젯밤에 엄마가 소리쳤을 때 마음이 어땠어?"라며 '속대화(마음을 나누는 대화)'를 시도해보는 것이다.

아이의 마음에 무슨 일이 일어났는지 아이의 내적 경험에 관심을 기울이는 것이 중요하다. 아이의 마음도 모르고 "소리쳐서 미안해!"라며 섣불리 사과하거나 "엄마도 지쳐서 빨리 쉬고 싶을 때가 있어"라며 화난 이유를 먼저 이해시키려는 대화는 도움이 되지 않는다. 애착을 형성하는 데 중요한 것은 모든 것을 알아서 해주는 부모가 아니라 아이의 마음을 궁금해하고 물어봐주는 부모다.

뒤늦게라도 아이의 좌절된 욕구와 위로받지 못한 감정을 이해해주는 대화가 이루어진다면 아이의 애착손상은 충분히 회복된다. 그렇다고 항상 이렇게 할 수는 없을 것이다. 열에 한두 번 정도라 해도 이런 회복 경험은 아이에게 인간관계의 좌절을 영구적 좌절이 아니라 일시적 좌절로 받아들이도록 돕는다. 부모와의 관계에서 애착손상을 회복한 경험이 없는 아이는 어른이 되어서도 금이 간 관계를 회복시키기가 어렵다. 안정적 애착이란 끝없는 '단절-회복brake-repair'의 경험으로 만들어지는 동아줄이지, 부모의 초인적 인내와 정성으로 한 번도 금가지 않고 빚어낸 도자기가 아니다. 그러니 제발 천사 같은 부모가 되려고 하지 마라. 일시적인 단절을 받아들이되 다시 연결을 회복시켜주는 부모가 돼라.

애착이 아무리 중요하더라도 유년기의 애착경험만으로 한 아이가 험난한 세상을 잘 헤쳐나갈 수는 없다. 어릴 때 아프지 않았다고 커서도 아프지 않는 것은 아니다. 인간은 상처받기 쉬운 존재이고, 세상은 시련으로 가득하다. 사람들은 부모처럼 우리를 대해주지 않고, 세상은 가정처럼 안전한 곳이 아니다. 아이러니하게도 인간에게는 '적절한 애착손상'이 필요하다. (가능한 일은 아니지만) 애착손상이 전혀 없는 것은 애착손상이 심각한 것만큼 문제가 될 수 있다. '적절한 애착욕구의 좌절'은 세상을 헤쳐나갈 독립심을 주고, 자아중심성에서 벗어나 상호적인 관계를 맺어갈 기초가 되고, 대상의 좋은 면과 안 좋은 면을 바라보고 통합할 수 있는 시야를 준다. 좌절은 발달의 중요한 요소다.

우리는 안정 애착의 신화에서 벗어나야 한다. 애착은 인생 성공의 보증수표도 아니다. 부모만큼이나 또래를 비롯한 사회적 관계가 중요하다. 하와이군도 서북쪽 카우아이섬에서 펼쳐진 역사적인 심리학 연구가 이를 입증해준다. 심리학자 에미 워너Emmy Werner는 1955년부터 30년 넘게 이루어진 이 종단연구에서 애착손상이 심각했던 201명의 고위험군을 관찰하면서 놀라운 사실을 발견했다. 부모의 가난, 질병, 범죄, 불화 등으로 인해 돌봄을 받지 못하고 자란 이 아이들 중에 무려 3분의 1인 72명이 아무런 문제도 일으키지 않고 건강한 성인으로 자라난 것이다. 이들에게는 공통점이 있었는데, 조부모·친척·성직자·교사·친구 등 주변 인물 가운데 적어도 한 사람 이상이 이들을 사랑해주고 지지해주었다는 점이다.

인간의 뇌처럼 인간의 발달에도 '가소성'이 있어 수정되고 개선될 수 있다. 유전자와 유년기 경험이 삶에 많은 영향을 끼치지만 삶을 결정하는 것은 아니다. 우리는 유전자의 영향을 거스를 수 있고, 유년기 경험에서 벗어날 수 있다. 손상된 애착이 복구될 수 있는 것처럼 우리는 지금의 관계를 복구시킬 수 있다. 우리가 누군가와 친밀하다는 것은 갈등과 좌절이 전혀 없었다는 것이 아니라 갈등과 좌절을 풀고 관계를 다시 회복했다는 것이다. 모든 친밀함은 고통을 동반한다. 다만 그 고통을 해소하여 자원으로 만들어야 한다. 그러므로 우리에게 중요한 것은 상처를 주고받지 않으려는 것보다 관계의 상처를 잘 회복할 수 있는 능력이다.

더 고려할 것: 문화와 바운더리

바운더리를 형성하는 데는 유전자와 애착관계만 중요한 것이 아니다. 개인이 태어나서 자라나는 사회의 문화도 크게 영향을 끼친다. 동양과 서양의 문화 차이는 크다. 간단히 말하면 전통적으로 동양은 집단주의 문화이고 서양은 개인주의 문화다. 동양, 특히 동아시아가 중국의 문화와 철학에서 많은 영향을 받았다면, 서양은 그리스의 문화와 철학에서 많은 영향을 받았다. 중국은 농경문화에 기반을 두었기 때문에 집단의 협력과 조화가 중요했지만, 그리스는 해상무역과 상업이 발달하여 일찍부터 개인과 자율성을 강조했다. 다시 말해 동양은 인간을 관계중심적인 존재로 파악한 반면에 서양은 인간을 개별적 존재로 파악해왔다(인간이라는 용어조차 동양은 인간人間, 즉 '사람 사이'를 뜻하지만, 서양은 human being으로 표기한다). 그렇기에 동양권에서는 '자아'라는 용어 자체가 낯설다. 심지어 '나'라는 말보다 '우리'라는 말을 많이 사용한다.

동양과 같이 인간을 독립된 개인이라기보다 집단의 구성원으로 보고 서로 긴밀하게 연결되어 있는 사회를 '고맥락사회high-context society'라고 한다. 그에 비해 서양처럼 인간을 독립된 개인으로 보고 집단과 개인을 구분하는 사회를 '저맥락사회low-context society'라고 한다. 이러한 문화적 차이는 개인의 발달에 많은 영향을 준다. 예를 들어, 자기소개서를 쓸 때 동양인은 자신이 속한 사회적 맥락에서 서술하는 반면, 서양인은 개인 차원에서 서술하는 경향이 있다. 동양인은 '나는 친구들과 노는 것을 좋아한다, 우리 가족은 몇 남 몇 녀이고 나는 그중에 몇째다. 나는 ○○사의 팀장을 맡고 있다' 등 배경을 중심으로 자신을 소개한다. 그러나 서양인의 자기소개는 사뭇 다르다. '나는 외향적인 성격이다' '수영과 테니스를 좋아한다' '나는 프로그래머다' 등 개인적인 특징을 서술한다. 이처럼 동양인의 정체성은 개인정체성과 함께 사회정체성이 강하다. 그 말은 동양인의 경우 그가 속한 집단의 가치와 문화의 영향을 많이 받으며, '나'보다는 '우리'를 중요하게 여기기 쉽다는 것이다. 이런 이유로 고맥락사회에서는 자기 주장이나 개성을 불편해하는 경향이 있다.

저맥락사회는 다르다. 개성이나 논쟁을 분열로 보는 것이 아니라 생산적으로 바라본다. 그리고 구성원들은 나이나 역할에 상관없이 모두 한 개인으로 평등하게 대우받아야 한다고 생각한다. '프라이버시privacy'라는 개념이 발달되어 있어 사적인 영역은 상대적으로 보호된다.

하지만 문화란 고정된 것이 아니고 흐르는 것이기에 같은 문화권 내에서도 얼마든지 다양한 문화가 존재할 수 있다. 실제 우리나라는 전통적으로는 고맥락사회지만 오늘날엔 개인주의의 영향을 받아 그 편차가 매우 다양하다. 조직문화의 경우 여전히 부서장이 퇴근하지 않으면 직원들도 퇴근을 못하는 회사도 있고, 자기 일이 끝나면 전혀 눈치 보지 않고 퇴근하는 자율적인 회사도 있다.

대화방식도 문화의 영향을 많이 받는다. 글에 행간이 있는 것처럼 대화에도 맥락이 있다. '저맥락대화Low-context communication'란 말하는 내용 외에 숨은 뜻이 거의 없는 표현방식을 말한다. 그에 비해 '고맥락대화High-context communication'란 말하는 내용 외에 다른 내용이나 숨은 뜻이 많은 표현방식을 말한다. 쉽게 말해 저맥락대화는 직설적으로 이야기하는 것이고, 고맥락대화는 돌려 말하는 것이다.

고맥락으로 대화를 하는 사람은 자신의 마음을 정확하게 표현하지 않는다. 상대가 알아서 해석해주기를 바라거나, 다시 물어봐주기를 바란다. 그러므로 고맥락대화를 하는 사람이 괜찮다고 이야기하면 상황을 헤아려서 한 번 더 물어보거나 권할 필요가 있다. 예를 들어, 누군가를 집으로 초대해서 식사하는 자리라고 해보자. 상대가 그릇을 비우면 "좀 더 드릴까요?"라고 묻는 것이 예의다. 그런데 초대받은 이가 "아닙니다. 맛있게 잘 먹었습니다"라고 대답했을 때 고맥락대화를 하는 사람에게는 한 번 더 권할 필요가 있다. 상대가 조금 더 먹고 싶은데도 예의상 사양했을 수 있기 때문이다.

저맥락대화를 하는 사람들은 이런 모습을 이해하기 힘들다. '그냥 솔직히 이야기하면 되는데!'라고 생각할 수 있다. 반대로 고맥락대화를 하는 사람은 저맥락대화를 하는 사람들을 눈치 없고 배려심이 부족한 사람으로 여길 수 있다. 맥락의 수위가 다르면 이렇게 서로에게 답답함을 느낀다. 하지만 이러한 현상은 무엇이 맞고 틀리고의 문제가 아니라 문화의 차이에서 비롯한다.

이렇듯 문화는 자아발달과 인간관계, 그리고 대화방식에 많은 영향을 끼친다. 바운더리도 마찬가지다. 전통적으로 동양문화, 그중에서도 일본과 한국은 자아의 미분화 경향이 높다. 집단을 중시하고 조화를 강조하기 때문에 자기를 드러내기보다는 감추는 편이다. 또한 구성원들은 개인정체성보다 사회정체성이 강하고 집단의 가치에 동조하기 십상이다. 이들은 상대를 고려해서 고맥락 표현을 사용한다. 그에 비해 미국이나 독일과 같은 서양문화에서는 자아의 과분화 경향이 높다. 다른 사람들을 신경 쓰지 않고 자신의 생각과 욕구를 강조한다. 이들은 주로 자기 주장을 확실히 하는 저맥락 표현을 사용한다.

그러나 이제 우리는 '동양문화-서양문화'라는 이분법에서 벗어나야 한다. 이미 우리나라는 단일 문화권이 아니다. 각 가정, 기업, 조직의 문화는 서로 다르다. 세대 간의 문화도 상이하다. 기성세대는 자식이 늦게까지 결혼을 하지 않으면 여전히 머리 싸매고 잠을 못 자지만, 정작 젊은 세대에게 결혼은 그저 개인의 선택일 뿐이다.

이러한 세대 간 갈등의 단적인 예가 2018 동계올림픽 여자 아이스하키 단일팀 구성을 바라보는 시각이었다. 나는 '단일팀'이라는 민족의 대의를 위해 몇몇 선수의 희생은 불가피하다고 생각했다. 그

런데 젊은 세대일수록 아무리 대의가 중요해도 개인의 자발적 동의가 없는 희생은 불공정하다고 생각하는 이들이 많았다. 세대별로 의견이 다를 수 있지만 사회의 변화를 본다면 그런 방향으로 흘러갈 수밖에 없다. 우리 사회는 점점 개별성을 존중하는 사회로 변화하고 있고, 이전보다 개인의 바운더리가 명료해지고 있기 때문이다. 이제 가족은 가족이고 회사는 회사지 더 이상 '가족 같은 회사'라는 개념은 존재하지 않는다. 각박하게 느끼는 사람도 있을 수 있다. 하지만 어쩌랴, 이것이 사회의 변화인 것을! 기본적으로 이는 이기적인 사회가 되는 게 아니라 개별화된 사회로 가는 것이고, 수직적인 사회에서 수평사회로 나아가는 것이다. 그러나 그 역편향 또한 경계해야 한다.

일부 개인주의 성향이 강한 이들은 집단주의 자체를 싫어하며, 집단주의 문화를 자아를 억압하는 수단으로 본다. 하지만 개인주의와 집단주의가 꼭 대척점에 있지는 않다. 진화의 역사를 보면 인간은 개별적 생존이 아니라 집단적 생존을 선택했다. 집단주의는 상호협력을 통해 집단적 생존을 이어온 호모사피엔스의 진화적 유산이다. 단언컨대 호모사피엔스가 개인주의자들이었다면 오늘날의 인류는 없다. 집단적 생존을 추구한 덕분에 개별적 생존율도 높아진 것이다. 우리에게 필요한 것은 개인과 집단의 조화이며 개인주의와 집단주의의 수렴이다. 다만 시대에 따라 그 균형추가 이동할 뿐이다.

언제부터인가 우리 사회에는 '자신을 사랑하라'는 말이 넘쳐나고 있다. 맞는 말이다. 하지만 우리 사회를 살아가는 사람들이 불행한 것은 정말 자기 자신을 사랑하지 않아서일까? 우리 사회가 불행한 진짜 이유는 자신을 사랑하지 않아서가 아니라 자신만 사랑하느라 다른 사람은 어떻게 되든 상관없다는 문화가 점점 더 장악해가고 있기 때문은 아닐까. 개인의 자존감 회복도 중요하지만, 서로를 존중하는 문화가 발달하는 것도 중요하다. 개별성을 획득하지 못한 미분화와 상호성을 잃어버린 과분화가 모두 문제인 것처럼 사회 역시 마찬가지다. 미성숙한 사회는 개인주의와 집단주의의 양 극단에 치우쳐 있다.

모든 개인주의가 선이 될 수 없는 것처럼 모든 집단주의가 자아

의 적이 아니다. UN이 발표하는 행복지수에서 왜 북유럽의 국가들이 해마다 최상위 순위를 차지하는 것일까? 개인의 자율성을 존중하면서도 동시에 공동체 의식이 발달했기 때문이다. 역사적으로 개인과 집단의 균형을 잡지 못하고 그 양 끝에 서 있던 사회는 금방 사라지고 말았다. 인간의 사회성이 위대한 이유는 놀라운 협력을 이루면서도 개별성을 잃지 않는다는 점이다. 개미와 벌 같은 사회적 곤충과 달리 인간은 저마다 개성을 가지면서도 전체 안에서 조화와 협력을 추구해왔다. 자아와 관계의 균형, 개인과 집단의 조화는 인간만이 갖는 경이로운 특징이다. 가장 역동적이고 창조적이고 건강한 사회는 개인과 집단의 균형을 이룬 곳이다.

2부

일그러진 바운더리

:순응형·돌봄형·방어형·지배형

왜 그 사람은 그런 식으로 관계를 맺을까?

만일 당신이 인간관계에서 반복되는 어려움을 해결하고 싶다면,
네 유형 중에 하나를 고르는 선택의 문제가 아니라 관계별로,
시간이 지남에 따라, 또는 주된 유형과 부수적인 유형 등으로 파악할 필요가 있다.

6장

바운더리에 문제가 생기면

●

반복적인 애착손상은 자아발달과 인간관계라는

두 가지 방향에서 왜곡을 일으킨다.

●

인간관계로 어려움을 겪는 사람들은 대부분 '지금 겪는 관계 문제'를 들고 상담실을 찾는다. 하지만 상담하다 보면 그들 중 상당수에게서 유아기의 애착손상을 발견하곤 한다. 반복적으로 애착손상을 받은 아이들은 쉽게 상처를 주거나 상처를 받는 어른으로 자란다. 애착손상이 빚어낸 자아발달의 왜곡과 인간관계의 문제는 너무나 다양하게 나타나서 쉽게 이해하기 어렵다. 이럴 때 유용한 개념이 바로 '바운더리'다. 단순화의 위험성에도 불구하고 바운더리라는 개념을 통해 한 사람의 자아발달의 문제를 이해하고, 관계의 어려움을 파악할 수 있다.

반복적인 애착손상은 크게 두 가지 방향에서 문제를 낳는다.

● 반복적인 애착손상으로 생긴 바운더리의 문제 ●

1. 자아발달의 왜곡

첫째, 자아가 대상과 단절되어 분리된다(과분화). 둘째, 자아가 대상으로부터 분화되지 못한 채 여전히 공생관계에 머무른다(미분화).

2. 인간관계의 왜곡

첫째, 다른 사람과 관계를 맺는 것을 불안해하며 자꾸 거리를 두려고 한다(억제형). 둘째, 반대로 거리 조절을 못하고 다른 사람에게 지나치게 다가가려고 하거나 다른 사람의 영역을 침범한다(탈억제형).

인간의 발달

처음으로 애착이론을 제창한 존 볼비John Bowlby는 애착의 중요한 기능을 '스트레스에 대응하는 능력'으로 보았다. 인간의 스트레스 대응력은 다차원적이다. 인간의 뇌는 '아래에서 위로' 발달한다. 태어나자마자 호흡과 심박동 등을 관장하는 뇌줄기의 '생존의 뇌survival brain'가 가장 먼저 발달하다가, 이어 뇌의 중앙인 감정과 보상, 사회성 등을 관장하는 변연계와 부변연계의 '사회성의 뇌social brain'가 발달하고, 마지막으로 가장 위쪽 대뇌피질에 자리한 '이성의 뇌rational brain'가 발달한다. 이를 뇌 기능의 측면에서 보면 인간의 뇌는 출생 시에는 생존 기능이 가장 지배적이고 이성의 기능이 가장 약한 정삼각형 모양이지만, 나이가 들어가면서 점차 역삼각형 모양으로 변화한다.

건강한 성인이라면 사회성의 뇌와 이성의 뇌가 발달되어 이성의 뇌 기능이 가장 커지고 상대적으로 생존의 뇌 기능이 작아진다. 인간의 삶이 과거처럼 늘 생존의 위협에 놓인 원시 자연 상태가 아니라 서로 협력하고 경쟁하며 미래를 계획하고 준비하는 고도화된 문명사회에서 펼쳐지기 때문이다. 그러나 안정적 애착을 바탕으로

| 인간의 두뇌 발달 |

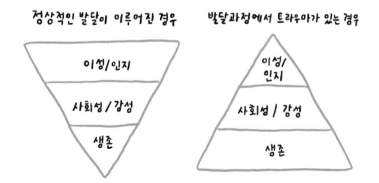

발달이 잘 이루어졌을 때 그렇다는 얘기지, 누구나 저절로 이러한 발달이 이루어지는 건 아니다. 성인이 되어서도 여전히 정삼각형 모양의 뇌를 가진 사람이 많다.

뇌의 발달은 자기조절 능력에도 크게 영향을 끼친다. 뇌의 발달 단계에 따라 스트레스에 대한 대응방식이 달라지기 때문이다. 이 역시 뇌를 세 부위에 따라 3단계로 나누어볼 수 있다. 1단계는 가장 원시적인 생존의 뇌의 스트레스 반응이다. 이는 약어로 '3F'라고 한다. 이 뇌는 세상을 '위험'과 '안전'이라는 두 축으로 나눠 바라본다. 중간은 없다. 위험을 느끼면 지극히 자동적이고 반사적으로 '도망치거나 flight, 싸우거나 fight, 얼어붙는 freezing' 것으로 반응한다. 이 반응이 활성화되면 충동과 행동을 조절하는 대뇌피질 반응이 억제되어 오직 살아남기 위해서만 행동한다. 성숙한 인간조차 생존의 위협을 느끼면 반사적으로 이렇게 행동한다. 예를 들어, 풀밭에서 뱀이 나타나거나 큰 개가 짖으면서 달려든다면 우리는 순간적으로 '도망치거나, 싸우거나, 얼어붙는다'. 물론 일상에서 생명을 위협받을 만한 일은 그리 많지 않다. 그러나 누군가의 스트레스 반응이 주로 이 단계에 머문다면(앞에서 이야기한 정삼각형 모양), 그 사람은 살면서 크고 작은 스트레스를 죄다 '도망치거나, 싸우거나, 얼어붙는' 반응으로 처리하려 든다. 예를 들어, 걸핏하면 화를 내는 상사가 있다고 치자. 보통 사람들은 상사가 화를 내도 그러려니 하고 넘어가거나 말로라도 잘하겠다며 상사를 진정시키는데, 스트레스 반응이 '생존의 뇌' 수준에 머문 이들은 얼어붙어서 그냥 멍해지거나, 아니면 핏대

높여 싸우고 만다.

2단계는 뇌의 중간에 있는 사회성의 뇌에 기반한다. 이 뇌가 담당하는 스트레스 반응은 '보살핌과 어울림tend-and-befriend'으로, 사회 심리학자 셸리 테일러Shelley Taylor가 주창한 개념이다. 그때까지 학계에서는 스트레스에 대한 인간의 반응을 '3F'로만 설명해왔다. 하지만 테일러는 인간은 다른 동물들과 다르다는 이유로 기존의 3F이론에 반기를 들었다. 포유류 이상의 동물들, 특히 사회성이 높은 동물들은 스트레스를 받으면 3F 행동 외에도 다른 개체와 어울림으로써 안정을 찾는다. 즉, 사회적 동물들은 유대를 강화하여 스트레스를 조절한다. 스트레스를 받으면 친구나 동료들과 술이라도 한잔하고 싶어지는 이유다.

그런데 다른 포유류나 영장류에 비해 더욱 발달한 대뇌피질을 가지고 있는 인간에게는 또 다른 방식의 스트레스 반응이 있다. 3단계는 이성의 뇌에 기반을 두며, 이 단계의 스트레스 반응은 '멈춤-선택stop-choice'이다. 스트레스를 받으면 반사적으로 반응하는 것이 아니라 무엇 때문에 스트레스를 받는지 살펴보고 어떻게 하는 것이 좋은지를 고려해서 선택적으로 대응한다. 무턱대고 싸우고 도망치는 것이 아니라 상황에 맞게 합리적이고 현실적으로 대응하는 것이다. 물론 이는 감정이나 각성을 조절하는 능력이 뒷받침되어야 가능하다. 생존율이 높지 않았던 원시시대일수록 3F 스트레스 반응체계가 중요했다. 그러나 현대사회에서는 생존의 위협까지는 아니지만 만성 스트레스가 우리를 짓누른다. 그래서 1단계보다는 2, 3단계의

	뇌의 발달	스트레스 대응 방식
1단계	생존의 뇌(뇌간, 연수 등)	도망치기, 싸우기, 얼어붙음
2단계	사회성의 뇌(변연계)	보살핌과 어울림
3단계	이성의 뇌(전전두엽)	멈춤−선택

스트레스 반응이 무척 중요해졌다.

아이들의 트라우마:
트라우마성 발달장애

트라우마란 '생존에 위협을 느낄 만한 정신적 충격으로 말미암아 지속적으로 고통을 겪는 정신질환'을 말한다. 대표적인 원인은 전쟁, 물리적 폭력, 강간, 천재지변, 성적 학대 등 인간의 대응력을 압도하는 위협적인 사건들이다. 그러나 이는 철저히 성인의 관점이다. 대개 부모의 돌봄을 받는 유아들이 이러한 사건을 경험할 일이 얼마나 있겠는가! 학자들은 오랫동안 유아의 트라우마에 대해 그다지 관심을 갖지 않았다. 심지어 어떤 이들은 나이 든 아이에 비해 어린아이일수록 트라우마에 취약하지 않다고도 했다. 어릴수록 뇌가 공백상태에 있다고 보았기 때문이다.

하지만 실상은 정반대다. 아이들은 인지발달이 덜 되었을 뿐 결코 공백상태가 아니며, 말로 표현하지 못할 뿐이지 충격을 적게 받는다고 할 수 없다. 오히려 스트레스에 대한 내성이나 조절력이 약하기 때문에 트라우마에 더욱 취약하다. 특히 말로 표현할 수 없는 데다가 뇌의 발달에 직접적인 영향을 받기 때문에 후유증이 크고 충격이 오래간다. 어른에겐 아무렇지도 않은 일이 유아에게는 스트레스가 되고, 보통의 스트레스라도 유아에게는 트라우마가 될 수 있다.

그렇다면 유년기 트라우마의 중요한 원인은 무엇일까? '반복적인 애착손상'이다. 아이들에게 애착욕구는 생존이 달린 문제이므로 애착욕구가 반복적으로 좌절된다면 생존을 위협받는 셈이다. 그렇다면 어느 정도의 애착손상이 뇌 발달에 영향을 줄 만큼의 트라우마가 되는 것일까? 사실 정확한 기준은 없다. 그 강도와 빈도는 아이에 따라 다르기 때문이다. 하지만 중요한 것은 애착손상은 복구될 수 있다는 것이다. 아이의 애착손상에 따른 좌절감을 안전한 환경에서 수용하고 위로해줄 수 있다면 애착손상은 오히려 안정적 애착으로 넘어가는 디딤돌이 될 수 있다. 문제는 그런 회복경험 없이 애착손상이 거듭되면 트라우마로 이어지기 쉽다는 점이다.

예전에는 학대와 방치가 애착손상의 주요 원인이었다면 현대사회에 들어오면서부터는 '과잉양육'이 문제되기도 한다. 과잉양육이란 지나친 보호, 통제, 간섭, 교육 등으로 아이의 자율성 발달을 저해하는 과잉보살핌을 말한다.

앞에서 뇌는 '생존-사회성-이성'의 순으로 발달한다고 했다. 유아기 트라우마가 있으면 이러한 발달이 방해를 받아 상위 뇌보다는 하위 뇌의 기능이 큰 상태에 머무르게 된다. 유아기 트라우마를 연구하는 미국의 심리학자 앨런 쇼어Allan Schore에 따르면, 유아가 애착 트라우마를 입으면 우뇌 변연계와 자율신경계에 이상이 생겨 과각성이나 해리(조절할 수 없는 과도한 자극이 주어질 경우 자기 자신이나 주위 환경에 대한 연속적인 의식이 단절되는 현상) 같은 증상이 나타난다. 이러한 발달 이상은 외상후스트레스장애PTSD를 불러일으키는 취약점으로 작용한다. 스트레스에 대한 대처능력과 감정조절 능력이 취약한 채 자라는 것이다. 이는 스트레스나 감정조절의 핵이 '자아의 능력'이 아니라 '안정된 애착관계'에서 비롯된다는 의미다.

이러한 취약함은 단지 심리적인 영향만이 아니라 실제 뇌 손상을 가리키기도 한다. 트라우마는 코르티솔과 아드레날린 분비를 촉진한다. 대표적인 스트레스 호르몬인 코르티솔과 아드레날린은 삶과 죽음을 가르는 긴급한 스트레스 상황에서는 생존을 보장하는 중요한 역할을 한다. 하지만 단기간이 아니라 지속적으로 방출된다면 뉴런과 시냅스 연결, 그리고 신체기관을 손상시킨다.

앨런 쇼어는 특히 유년기에 과도한 스트레스 호르몬에 노출되면 우뇌 발달에 크게 영향을 받을 수 있다고 보고했다. 사람의 뇌는 특히 만 2세까지 급속도로 발달하는데, MRI 연구 결과를 보면 좌뇌에 비해 우뇌가 더 빨리 발달한다. 뇌는 아래에서 위로, 오른쪽에서 왼쪽으로 발달하는 것이다. 자율신경계, 변연계의 경우 좌뇌보다 우뇌에서 더 많은 기능을 담당한다. 또한 우뇌는 좌뇌에 비해 주의력을 비롯해 사회적·정서적 신체정보의 지각과 전달에 많이 관여한다. 그러므로 이 영역에 문제가 생기면 주의력과 함께 감각을 지각하고 이를 통해 감정을 파악하고 조절하는 데 어려움을 겪을 수 있다. 특히 두려움과 분노 등과 같은 가장 기본적인 1차 감정을 조절하는 데 어려움을 보인다고 보고되고 있다.

최근에는 애착손상이 뇌 발달에 구체적으로 어떤 이상을 초래하는지에 관한 연구 결과도 나오고 있다. 2015년 10월에 후쿠이대학교 도모다 아케미友田明美 교수 연구팀이 발표한 연구 결과에 따르면, 애착손상으로 인한 정신질환인 '반응성애착장애RAD'(5세 이전에 아이와 양육자 간의 애착손상에서 비롯한 정서 및 사회적 관계 형성 등 아동발달에 곤란을 겪는 장애)를 겪는 아이는 사람의 표정을 인식하고 감정을 판단하는 뇌 부위의 크기가 건강한 아이보다 작았다. 연구팀은 반응성애착장애 진단을 받은 10~17세의 남녀 21명과 같은 또래의 건강한 남녀 22명의 뇌를 MRI로 촬영해서 좌뇌 뒤쪽에 있는 시각피질의 용적 크기를 비교했다. 반응성애착장애를 갖고 있는 아이는 건강한 아이보다 용적이 평균 20.6퍼센트 줄어들어 있었다. 애착손상은 곧 뇌의 손상이었다.

그렇다면 애착 트라우마는 자아 발달에 어떤 영향을 끼칠까? 보통의 트라우마는 그 강도가 크더라도 가족이나 가까운 사람들의 보살핌을 받을 수 있다. 그러나 애착 트라우마는 그러려야 그럴 수가 없다. 정서적으로 매우 긴밀하고 의존도가 일방적으로 높은 양육자와의 관계에서 벌어지기 때문이다. 아이들은 지속적으로 애착손상을 받으면서도 그 대상에게 계속 의존할 수밖에 없다. 도망칠 수도, 계속 밀쳐낼 수도, 마냥 미워하지도 못할 대상 앞에서 아이의 혼란은 극에 달한다. 한편으로는 미워하면서도 다른 한편으로 애정을 갈구한다. 이러한 혼란 상황이 반복적으로 지속되면 결국 아이는 꼭 필요한 지원 외에는 심리적 애착욕구를 포기하거나, 어떻게든 돌봄을 받기 위해 관계에 매달리는 극단적인 방법을 택하기에 이른다.

심리적 미숙아와 심리적 과숙아

앞에서 자아는 30개월 전후에 대상항상성을 획득하면서 생겨난다고 했다. 그런데 생명체의 탄생에 조산과 만산이 있는 것처럼 심리적 자아의 탄생에도 조산과 만산이 있다. 다시 말해 30개월이 넘었는데도 양육자로부터 잘 분화되지 못한 경우도 있고, 30개월 이전에 일찌감치 양육자로부터 떨어져나온 경우도 있다.

공생관계인 양육자와 연결을 유지하며 양육자로부터 안정적으로 분리되어야 건강한 자아가 탄생할 수 있다. 이를 '자아분화ego differentiation'라고 한다. '분화differentiation'는 원래 생물의 세포가 분열되고 증식하면서 그 구조와 기능이 특화되는 것을 가리키는 생물학 용어다. 수정란이 세포분열을 하고 각 세포가 분열과 생장 등을 거쳐 다양한 조직이나 기관을 이루는 발달 과정이 바로 분화다. 이 과정에서 중요한 것은 통합과 연결이다. 분화가 잘 되더라도 손발이 따로 논다면 무슨 의미가 있겠는가.

자아의 분화 역시 마찬가지다. 안정적 자아분화란 '나(아이)'와 '너(양육자)'가 '우리'로 연결된 채로 나뉘는 것을 말한다. 안정된 자아분화가 중요한 이유는 자아와 관계의 균형을 이루는 토대가 되기 때문이다. 다시 말해 자아분화가 안정적으로 이루어져야 나의 개별성을 유지하면서 친밀한 관계를 맺을 수 있고, 나를 존중하면서 동시에 상대를 존중할 수 있으며, 나도 좋고 상대도 좋은 호혜적인 관계를 만들어갈 수 있다. 그러므로 자아분화에 문제가 있다는 것은 자아와 관계가 불균형하다는 뜻이다. '우리'로 연결되지 못한 채 '나'와 '너'가 단절되어버리거나, 반대로 '나'와 '너'로 분화되지 못하고 '우리' 상태에 계속 머물러 있는 것이다. 전자를 과분화過分化, over-differentiation라고 하고, 후자를 미분화未分化, un-differentiation라고 한다. ('자아분화'라는 용어는 가족치료 전문가인 머레이 보웬Murray Bowen 박사가 생물학 용어인 '분화'를 심리학에 처음 도용하여 사용했고, '미분화'라는 용어도 함께 소개했다. 이 책에서는 보웬 박사의 개념을 빌려왔지만 '과분화' 개념을 추가로 제시함으로써 자아분화의 문제를 좀 더 폭넓게 바라보고자 했다.)

과분화된 자아 - 경직된 바운더리

'과분화'란 의미는 자아가 너무 일찍 대상과 분리되어 자아와 대상이 단절된 상태를 말한다. 통합과 연결이 건강한 분화인데 이들은 연결이 끊어질 만큼 동떨어져서 상호관계를 어려워한다. 그렇다면 이들은 왜 이렇게 일찍 애착대상으로부터 분리되었을까? 앞에서 여러 번 이야기한 반복적 애착손상 때문이다. 이들은 애착손상을 거듭 경험하다가 이를 스스로 처리하지 못하는 상태에 이른다. 애착욕구의 좌절이 일회성에 그치지 않고 스트레스가 지속되면 어느 순간 애착욕구보다 좌절의 고통에 압도된다. 양육자와 함께하는 것이 편안하기는커녕 고통스럽기만 한 것이다. 애착과 사회성을 연구하는 취리히대학교 심리학 교수인 마르쿠스 하인리히Markus Heinrichs와 하이델베르그대학교의 정신의학자인 안드레아스 마이어린드버그Andreas Meyer-Lindenberg에 따르면, 과도한 애착욕구의 좌절로 분비되는 스트레스 호르몬의 농도가 일정 수위 이상으로 올라가면 애착과 관련된 대표적인 신경호르몬인 옥시토신, 바소프레신 등의 분비가 감소된다. 그 결과 심리적 단절을 시도하고 타인과 연결하는 능력에 심각한 문제가 생긴다. 이들에게는 스트레스를 받을 때 다른 사람과 어울리고 위로받으려고 하는 '보살핌과 어울림tend-and-befriend' 반응이 거의 나타나지 않는다.

애착이론의 창시자인 존 볼비에 따르면, 아이의 애착욕구에 양육자가 적절하게 반응하지 않는 경우, 아이는 '부분적 박탈'이나 '완전한 박탈'을 경험할 수 있다. 부분적 박탈은 오히려 애착에 더 매달리게 하지만, 완전한 박탈은 양육자와 분리되는 것으로 나타난다. 즉, 양육자와의 애착손상으로 완전한 박탈을 경험한 아이는 처음에는 저항protest하다가 이어서 절망despair하고, 결국 분리detachment하는 과정을 겪는다. 부분 박탈이 미분화를 설명해준다면 완전한 박탈은

자아미분화　　　　　건강한 자아분화　　　　　자아과분화

과분화를 설명해준다고 볼 수 있다.

　그렇다고 아이가 생존과 직결되는 생리적 욕구까지 포기할 순 없으므로 아이의 포기는 심리적 측면에서 일어난다. 주 양육자가 엄마라면 아이는 일찌감치 엄마가 없어도 상관없는 양 혼자 놀기 시작한다. 그리고 엄마에게 마음을 열지 않는다. 상담을 하다 보면 아주 어린 시절에 겪은 단절된 상태를 이렇게 기억하는 이들이 있다.

　"난 아주 어릴 때 엄마를 사랑하는 마음을 지워버렸어요." "나는 어릴 때부터 엄마에게 문을 닫아버렸어요." "내가 기억하는 한 아주 오래전부터 나는 엄마를 미워했어요." "나는 어려서 엄마가 계모라고 생각했어요. 언젠가 진짜 엄마가 나를 데리러 와줄 것이라 믿었어요."

　앞에서 이야기했듯, 이렇게 된 것이 꼭 양육자 탓만은 아니다. 과분화 유형의 아이들은 고집스럽고, 공격적이고, 자율의지가 강한 경향이 있다. 이들의 주된 감정은 '분노'다. 이들은 아직 어린아이여도 양육자에게 냉담한 반응을 보이고, 좀 더 공격성이 높다면 '분노 폭발'을 동반하기도 한다. 엄마의 사랑을 되찾기 위해 짜증을 내고 투정을 부리는 정도가 아니라 엄마를 이기려고 하거나 상처 주려고 애쓴다. 이러한 관계 맺기 방식은 그대로 고착되어 성인이 되어서도 '냉담' 또는 '대결'로 인간관계를 맺는다. 사람을 믿지 못하고 지나치게 방어적이거나 관계를 권력의 헤게모니 다툼으로 보고 늘 우위에 서려고 애쓰는 것이다.

과분화 유형의 관계 맺기는 '냉담' 아니면 '대결'이다. 이들의 사랑은 고스란히 자아로 향한다. 이는 건강한 자기애가 아니라 자아몰두로 나타난다. 이들은 애착손상을 입었음에도 표면적으로는 자신을 실제보다 더 대단하게 느끼기도 하고 혼자서도 잘 살 수 있다고 인식하곤 한다. 실제로도 이들은 유년기부터 과도하게 독립성이 발달해 매우 자기주도적으로 살아가는 것처럼 보인다. 그러나 상호호혜적인 관계를 맺을 수 없는 독립성은 미성숙함이나 자기중심성을 의미할 뿐이다. 이들은 가까운 인간관계 속에서 끊임없이 어려움에 부딪힌다.

이렇게 자아가 과분화된 이들은 기질에 따라 '방어형'과 '지배형'으로 나뉜다. 방어형은 내향성이 강한 사람들로 다른 사람과 가까워지는 것을 피함으로써 지극히 방어적이고 폐쇄적인 관계를 맺고, 지배형은 공격적이면서 외향적인 성향이 높은 사람들로 상대를 굴복시켜서 관계를 지배하려고 한다.

자아가 과분화된 이들의 바운더리는 경직되어 있다. 이들의 자아는 경직된 바운더리 안에 갇혀 있고, 누군가와 가까워져도 상대방과 소통이나 정서적 교류가 제대로 이루어지지 않는다. 이들은 일방적으로 자신의 생각이나 감정을 드러낼 뿐이다. 이들과 관계 맺는 이들은 두꺼운 벽을 대하는 느낌이 든다. 그러므로 이들은 관계에서 갈등이나 문제를 잘 일으키고 이를 해결할 줄 모른다. 서로의 차이를 감안하고 대화를 통해 이견을 좁혀나가는 경험이 부재하기 때문이다. 어지간한 문제는 죄다 이기고 지는 것, 또는 누가 우위를 선점하느냐의 문제로 바라보기 때문에 상대를 굴복시키려고 하고, 맘대로 되지 않으면 바로 관계를 끊어버린다.

이들은 자아에 몰두되어 2인칭 사고와 같은 타자중심적 사고가 부족하기 때문에 자기 생각만이 옳다고 생각하거나 자기 욕구만을 중시한다. 또한 애착대상과 너무 일찍 분리됨으로써 사회적 관계 형성에 필요한 고차원적인 감정, 예를 들면 연민·미안함·자비심·부끄러움 등이 채 발달되지 않았다. 다시 말해 자기성찰 능력과 정서적 공감능력이 발달하지 못한 채 어른이 된다.

이들이 관계에서 많이 쓰는 심리적 방어기제는 '투사'다. 이들은 관계에 갈등이 생기면 이를 쌍방 간의 문제로 보는 것이 아니라 기본적으로 상대가 원인을 제공했기 때문이라고 여긴다. 특히 지배형의 경우에는 투사에서 그치는 것이 아니라 상대가 잘못을 인정할 때까지 집요하게 상대를 설득하고 공격한다. 이들은 앞에서 이야기한 것처럼 상대의 감정을 조정하려 들고 자신의 문제를 상대의 책임으로 느끼게끔 만드는 데 탁월한 능력을 가진 '감정조종자'들이다.

미분화된 자아-희미한 바운더리

자아의 미분화未分化는 과분화의 상대적인 개념이다. 과분화가 대상과 분리된 상태라면 미분화는 자아가 분화되지 못한 채 여전히 애착대상과 밀착된 상태에 머물러 있는 것을 말한다. 이는 애착손상뿐 아니라 아이의 불안 성향과 관련 있다. 아이와 양육자 간에 안정적인 애착이 형성되지 않으면 아이는 30개월이 넘어도 혼자 있는 능력이 발달되지 못한다.

이들은 잠시만 양육자가 보이지 않아도 심한 분리불안을 보인다. 불안이 가시지 않다 보니 세상에 대한 호기심과 그에 따른 탐색활동이 제한된다. 이들은 독립을 추구하는 대신 양육자 곁을 맴돌고, 양육자가 지속적으로 자신을 돌봐주기를 바란다. 하지만 이들의 불안이 크면 클수록 애착욕구는 커지고, 애착욕구가 커질수록 양육자는 이를 충족시켜주기 어렵기 때문에 아이의 애착욕구는 번번이 좌절된다. 이들 역시 좌절의 고통에 압도당한다. 하지만 이들은 과분화 유형과 달리 과도한 불안 때문에 애착욕구를 끝내 포기하지 못하고 양육자에게 더욱더 매달린다. 이들은 살아남기 위해 양육자의 감정과 욕구를 살피고, 양육자와 연결되기 위해 양육자의 관심을 끌 만한 행동을 한다. 양육자가 아이의 욕구를 충족시켜주는 것이 아니라 아이가 양육자의 욕구를 충족시켜주려고 하는 역애착counter-attachment 관계가 만들어지는 것이다. 그러므로 미분화 유형은 양육자의 감정, 사고, 욕구 등에 영향을 많이 받는다.

만일 미분화 유형의 아이가 마치 과분화 유형의 아이처럼 혼자

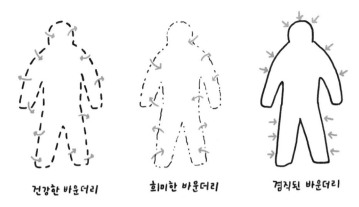

| 당신의 바운더리는 어떤 모습인가요 |

건강한 바운더리 희미한 바운더리 경직된 바운더리

서도 잘 논다면, 그것은 '양육자는 내가(아이가) 혼자 노는 것을 바란다'고 여겨 불안을 참으면서 혼자 노는 것에 가깝다. 과분화 유형의 핵심 감정이 '분노'라면 이들의 핵심 감정은 '불안'이다. 이들에게도 애착욕구의 좌절에 따른 분노가 없는 것은 아니다. 다만 공포에 압도되어 이들의 분노는 늘 수면 위로 떠오르기 전에 은폐된다. 이들은 결국 양육자와 연결을 위해 '순응'하거나 '헌신'한다.

이러한 유년 시절의 두려움을 이렇게 기억해내는 이가 있었다.

"유치원에 갔다가 집에 오면 엄마가 있는지부터 확인했어요. 그냥 엄마가 우리를 두고 훌쩍 떠나버리지 않을까 늘 불안했어요."

아버지에게 폭력을 당하며 사는 어머니가 자신을 두고 사라질까 봐 두려워하면서 어린 시절을 보낸 한 남성의 이야기다. 그는 어른이 되어서도 자신의 아내가 갑작스럽게 떠나버릴 것 같은 불안이 엄습하곤 했다. 말도 안 된다는 것을 잘 알지만 마치 자신이 옛날이 야기 속 나무꾼 같고, 아내는 자신을 두고 떠나버릴 선녀 같다는 느 낌을 떨쳐낼 수가 없었다.

이들은 홀로 있는 것에 매우 서툴다. 이들에게 홀로 있다는 것은 지독한 외로움이고, 견디기 힘든 불안이다. 이들에게 행복이란 '늘 함께하는 것'이며 '누군가와 하나가 되는 것'이다. 여기서 함께한다 는 것은 그저 시간을 함께 보내는 정도가 아니라 같은 생각, 같은 감 정, 같은 욕구를 갖는 것이다. 이토록 철저하게 관계중심적인 이들 이 원하는 것은 연결감을 넘어 일체감이다.

이렇게 미분화된 유형은 그 기질에 따라 '순응형'과 '돌봄형' 두 가지로 나뉜다. 둘 다 관계에서 '하나됨'을 추구하지만 방식은 다르 다. 순응형은 상대와 하나가 되기 위해 수동적으로 상대에게 자신을 맞춘다. 자신의 생각, 감정, 욕구 등을 외면하고 상대의 생각, 감정, 욕구를 살핀다. 상대가 원하는 것을 해주기보다는 상대가 하자는 대 로 따르는 식이다. 그에 비해 돌봄형은 적극적이다. 이들은 상대가 원하는 것을 해주려고 애쓴다. 문제는 이들이 상대의 마음을 헤아리 는 능력이 떨어지기 때문에 상대가 실제로 원하는 것을 해주지는 못 한다는 데 있다. 이들은 자신이 주는 것을 상대가 그 자체로 좋아해 주기를 바랄 뿐이다.

이렇게 자아가 미분화된 유형의 바운더리는 희미하다. 이들의 자아는 형태를 갖추지 못하고 흐물거린다. 자신의 감정·생각·욕구 등을 잘 구분하지 못하고, 상대의 감정·생각·욕구에 쉽게 휩쓸린다. 이들 역시 상대와 제대로 소통하지 못한다. 과분화 유형이 상대와 너무 떨어져서 상대를 잘 볼 수 없다면, 이들은 상대와 너무 가까이에 있기 때문에 상대를 잘 볼 수 없다. 이들은 늘 상대를 의식하고 상대의 마음을 헤아린다고 하지만 정작 상대의 마음을 잘 읽지 못하고 자신이 생각하는 것을 상대의 마음이라고 착각한다. 이들은 '하나됨'이 중요한 만큼 그 손상에 무척 예민하다. 하나가 되지 못하는 것은 불안과 고통에 직결되다 보니 갈등과 다툼에 무척 취약하다. 관계가 불편해지는 것을 잘 견디지 못하고, 불편해지면 일이 손에 잡히지 않는다. 갈등과 다툼은 관계의 일상임에도 이들은 '파국의 전조'로 해석한다. 그렇기 때문에 감정을 감춰가면서 상대에게 순응하거나, 무한정 인내하거나, 아니면 끊임없이 설득하려고 한다.

　미분화 유형이 주로 쓰는 심리적 방어기제는 '내사introjection'다. 내사의 의미는 두 가지다. 첫째, 외부 대상의 생각·감정·욕구 등을 별 비판 없이 받아들여 자기 것으로 동일시하는 것, 둘째, 투사와 정반대 개념으로, 갈등이 벌어지면 자기 탓을 하는 것. '자기 탓'은 무엇이 자신의 문제인지를 알고 받아들이는 자기반성이 아니다. 그렇기에 이들의 자기 탓은 늘 자기개선으로 이어지지 못하고 자책으로 끝난다. 내사란 쉽게 말해 '씹지도 않고 삼켜버리는 것'에 비유할 수 있다. 갈등과 문제는 소화도 분해도 되지 않은 채 몸속에 쌓이거나 그대로 배출되어버린다.

　미분화 유형은 바운더리가 흐릿하기 때문에 흔히 심리적 문제뿐 아니라 신체적 문제까지 동반한다. 홀로코스트 생존자이면서 내과 전문의인 게이버 메이트Gabor Mate는 저서《몸이 아니라고 말할 때 When the Body Says No》에서 바운더리가 미분화된 사람들의 신체적 문제를 이렇게 묘사했다. 미분화된 유형의 사람들이 여러 가지 만성질환 특히, 자가면역 질환에 취약하다는 지적이다.

자기 욕구를 생각하기 전에 다른 사람들의 욕구부터 충족시키려는 성향은 만성질환 환자들의 공통적인 패턴이다. 이런 대처방식은 자기 바운더리가 흐려지고 심리적 차원에서 자기와 비非자기 사이에 혼동이 일어난다는 것을 의미한다. 같은 혼동이 세포, 조직, 그리고 몸 차원에서도 뒤따른다. 자기에 대해 반란을 일으키는 면역세포들

| 자아의 분화에 따른 바운더리 유형과 그 특징 |

미분화 유형 (희미한 바운더리)	안정적 분화 (유연한 바운더리)	과분화 유형 (경직된 바운더리)
타인중심적 인간관계	상호호혜적 인간관계	자기중심적 인간관계
사회적 뇌에 치중	뇌의 균형 발달	생존의 뇌에 치중
감정조절 취약 (특히 불안)	감정과 이성의 연결	감정조절 취약 (특히 분노)
나와 너의 경계 불확실	나와 너의 경계 구분	나와 너의 단절
일방적 (순응 또는 돌봄)	상호교류	일방적 (지배 또는 방어)
거절과 주장을 힘들어함	부드러운 거절과 주장	일방적인 거절과 주장
감정 전염	인지적·정서적 공감	공감의 부재

지금까지는 분화란 자아와 관계의 영역에서 이루어지는 것을 말했다. 하지만 분화는 대인관계에서만이 아니라 발달의 전 과정에서 이루어진다. 의식의 분화 역시 중요하다. 미분화 유형은 자아와 관계만 미분화 상태에 놓여 있는 것이 아니다. 이들은 감정과 사고 역시 미분화되어 있다. 이들은 감정적 사고를 많이 한다. 자신의 느낌과 감정을 그대로 사실이라고 믿어버린다. 마치 아이 같다. 예를 들어, 한 아이가 침대 밑에서 귀신이 나올 것 같아 불안하다고 느꼈다면, 그럴 리 없다고 아무리 설명해도 받아들이지 못할 것이다. 마음이 불안해서가 아니라 침대 밑에 귀신이 있다고 진짜 믿어버리기 때문이다. 이들은 마음의 안과 밖을 오갈 수 없고 마음 안에서만 머무른다.

이 파괴되거나 무해한 존재가 되지 않으면 그 면역세포들이 스스로 몸 조직을 공격한다.

바운더리 크로서와 바운더리 가더

앞에서 얘기했듯 거듭된 애착손상은 자아의 분화에 영향을 끼칠 뿐 아니라 인간관계의 교류방식에도 왜곡을 낳는다. 반복적인 애착손상을 겪은 아이들에게는 기질에 따라 두 가지 역기능적 교류방식이 나타난다.

첫 번째는 '억제형inhibited type'이다. 이 아이들은 다른 사람과의 관계를 필요 이상 두려워하고 조심하며 피하려고 한다. 이들은 '가까운 따뜻함'을 원했지만 실제 경험한 것은 '가까운 차가움'이었다. 그 차가움은 이들의 잠재의식 속에 고스란히 남아 있다. 그렇기에 이들은 누군가와 가까워지고 싶다가도 정작 가까워지면 부정적 경험의 기억이 되살아난다. 머리로 떠올리기 전에 몸이 기억해 움츠리고 뒤로 물러선다. 상대가 애착손상을 준 것도 아닌데 그들과 가까워지는 데 알 수 없는 두려움을 느낀다. 이들의 뇌에는 반복적 애착손상이 트라우마로 남아 있어 무의식적으로 누군가와 가까워지는 것을 거절이나 좌절의 고통과 연결시키고 만다. 애착 트라우마를 가진 채 어른이 되었기 때문이다. 마치 큰 개에 물렸던 어린아이가 작고 귀여운 강아지까지 두려워하고 피하는 것과 같다.

이들은 하나같이 가까워지는 것을 두려워하지만 구체적으로 보면 조금씩 차이가 있다. 애착욕구를 포기하고 일관되게 가까워지는 것을 경계하고 피하는 이들도 있지만, 애착욕구를 버리지 못하고 애착손상이 남긴 두려움과 애착욕구 사이에서 오락가락하는 양가적인 모습을 보일 수도 있다.

두 번째는 '탈억제형disinhibited type'이다. 애착손상이 사람을 경계하게 만드는 것이 아니라 오히려 경계를 풀어버리는 쪽으로 작용한다. 이들은 관계에서 적절한 거리를 조절하지 못하고 부적절하게 상대에게 다가가고 관여한다. 이 경우 또한 자세히 들여다보면 양상이 둘로 나뉜다. 하나는 아무에게나 다가가고 매달리고 애교를 부리는 등 관계에 걸맞지 않게 부적절한 친밀함을 드러내는 경우다. 간단히 말해 애정을 갈구하는 유형이다. 또 다른 하나는 상대에게 자꾸 다가가 간섭하거나 괴롭히는 방식으로 관계 맺기를 시도하는 유형이다. 이런 차이는 무엇보다 아이의 기질에서 비롯된다. 애착손상과 아이의 기질이 더해져서 역기능적인 관계의 교류양식이 만들어진다.

억제형 아이들은 내향적이거나 예민한 성격을 타고난 경우가 많다. 그런 데다 애착손상이 생기면서 그들의 불안과 과각성 상태가 조절되지 못할 정도로 증폭된 것이다. 그에 비해 탈억제형 아이들의 성향은 외향적이거나 공격적이다. 이들 역시 애착손상으로 인해 이미 지닌 성향이 더욱 증폭되어 거리 조절에 어려움을 겪는다. 그렇기에 이들은 혼자 있으려고 하기보다는 어떻게든 다른 사람에게 관여하고 끼어들려고 한다. (정신질환 진단 및 통계 편람인 DSM-5에서는 억제형을 반응성애착장애Reactive Attachment Disorder로, 탈억제형은 탈억제사회관여장애Disinhibited Social Engagement Disorder로 지칭하고 있다.)

애착손상으로 인한 역기능적인 관계교류 방식은 성인이 되어서도 여전히 반복되기 쉽다. 탈억제형은 성인이 되어 다른 사람의 경계를 계속 침범하는 바운더리 크로서boundary-crosser가 되기 쉽고, 억제형은 성인이 되어 자기 경계를 방어하는 데 급급한 바운더리 가더boundary-guarder가 되기 쉽다. 바운더리 크로서들은 자꾸 상대에게 개입하여 무언가를 주거나 요구한다. 상대를 조종하려 하고 상대를 자기 뜻에 맞게 움직이고 싶어한다. 이에 비해 바운더리 가더는 내향적 또는 불안성향의 기질을 가지고 있어 수동적이고 방어적이다. 상대에게 먼저 다가서지 않고, 관계가 맺어지더라도 상대가 무언가를 먼저 해주기를 바라거나 일정 거리 안으로 들어오지 못하도록 방어한다.

바운더리 이상에 따른 역기능적 관계틀

이제 본격적으로 역기능적 관계 유형을 하나하나 들여다보자.

| 바운더리 이상에 따른 역기능적 관계 유형 |

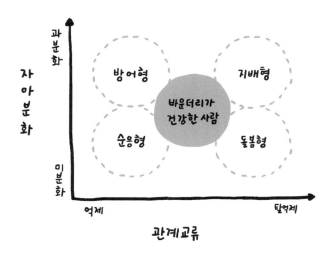

스스로 비슷비슷한 인간관계 문제를 반복하고 있다고 생각하거나 가까운 사람들의 그런 모습을 보면서 '도대체 저 사람은 왜 저런 방식으로 인간관계를 만들어나갈까?' 하고 궁금증을 느껴본 적이 있는 사람이라면 좀 더 집중해서 보자.

앞에서 자아분화의 이상과 관계교류 방식의 이상에 따라 역기능적 관계의 틀을 네 가지로 구분했다. 틀 대신에 패턴이라는 말을 사용할 수 있는데, 관계를 맺는 방식이 틀에 갇히면 계속 비슷한 관계 양상을 되풀이하기 때문이다.

간단히 요약하면, 애착손상으로 인해 자아 발달에 이상이 생기면 자아가 미분화되거나 과분화된다. 미분화 유형은 관계에 몰두하고, 과분화 유형은 자기에게 몰두한다. 마찬가지로 애착손상으로 인해 관계교류에 이상이 생긴 사람들은 '바운더리 크로서'와 '바운더리 가더'로 나뉜다. 바운더리 크로서는 상대의 동의 없이 그 영역을 끊임없이 침범하고, 바운더리 가더는 상대의 접근을 계속 경계한다.

다음 장부터 각 유형을 하나하나 살펴보겠다. 그전에 역기능적 관계틀은 어떤 특징이 있는지 중요한 몇 가지를 먼저 이야기하고, 세부적인 설명으로 넘어가려고 한다.

첫째, 역기능적 관계틀은 어린 시절의 애착손상으로 말미암아 왜곡된 '아이-어른'의 관계방식이 교정되지 않은 채 '어른-어른'의 관계방식으로 이어지는 것을 말한다. 이들의 인간관계는 마치 피터팬처럼 성장을 멈추고 말았다.

둘째, 역기능적 관계틀은 어린 시절의 환경에서 아이가 살아가기 위해 어쩔 수 없이 만들어진 적용적인 측면이 있다. 하지만 성인의 관계에서 이 관계방식을 그대로 적용하면 많은 혼란과 갈등을 야기한다.

셋째, 역기능적 관계틀은 고정된 게 아니다. 만일 당신이 인간관계에서 같은 어려움을 반복해서 겪고 있다고 해서 늘 이 네 유형 중에 하나의 유형을 보이는 것은 아니다. 누구와 관계하느냐에 따라 역기능적 관계틀은 달라질 수 있다. 예를 들면, 배우자와의 관계에서는 지배형인 사람이 직장 동료와의 관계에서는 순응형일 수도 있다. 그러므로 네 유형 중에 하나를 고르는 선택의 문제가 아니라 관계별로 파악하는 것이 필요하다. 또한 한 사람과의 관계에서도 시간이 지남에 따라 변화될 수 있고, 동시간대라고 하더라도 주된 유형 외에 부수적 유형이 얼마든지 함께 나타날 수 있다. 이를테면 배우자와의 관계에서 지배형이 주된 방식이지만 방어형이 부수적으로 나타날 수 있다.

넷째, 역기능적 관계틀은 바운더리가 건강해지면 건강해질수록 약화되어 순기능적인 관계틀로 회복될 수 있다. 이를 위해 우리는 자신의 틀을 잘 이해하고 자각할 필요가 있다.

7장

누군가와 불편해지는 건
너무 싫어 – 순응형

●

이들은 거절이나 자기 주장을 잘 못한다. 더 심각한 문제는
자신의 생각이나 감정, 기호나 취향을 '잘 모른다'는 사실이다.

●

    학원에서 수학을 가르치는 정훈이 상담실을 찾았다. 그는 좀처
럼 자신을 내세우는 법이 없었다. 늘 남의 이야기를 듣거나 다른 사
람들이 하자는 대로 따르는 편이었다. 부탁이나 거절 또한 잘 못했
다. 그에게 가장 힘든 것은 자신 때문에 다른 사람이 불편을 겪는 것
이고, 불편함을 느끼는 채로 누군가를 대하는 일이다. 차라리 자신
이 손해를 보거나 양보하면 적어도 불편함을 피할 수 있기 때문에
그는 자기 주장을 잘 하지 않는다. 아니, 실은 못한다. 그래서 학원에

서 시간표를 짤 때도 동료 강사들이 선호하는 시간들을 다 맡고 나면 남는 시간을 맡는 경우가 많다. 그러다 보니 시간이 지날수록 누구도 맡고 싶지 않은 수업이나 불리한 시간표는 정훈의 몫이 되어갔다.

학부모나 학생들도 그의 성격을 금방 파악했다. 다른 강사의 수업과제는 잘 해오는데 정훈이 내준 과제는 해오지 않는 학생들도 있고, 학부모들 역시 무리한 시간 변경이나 보충수업을 손쉽게 요구한다. 마음속으로는 얼굴에 철판을 깔고 아이들에게 화를 내고 학부모에게 당당하게 거절하겠다고 결심하지만 상황이 닥치면 입이 떨어지지 않는다. 상대가 애들이라고 하더라도 마음이 불편해지고 싶지 않기 때문이다.

왜 그렇게까지 상대에게 맞춰야 하나

정훈은 겁이 많은 아이였다. 어린이집에 갈 때 엄마와 떨어지지 않겠다고 보채서 엄마가 2주일 동안 어린이집에서 같이 생활했다. 어릴 때부터 작은 벌레만 봐도 소스라치게 놀라고, 낯선 사람이 집에 오면 책상 밑에 숨고, 또래들과 어울리는 데도 서툴렀다. 게다가 운동도 못해서 체력적인 자신감도 없었다. 그런 정훈이 걱정스러운 부모는 늘 다그쳤다. "사내 녀석이 왜 그렇게 소심하냐!" "이 맹추야, 왜 혼자 있어. 네가 먼저 가서 같이 놀자고 해!" "네가 도대체 몇

살이야?" 그러나 야단을 들으면 들을수록 불안은 커졌고, 스스로를 더욱더 부정적으로 바라보게 만들었다. 정훈은 소심한 자신이 늘 부끄러웠고, 자신을 걱정하는 부모를 보며 좌절했다. 그러다 보니 늘 자기 주장은 뒷전이었고, 상대가 하자는 대로 끌려다니기 일쑤였다.

순응형은 이렇게 자존감이 낮고 타인중심적인 인간관계를 맺는다. 관계의 기준이 상대에게 있어 상대의 기분을 살피고 상대가 하자는 대로 한다. 심각한 경우에는 내키지 않은 것을 넘어 힘들거나 싫은데도 다른 사람의 접근·제안·부탁, 심지어 부당한 지시까지 거절하지 못한다. 왜 그럴까? 크게 세 가지 이유 때문이다.

첫째, 이들은 '관계의 불편함'을 유독 못 견딘다. 이들은 관계에서 흔히 있을 수 있는 사소한 갈등도 부담스러워한다. 관계를 불편하게 만드느니 차라리 자신이 양보하고 희생하는 편이 더 마음 편하다. 이들이 이렇게 불편한 관계를 기피하는 이유는 갈등이나 불편함을 '파국'으로 느끼기 때문이다. 이들에게 거절은 '단절'이다. 이들은 누군가 자신의 요청을 거절하면 자신의 존재 자체를 부정하는 것으로 받아들인다. 상대의 상황이 여의치 않아서가 아니라 자신을 싫어해서 거절했다고 느끼는 것이다. 예를 들어, 친구에게 전화를 걸었는데 전화를 받지 않으면 정훈은 '바쁘구나!'라는 생각을 먼저 하는 것이 아니라 자동적으로 '내가 귀찮아서 전화를 안 받나?'라고 생각한다.

이들은 '요청의 거절'과 '존재의 거절'을 구분하지 못한다. '거절민감도rejection sensitivity'가 높아 작은 거절에도 심리적 고통을 심하게 느낀다.

둘째, 이들은 자존감이 무척 낮다. 사실 순응형뿐 아니라 나머지 세 유형 모두 자존감이 낮다. 이들 모두 존재 자체로 사랑받지 못한 애착손상이 크기 때문이다. 그러나 나머지 세 유형이 낮은 자존감을 인정하지 않고 방어한다면, 순응형은 과도한 불안으로 방어가 잘 되지 않는다. 이들은 늘 자신을 '나는 보잘것없어'라고 생각한다. 그리고 '사람들은 나를 싫어할 거야' '나는 사랑받을 수 없어'라는 부정적 자기평가를 가지고 사람을 대한다. 상대가 자신을 어떻게 보는지에 지나치게 신경이 곤두서 있기 때문에 상대가 더 중요하다고 생각하고 상대에게 쉽게 동조한다. 그래서 정훈처럼 습관적으로 "저는 괜찮습니다" "저도 그렇게 생각합니다" "그게 좋겠네요" "먼저 말씀하세요"라고 이야기하기 쉽다. 그 표현 속에는 나의 의견이나 감정보다는 당신의 의견이나 감정이 더 중요하다는 메시지가 담겨 있다. 이들은 상대를 존중할 뿐 자신을 존중하지 않는다. 이들은 뒤에 나오는 '지배형'과 정반대다.

셋째, 이들은 '1인칭 사고'에 갇혀 있다. 이들이 거절을 잘 못하는 것은 관계의 불편함을 견디기 힘들어서이지만, 한편으로는 상대도 자신과 비슷하다고 생각하기 때문이다. 이들은 자신이 거절을 당했을 때 상처를 받기 때문에 상대에게 거절하면 상대도 상처받을 것이라고 여긴다. 그러나 사람들은 반복적으로 거절을 당하지 않는 이상, 일회성 거절을 두고 상대가 자신을 싫어하거나 무시한다고 생각하지 않는다. 거절 또한 인간관계의 일상으로 여기기 때문이다. 물론 거절을 당하면 아쉽거나 실망스럽거나 기분이 상할 수는 있지만 그 자체가 관계에 금이 가거나 앙금이 남는 일은 아니다. 잠시 아쉽거나 불쾌할 뿐이지 상처가 되지는 않는다는 말이다.

미처 해소되지 못한 분리불안

이렇게 타인중심적인 인간관계를 하는 순응형의 문제는 분리불안을 해결하지 못한 채 성인이 되었다는 것이다. 이들은 대상항상성이 발달하지 못해 혼자 있는 능력이나 감정을 조절하는 능력이 미약하다. 이들은 스스로 불안을 처리할 수 없기 때문에 어떻게든 양육자 곁을 떠나지 못하고 의존할 수밖에 없었다. 이들의 핵심 정서가 불안이라면 이들이 불안에 대처하는 방법은 순응이다. 상대가 원하는 대로 따라가는 것이다. 이들은 자신을 상대에 맞춤으로써 하나가 되었다는 느낌에 안도감을 느낀다.

이들이 친절을 베풀거나 다른 사람들의 말을 잘 따르는 것은 착해서가 아니라 불안해서다. 그것이 어린 시절의 상황에서는 그나마 살아남는 길이었다. 자신을 내세우기보다는 양육자의 생각이나 요구에 최대한 맞추는 것이 돌봄을 받을 수 있는 길이었기 때문이다. 그렇기에 이들은 눈치를 보고 자랄 수밖에 없었다. 문제는 어른이 되어서도 이들의 내면에는 여전히 혼자 남겨질까 봐 두려워하는 어린아이가 있다는 것이다. 그래서 어른이 되어서도 여전히 어린 시절의 관계방식을 반복한다.

거절이나 자기 주장을 잘 못하는 것보다 심각한 문제는 자신의 생각이나 감정, 기호, 취향을 '잘 모른다'는 사실이다. 자신의 생각, 감정, 기호, 취향이 없다는 것은 아니다. 다만 그것이 자신의 것이라기보다 주변 인물의 것을 모방한 경우가 많다. 바운더리가 희미하기 때문이다. 한 예로, 정훈이 좋아하는 노래들은 그야말로 취향이 뒤죽박죽이다. 그것은 정훈이 여러 장르의 음악을 좋아해서라기보다는 그가 자주 만나는 사람들이 좋아하는 노래를 따라서 좋아하기 때문이다. 그가 좋아하는 여성 연예인도 마찬가지다. 딱히 좋아하는 여성 연예인이 없었는데 좋아하는 친구가 어떤 연예인을 아주 마음에 들어하는 것을 본 뒤로는 그 사람이 자신이 가장 좋아하는 연예인이 되었다. 순응형은 이렇게 상대의 취향이나 기호를 자동적으로 따라 하고, 상대의 생각이나 가치관을 무비판적으로 공유하면서 끊임없이 연결감과 하나됨을 넓혀가려고 한다. 이들은 기호나 취향의 차이에 대해서도 이를 주관적 차이라고 보지 않고 상대의 기호나 취향이 더 우수하고 자신의 기호나 취향은 유치하거나 열등한 것으로 바라보기 쉽다. 이들의 모방은 상대가 자신과 동질감을 느끼게 함으로써 더 가까운 관계를 유지하려고 하는 무의식적인 과정이다.

순응형이 대인관계에서 만나는 문제

순응형은 자아가 대상으로부터 미분화되어 관계에 몰두해 있지만, 관계의 교류는 억제형이라 소극적이고 방어적이어서 먼저 다가가지 못한다. 이는 결국 딜레마로 이어진다. 분리불안 때문에 혼자 있지 못하고 하나됨을 추구하지만 한편으로는 가까워지면서도 경계심을 갖는다. 그래서 이들은 고슴도치 딜레마를 보이기 쉽다. 멀어지면 불안해서 가까이 가려고 하고, 가까이 있으면 불안해서 멀어지려는 모습을 보인다. 특히 남녀관계에서 그렇다. 그러나 시간이 지날수록 의존욕구와 소극성 때문에 결국 상대에게 순응하게 되고 점차 의존한다.

이들은 모든 관계에서 의존적 특성을 지니지만 특히 사랑을 하면 '어른-어른'이 아니라 '아이-어른'의 관계를 맺으려고 한다. 이들은 계속 자신을 돌봐줄 누군가를 찾는다. 이들은 상대를 행복하게 해줄 마음보다는 상대가 자신을 행복하게 해주기를 바란다. 상대를 사랑하는 게 아니라 상대가 필요한 것이다. 그러므로 이들은 자신이 사랑하는 사람에게 다가가는 것이 아니라 자신을 사랑해주기 위해 다가오는 사람을 만나 연애한다. 그러고는 그것을 사랑이라고 생각한다. 하지만 이들의 사랑은 일방적인 보살핌을 받고 의존하는 애착일 뿐이다.

최근 아동 발달에서 애착의 중요성이 강조되다 보니 성인의 관계에서도 애착이라는 용어를 사용하고 있다. 그러나 나는 성인의 사랑을 애착이라는 말과 혼용해서 사용하는 것에 반대한다. 아이의 애착욕구는 정상이지만 성인의 애착욕구는 정상이 아니라고 보기 때문이다. 애착은 인간의 전유물이 아니라 새끼가 어미에게 일방적으로 매달리는 집착으로, 이는 포유류 동물의 유년기 생존본능이다. 그것은 서로를 이해하고 돌보는 성인 인간의 상호적인 사랑과는 다른 차원이다. 사랑에는 열정과 함께 서로에 대한 우정과 책임감이 필요하다. 한 사람이 한 사람에게 일방적으로 베풀어주기를 바라는 것은 사랑이 아니라 애착인 것이다. 안타깝지만 순응형은 아직 누군가를 사랑하고 돌보는 능력이 발달하지 못했다.

　이들은 관계의 갈등에 매우 취약하다. 분리불안이 자극되기 때문이다. 그래서 상대와 이견이나 갈등이 생기면 그 불안함의 고통 때문에 빠르게 화해를 시도한다. 상대가 화를 냈다면 기분을 풀어주기 위해서 성급하게 사과를 한다. 그러나 그것은 관계를 개선하기 위한 사과가 아니라 문제를 덮어버리자는 회피다. 정작 무엇을 잘못했는지 자각하지 못한 채 사과를 하면 상대는 당혹스럽거나 더 화가 나기 쉽다. 이러한 갈등해결 방식은 순간적인 불편함과 갈등은 비껴갈 수 있을지 몰라도 문제를 점점 더 키운다. 이들의 자기억압적이고 자기희생적인 관계방식은 점점 더 큰 어려움을 만들 수밖에 없다. 이들은 점점 자기를 잃어가고 점점 더 무기력해지며 스스로를 점점 더 미워하게 된다.

● 순응형의 특징 ●

1. 누군가와의 관계가 불편해지는 것을 못 견뎌한다.
2. 특별한 이유 없이 가까운 상대가 자신을 싫어하거나 떠나지 않을까 걱정한다.
3. 자신의 실체를 알면 상대가 실망할 것이라는 두려움을 갖고 있다.
4. 거절이나 부탁, 그리고 솔직한 자기표현을 하는 게 무척 어렵다.
5. 갈등이 생기면 일차적으로 그 책임이 자신에게 있다고 느끼지만 정확히 무엇이 잘못인지 모른다. 다만 갈등을 빨리 해소하기 위해 성급하게 사과하거나 상대의 요구에 따른다.
6. 필요 이상 눈치를 보고, 상대의 기분이나 비위를 맞추려고 애쓴다. 심지어 상대의 무례한 행동까지 이해하려다 보니 해야 할 말조차 하지 못해 뒤늦게 후회한다.
7. 자신의 주관이 뚜렷하지 않고 다른 사람의 의견에 쉽게 동조하며, 함께 선택해야 할 상황에서 늘 선택권을 상대에게 넘긴다.
8. 상대와 가까워지는 것도, 멀어지는 것도 힘들어 갈팡질팡한다.
9. '싫어도 좋은 척' '몰라도 아는 척' 등 자신에게도 남에게도 솔직하지 못하다. 종종 자신의 감정이나 자신이 원하는 것이 무엇인지 몰라서 혼란스럽다.
10. 상대가 자신에게 바라는 기대를 채우려고 애쓰느라 자신의 욕구가 무엇인지 생각하지 못한다.

8장

네가 기뻐야 나도 기뻐
-돌봄형

●

그토록 사랑하고 헌신한 결과, 어느 누구도 행복하지 못하고

둘 다 불행해졌다니 정말이지 허망하지 않을 수 없다.

●

    젊은 사업가인 명호는 아내 은별에게 헌신적이다. 결혼 2년 차 인데도 연애시절 못지않다. 아내를 위해 요리를 하고, 철마다 아내 와 여행을 떠나고, 아내가 좋아할 만한 공연을 꼬박꼬박 챙겨서 함 께 다닌다. 늘 아내에게 "뭐 필요한 거 없어?" 하고 묻지만 정작 본 인은 뭘 요구하는 법이 없다. 은별은 이제 막 요리나 살림을 하는 데 재미를 붙였는데, 명호는 은별에게 살림에 신경 쓰지 말라고 한다. 집안일이 아주 많은 것도 아닌데 가사 도우미를 쓰라면서 그 시간에

운동과 취미생활을 하라고 권유한다. 은별의 친구들은 모두 은별을 부러워한다.

그러나 언제부터인가 은별은 자신의 행복을 의심한다. 자신에게 이렇게 잘해준 사람이 또 있을까 싶지만 시간이 지날수록 말 못할 답답함이 쌓여간다. 가끔은 자신이 남편의 딸이나 강아지처럼 느껴진다. 자신을 바라보는 남편의 눈을 보면 느낌이 온다. 자신이 주인의 자상한 보살핌 속에서 마냥 행복해하는 강아지이기를 바라는 것 같은 시선에 은별은 가슴이 갑갑해온다. 사랑에 의문이 짙어지자 은별의 얼굴에서 웃음이 점점 사라져갔다. 명호가 이를 못 알아볼 리 없다. 이전보다 외식도 더 자주 권하고, 선물을 준비해서 깜짝 이벤트도 열고, 집안일도 더 열심히 한다. 그러나 은별은 예전처럼 기뻐하지도 감동받지도 않는다. 웃음을 잃어가는 아내를 보며 명호는 오늘도 고민한다. 어떻게 하면 아내가 웃을 수 있을까?

누군가를 돌봐야만 살 것 같은 사람들

명호의 부부관계는 무엇이 문제일까? 관계는 생각 이상으로 과거의 영향을 받는다. 사업가였던 아버지는 명호가 초등학교 저학년 때 몰락했다. 그 뒤로 하는 일마다 잘 풀리지 않았다. 성격은 갈수록 괴팍해졌다. 교사인 어머니가 가계를 꾸려나갔지만 아버지는 기분 나쁜 일이 있을 때나, 심지어 아무 까닭 없이도 어머니에게 화를 내거나 욕을 해댔다. 의처증이었다. 그가 기억하는 어머니의 얼굴은 늘 슬퍼 보였다. 어린 그에게는 말 못할 고통이었다. 두려웠다. 그 불안과 고통을 그나마 잠재울 수 있는 방법은 어머니의 기대에 있는 힘껏 부응하는 것뿐이었다. 불안에 대한 순응형의 대처가 순응이라면, 불안에 대한 돌봄형의 대처는 한발 더 나아간다. 상대를 보살피는 것이다. 다행히 그는 어머니의 기대에 맞게 공부를 잘했고, 동생들의 숙제까지 돌봐주는 의젓한 아들이었다. 그런 아들을 볼 때만큼은 어머니의 얼굴에 엷은 미소가 흘렀다. "네 덕분에 엄마가 산다!" 그 이야기를 처음 들었을 때 그는 정말 날아갈 듯 기뻤다. 어머니를 기쁘게 하는 것이 그의 낙이었고 삶의 이유였다.

그는 어린 시절부터 절대 아버지 같은 사람이 되지 않겠다고 다짐했다. 사람에게 상처를 줘서는 안 된다고 생각했다. 아니, 다른 사람에게 필요한 사람을 넘어 행복을 주는 사람이 되어야겠다고 결심했다. 그 마음은 명호의 인간관계를 지배했다. 그는 누군가를 행복하게 해주기 위해서 늘 불행한 사람들을 찾았다. 누군가의 돌봄이 필요한 사람을 찾아내고, 자신의 노력으로 그 사람이 기뻐하는 모습을 보면서 기뻐했다.

정신의학에서는 자기 자신은 돌보지 않고 다른 사람만을 돌보는 왜곡된 관계를 '공동의존co-dependency'이라고 한다. 이런 관계는 얼핏 긍정적인 것처럼 보인다. 남을 잘 돌본다는 것은 관계를 중시하는 동양의 문화에서 보면 권장되는 일이기 때문이다. 그러나 공동의존이란 서로 의지하고 돕는 건강한 상호의존이 아니라 상대를 자신에게 의존하게 만듦으로써 결국 양쪽 모두 힘들어지는 병적인 관계를 가리킨다. '공동의존'이라는 용어는 중독자 가족들이 중독자와 건강하지 못한 관계를 맺고 있다는 데서 유래했다. 중독자 가족 중에는 겉보기에는 중독에서 벗어나도록 도움을 주는 것 같지만, 실제로는 건강하지 못한 영향을 줘서 오히려 중독을 조장하는 이들이 있다. 쉽게 말해, 가족들은 중독자를 챙기느라 자기 삶을 살지 못하고, 중독자들은 이들의 도움 때문에 오히려 스스로 일어나지 못하는 악순환을 가리킨다.

과잉책임감 덩어리

공동의존과 같이 자신을 돌보지 않고 다른 사람을 돌보는 데 급급한 사람을 이 책에서는 '돌봄형'이라고 부른다. 실제 우리 주위에는 일방적인 돌봄의 대상이 꼭 중독자가 아니어도 다른 사람들을 돌보느라 정작 자신의 삶을 제대로 살아가지 못하는 사람들이 많다. 이들의 공통점은 돌봄을 받아야 할 어린 시기에 누군가를 돌볼 수밖에 없는 환경에서 자랐다는 것이다. 부모의 불화가 심해 한쪽 부모와 정서적으로 밀착되어 있었거나, 부모의 병환이나 경제적 궁핍 때문에 일찍부터 가족을 돌봐야 했던 경우가 많다. 이들은 애착의 결핍에 대해 충분히 슬퍼할 겨를도 없이 어린 나이부터 누군가를 돌볼 수밖에 없었다. 이 때문에 이들은 '나는 누군가를 잘 돌봐야 괜찮은 사람'이라는 자기 기준을 갖게 된다. 그리고 실제로 누군가를 돌보면서 자기가치감과 만족감을 느낀다. 그래서 문제가 있거나 힘들어하는 사람을 보면 어떻게든 그 기분이나 상황을 바꿔줘야 한다는 책임감을 과도하게 느끼고, 자신의 노력이 상대에게 도움이 되지 못하면 크게 좌절하고 상처를 받는다.

이들은 힘들어하거나 문제가 있는 사람과 가까운 관계를 맺고

그 사람을 변화시키려고 애쓴다. 물론 그렇게 해서 상대가 건강해지고 행복해진다면 의미 있는 일이다. 하지만 이들의 관계는 시간이 지날수록 파국으로 치닫는다. 노력을 하면 할수록 이상하게도 상대의 문제는 악화되어가고, 자신은 점점 더 소진된다. 그럼에도 도움을 멈출 수 없다.

도대체 왜 그럴까? 돌봄형은 상대가 문제해결의 주체가 되고 스스로 행복해지는 것을 원치 않는다. 그들에게 중요한 것은 자신의 도움 덕분에 상대의 고통이 줄어들고 기분이 달라지는 것이다. 다시 말해 이들은 상대가 스스로 서도록 돕는 것이 아니라 자신에게 의지하도록 돕는다. 그렇기에 아이러니하게도 도우면 도울수록 문제가 심각해지기 십상이다.

이들은 당장 상대를 덜 괴롭게 하거나 기쁘게 만들기 위해 상대가 해야 할 일을 대신해주거나, 편법을 동원하거나, 문제를 덮어주거나, 상대의 잘못에도 엉뚱한 대상을 탓하거나, 상대의 생각이나 감정을 바꾸려고 들면서 오히려 문제를 악화시킨다. 예를 들어, 알코올중독자가 취해서 회사에 못 나가게 되었을 때 공동의존 관계인 가족이 대신 전화해서 아파서 못 나간다고 거짓말을 해주는 식이다. 또는 아들의 외도로 며느리가 심적 고통을 겪어 이혼 위기에 처해 있는데, 외도한 아들을 혼내는 것이 아니라 아들을 밖으로 나돌게 했다며 며느리를 타박하는 것과 마찬가지다. 또는 부모 도움으로 가게를 냈다가 빚만 지는 자녀에게 "너 때문에 우리가 힘들다!" 하면서도 계속 돈을 마련해주는 부모와도 같다.

돌봄형이 과잉책임감을 느끼는 이유 중 하나는 가까운 사람의 고통을 마치 자신의 고통처럼 느끼는 정서적 공감능력이 뛰어나기 때문이다. 하지만 이들은 감정의 뇌 위의 이성의 뇌가 잘 발달하지 못했기 때문에 맥락을 파악하고 어떻게 해야 상대에게 실질적인 도움이 되는지를 판단하는 인지적 공감능력이 떨어진다. 자신의 상처와 바운더리의 혼란, 그리고 관계패턴의 역사를 이해하기까지 돌봄형의 일방적인 보살핌은 계속된다.

돌봄형이 대인관계에서 만나는 문제

돌봄형은 자아가 미분화되어 있어 누군가와 자꾸 융합하려고 한다. 순응형이 자신을 보살펴주는 사람과 하나가 되려고 한다면, 돌봄형은 더 적극적이다. 자신이 누군가를 일방적으로 보살펴줌으로써 하나가 되려고 한다. 이들이 원하는 것은 연결감이 아니라 일체감이다.

돌봄형에게는 주위에서 찬사가 쏟아진다. 상대에게 아주 잘하는 것처럼 보이기 때문이다. 돌봄을 받는 사람이 힘들다고 하면 주변 사람들은 복에 겨워서 하는 소리라며 이해하지 못한다. 돌봄형의 보살핌이 한 사람을 건강하게 만드는 것이 아니라 예속시키는 것임을 모르기 때문이다. 돌봄형은 일방적인 보살핌을 베풀지만 이들 역시 의존적인 사람들이다. 돌보는 사람 역시 돌봄을 통해 자신의 존재감을 느끼고 위안을 받기 때문이다. 돌봄형의 기쁨은 늘 타인의존적이다. 이들은 스스로 기쁨을 만들 수 없고 다른 사람을 기쁘게 해야만 기쁨을 느낄 수 있다. 이들 또한 순응형처럼 자아가 미분화되어 있어서 자기 욕구를 잘 모른다. 겉으로 보이는 이타적 행동과 달리 이들의 내면에는 누군가를 돌봄으로써 칭찬받고자 하는 결핍된 아이가 있다. 이들의 바운더리에는 다음과 같은 문제가 있다. 첫째, 자신과 다른 사람의 경계를 구분하지 못하는 혼란, 둘째, 다른 사람의 삶과 문제에 대해 자신이 책임져야 한다고 느끼는 과잉책임감, 셋째, 자신을 외면하고 상대를 돌보는 타인중심적 관계방식이다.

이들은 행복하고 유쾌한 이들에게는 관심이 없다. 불행한 이들을 행복하게 만드는 것이 훨씬 큰 기쁨을 주기 때문이다. 이들의 사랑은 늘 상처가 많거나 문제가 있는 사람들과 이루어진다. 이들은 그들을 정말 사랑한다고 말하지만 사실 자신으로 인해 상대의 감정이나 삶이 달라지기를 바란다는 점에서 상대를 있는 그대로 사랑하지 못한다. 결국 이들 역시 다른 사람을 조종하려는 사람들이다. 다만 그 조종이 노골적인 통제나 폭력적인 방식이 아니라 일방적인 돌봄이라는 은밀한 방식으로 이어지기 때문에 상대는 이를 파악하기 어렵다.

돌봄형은 자신에게 돌봄을 받는 사람의 바운더리 역시 혼란에 빠뜨리고 만다. 돌봄형의 돌봄을 받는 사람들은 관계가 지속될수록 건강한 책임감을 가진 주체로 서지 못하고 자신의 책임까지도 상대에게 떠넘기고 마는 무책임한 모습으로 전락하기 쉽다. 돌봄형의 보살핌을 받는 이들은 시간이 지날수록 그것이 건강한 사랑이 아니라 사랑으로 포장된 또 다른 통제임을 느낀다. 그러나 그 관계에서 벗어나기란 쉽지 않다. 중독자가 중독행위가 안 좋다는 것을 알면서도 빠져나가기 힘든 것처럼, 이들은 점점 의존한다. 결국 파국에 도달하는 순간에 원망하고 절규한다. "왜 그렇게 하셨어요!" "그것이 진정 나를 위해서였어요?" 지금까지의 헌신과 노력, 자신의 존재 이유까지 송두리째 부정당하다니, 돌봄형에게 이보다 고통스러운 말도 없다. 그토록 사랑하고 헌신했는데 누구도 행복하지 못한 결과가 됐다는 사실이 견디기 힘들다. 그러나 실제 상담실에서는 이런 경우가 넘쳐난다.

사실 돌봄형인 사람이 만들어내는 공동의존 관계는 대한민국의 부모와 자녀 사이에서 흔히 볼 수 있다. 부모는 '아이를 위해서'라는 이유로 수많은 희생을 한다. 사실 부모라면 누구나 자녀가 행복하게 살기를 바란다. 어쨌든 희생과 헌신이 아이들이 스스로 삶의 주체로 설 수 있는 발판이 되었다면 다행이지만, 부모에게서 벗어날 수 없게 하는 족쇄가 된다면 정말 비극이 아닐 수 없다.

부모라면 진지하게 생각해봐야 한다. 부모들의 헌신으로 지금 우리 아이들은 행복한가? 아니면 나중에라도 행복하게 살 수 있을까? 우리 아이들은 스스로 문제를 해결하고 삶의 주체로서 성장하고 있는가? 만일 아니라는 대답이 떠오른다면 즉시 자녀와 자신의 바운더리를 살펴보고 조절해야 한다. 부모의 생각과 달리 아이의 삶을 좌우하는 것은 부모에게 달려 있지 않다. 질병이 치유되는 본질적인 힘은 약물이나 의술이 아니라 사람의 내적 치유력인 것과 같다. 의술이나 약물은 그 힘을 도울 뿐이다. 부모의 역할도 마찬가지다. 부모는 아이를 앞에서 끌고 가는 사람이 아니라 뒤에서 밀어주는 사람일 따름이다.

● 돌봄형의 특징 ●

1. 자신과 타인의 경계를 구분하지 못하고 관계에서 벌어지는 모든 일을 자신과 연결지어 받아들인다.
2. 가까운 상대의 감정에 쉽게 영향을 받고, 상대의 감정을 바꾸려고 애쓴다.
3. 문제 있는 사람에게 마음이 끌리고, 그의 문제를 자신이 책임져야 한다고 느낀다. 심지어 가족보다 주변 사람의 문제에 더 신경 쓴다.
4. 혼자 희생할 필요가 전혀 없는데도 어떤 일을 도맡아 하거나, 부모가 아닌데도 누군가를 전적으로 책임지고 도우려고 한다.
5. 상대가 싫다는데도 반복적으로 뭔가를 베풀거나 조언을 해야 마음이 편하다.
6. 자기가치감과 만족감을 얻기 위해 누군가를 도와야만 한다.
7. 상대에게 잘해주고도 좋은 말을 듣기보다 종종 핀잔을 듣거나 갈등을 불러일으킨다.
8. 자신이 베푼 만큼 자신을 위해주는 사람이 없다고 느끼고, 의기소침해지며 신세를 한탄한다.
9. 다른 사람의 감정과 욕구를 돌보느라 정작 자신의 감정과 욕구는 잘 모른다. 설령 알더라도 크게 중요하지 않다고 생각한다.
10. 자기 혼자서는 행복, 만족, 평화로움을 느낄 수 없다.

9장

나한테 신경 좀 쓰지 마
-방어형

●

자신을 보호하기 위해 입었던 갑옷이 어느 순간부터

자신의 힘조차 발휘하지 못하게 구속하는 사슬이 되고 만다.

●

30대 후반의 현주는 임용된 지 1년가량 된 지방도시의 대학교수
다. 그런데 벌써 학교를 그만두고 싶을 때가 있다. 다름 아닌 인간관
계 때문이다. 왜 대한민국에는 남의 일에 신경 쓰는 사람이 이렇게
많은 것일까? 현주는 다른 교수의 방에 좀처럼 들어가지 않는데도
몇몇 교수가 거리낌 없이 자신의 방을 찾아온다. 현주는 마치 자신
의 영역과 시간을 침범당하는 기분이 든다. 싫은 기색을 하기도 어
렵다. 학교생활에 관해 이야기 나누는 것까지는 그럴 수 있다 치고

참으려고 한다. 그러나 늘 대화는 사생활에 대한 질문으로 이어지고 만다. "화장품은 뭐 쓰세요?" "서울에서는 누구랑 살아요?" "결혼은 왜 안 하세요? 사귀는 사람은 있으시죠?" "서울 그 동네 아파트 시세는 어떻게 돼요?" 등등 굳이 대답하고 싶지 않은 것까지 시시콜콜 묻는다. 그만 나가달라는 말이 곧 입 밖으로 튀어나올 것 같다. 사람들과 있다 보면 금방 불편해지고 기를 빨리는 느낌이다. 현주는 이제 방 안에 있으면서도 '외출 중'이라는 푯말을 걸어놓는다.

너는 너 나는 나

현주는 살면서 거의 모든 문제를 혼자서 해결해왔다. 현주가 어릴 적부터 아버지와 어머니는 부부싸움이 잦았고, 갈등 끝에 현주가 초등학교 6학년 때 이혼했다. 그 과정에서 두 사람 다 아이의 양육을 맡지 않으려고 옥신각신했다. 현주는 어쩔 수 없이 지방에 사는 친할머니에게 맡겨졌다. 한순간에 모든 것이 바뀌었다. 어머니도 아버지도 거의 찾아오지 않았다. 어느 순간 생활비를 보내주는 것도 끊겼다. 그런 와중에 할머니의 건강이 나빠졌다. 중학교 2학년이 되자 어쩔 수 없이 엄마가 현주를 데리고 갔다. 현주는 기뻤지만 엄마는 그래 보이지 않았다.

엄마는 만나는 남자가 있었다. 그 남자는 종종 대낮에도 집으로 찾아왔다. 그런 날이면 집 안이 깨끗해졌고 엄마는 아침부터 요리를 했다. 엄마는 밖에서 놀고 오라고 돈을 쥐여주었다. 그 아저씨랑 외식을 할 때도 있었다. 엄마는 그때마다 가장 예쁜 옷을 입히고 아저씨한테 귀염성 있게 행동하라고 신신당부했다. 아니 그건 거의 협박이었다. 아저씨 앞에서 엄마는 애교가 넘쳤다. 자신을 대하던 말투와 표정과는 너무 달라 낯설고 혐오스러웠으나 현주는 싫은 내색을 하지 못했다. 엄마한테 또 버림받을 수는 없었다. 그렇다고 엄마처럼 애교를 부릴 수는 없었다. 무표정하게 있거나 밥을 조금밖에 먹지 못한 날이면 엄마는 우리가 이렇게 살 수 있는 게 누구 덕인 줄 아느냐며 화를 냈다. "나는 너 키우려고 있는 말 없는 말 다 하는데, 넌 맛있게 먹는 척도 못해!"라며 소리쳤다.

엄마는 공부 욕심도 많아 늘 공부하라며 잔소리하고 성적이 떨어지면 혼을 냈다. 그런데 친구 엄마들과는 좀 달랐다. "딸 출세시켜서 엄마 팔자 좀 고쳐보자!" 소리를 입버릇처럼 했다. '친엄마 맞아?'라고 생각한 게 한두 번이 아니었다. 엄마한테 의지하고 그 남자의 돈으로 생활한다는 게 몹시 자존심 상했지만 때를 기다리는 수밖에 없었다.

현주는 공부를 열심히 했고, 다행히 성적도 따라주었다. 대학에 다니면서부터 경제적으로 독립했다. 아르바이트를 하면서도 장학금을 탔다. 대학을 졸업하자마자 거처까지 독립했고, 스스로의 힘으로 대학원을 마쳤다. 그때까지 연애 한 번 하지 않은 현주를 친구들은 하나같이 악바리라고 불렀다. 독립한 이후로는 엄마를 거의 만나지 않았고 생활비만 보냈다. 자꾸 딸에게 기대려는 엄마가 싫었다. 어릴 때도 챙겨주지 않던 생일상을 나이 들어 차려주겠다고 호들갑을 떠는 엄마가 가증스러웠다. 정작 자신이 엄마를 찾을 때에는 나 몰라라 했던 엄마 아닌가! 엄마는 뭔가 아쉬운 게 있을 때만 마지못해 현주에게 다가왔다. 그래서 현주는 모녀 사이에도 매몰차게 거리를 둔다. 엄마는 엄마의 인생이 있고 자신에게는 자신의 인생이 있을 뿐이다. 그러면 엄마는 '독한 년'이라고 악담을 퍼붓고 어미 마음도 몰라준다며 통곡을 한다. 그런 모습을 보면 더욱 마음이 닫힌다. 자신의

감정을 조정하려 드는 것 같아 손톱만큼의 연민도 느껴지지 않는다.

뿌리 깊은 불신

현주는 사람을 믿지 못한다. 누군가 자신에게 다가오면 자신을 이용하기 위해서라는 의심이 먼저 든다. 현주는 사랑이 없다고 믿는다. 현주에게 관계란 서로 주고받을 게 없으면 불필요해지는 비즈니스 같은 것이다. 자기 자신은 스스로 지킬 수밖에 없다고 믿기 때문에 누구에게 힘들다는 이야기를 해본 적도 없다. '세상은 어차피 혼자야. 나 스스로 해결해야 해'라고 되뇌며 살아왔다.

방어형 사람들은 관계에서 늘 선을 긋고 거리를 둔다. 이들의 핵심 문제는 '불신'이다. 이들은 누군가와 가까워지는 것에서 '친밀함' 이전에 '위협감'을 느낀다. 이들의 내면에는 가까운 사람에게 휘둘리거나 버림받아 고통을 느끼는 어린아이가 있다. 이 아이들이 고통에 대처하는 방식은 '차단'이다. 이들은 유년기부터 '관계의 고통'보다 '혼자 있는 외로움'이 덜 힘들었다. 어른이 되어서도 마찬가지다.

현주는 사람들과 접촉하는 것을 별로 좋아하지 않는다. 오랫동안 자신의 상황을 이해하고 따뜻하게 대해준 친구 한두 명 말고는 개인적으로 사람을 거의 만나지 않는다. 전화나 카톡도 거의 하지 않는다. 꼭 필요하다면 문자를 이용한다. 정서적 표현을 싫어해서 이모티콘도 사용하지 않는다. 가게에서 직원과 마주하는 것도 싫어서 대부분 인터넷 쇼핑을 하고, 쇼핑몰에 가더라도 직원이 다가와 말을 걸면 나가버린다. 누군가 다가오면 자신의 바운더리를 침범당하는 것 같고, 자신의 영역이 훼손되는 듯한 느낌이 든다.

물론 디지털 시대가 되면서 대면접촉이나 전화통화를 기피하고 문자나 카톡 등 간접적인 소통을 선호하는 이들이 늘고 있다. 말로 직접 소통하려니 이래저래 번거롭고, 불필요한 오해가 생겨나기도 하고, 시간을 낭비하는 것처럼 느껴지기 때문이다. 이런 경향은 다른 사람에게 불편을 주고 싶지 않은 마음보다는 일차적으로 자신의 시간과 영역을 침범당하고 싶지 않은 욕구에서 비롯된다. IT기술이 발달하면서 예전에는 다른 사람들과 접촉하지 않으면 살아갈 수 없었지만 지금은 아무런 불편함 없이 살아갈 수 있는 사회가 되어가고 있기 때문에 가능한 일이다. 무인점포가 늘어나고, 로봇이 인간의 일자리를 대체하고, 스마트 기기들이 발달해 사람과 접촉하지 않고 살아가는 일명 '비접촉사회contactless society'로 바뀌어가면서 현대인의 바운더리는 이전보다 더 폐쇄적으로 변화되고 있다.

그러나 아무리 시대가 변화한다고 해도 인간은 연결과 접촉이 없이는 살아갈 수 없다. 우리는 여전히 단절과 비접촉을 고통으로 느끼도록 설계된 존재들이기 때문이다. 그런데 이상하다. 주위를 보면 혼자 잘 살아가는 것처럼 보이는 사람들이 참 많다. 오히려 혼자 살기 때문에 하고 싶은 것 다 하면서 행복하게 살아가는 것처럼 보인다. 남들에게 에너지를 소모하지 않으면서 자신에게 온전히 투자하는 모습은 똑똑하고 독립적으로 보인다. 그러나 겉으로 보이는 모습과 달리 이들의 내면에는 외로움의 그림자가 짙게 드리워져 있다. 물론 사랑하는 사람이 있거나 결혼을 하고 아이가 있어도 외로운 이들이 부지기수다. 그러나 지나칠 정도로 독립적인 이들의 내면에는 늘 사랑받지 못한 결핍이 아물지 못한 채 남아 있다.

　방어형에게는 선택지라 할 것이 없었다. 누구에게든 매달리고 싶었지만 매달릴 사람이 없었거나, 매달려봤지만 번번이 좌절했다. 어떻게든 살아가려면 스스로를 돌볼 수밖에 없었고, 좌절의 고통을 되풀이하기보다는 힘들어도 체념하고 혼자 버티는 게 이들에게는 더 나은 선택이었던 셈이다. 이들은 '사랑받지 못한 고통'을 순응형처럼 또 다른 누군가에게 '사랑받음'으로 해결하는 대신 스스로를 책임지는 것으로 극복하려고 했다. 스스로를 잘 돌보고 혼자서도 잘 살아가는 사람이 된다면 굳이 사랑이 필요 없으니까. 그리고 그 결핍은 삶의 원동력이 되어 남들보다 한층 독립적이고 더 많은 것을 성취하는 모습으로 나타나는 경우가 많다.

　이러한 심리적 방어를 가리켜 '반동형성reaction formation', 즉 금지된 행동 또는 힘든 마음을 억제하기 위하여 그 반대의 행동을 지나치게 강조하는 것을 말한다. 예를 들어, 성적인 충동이 강한 사람이 무척 도덕적으로 행동하거나, 내면의 분노가 많은 사람이 어떠한 경우에도 화를 내지 않으려고 애쓰거나, 여성적인 성향의 사람이 과도하게 근육을 키워 남성적으로 보이려고 노력하는 것을 말한다. 애정결핍으로 누군가의 사랑을 받고 싶었던 사람이 오히려 지나치게 독립적으로 행동하는 경우도 이와 유사하다. 이러한 반동형성에 의해 강화된 행동들은 흔히 강박적이고, 경직되고, 이해되지 않을 정도로 지나치다.

현주는 작은 도움조차 완강히 거절하고 모든 것을 혼자 해결하려고 애써왔다. 물론 그러한 반동형성 덕에 더 많은 성취를 이루어 낸 것도 사실이다. 그러나 성취로 애착손상을 감출 수는 있어도 결코 치유할 수는 없었다.

방어형이 대인관계에서 만나는 문제

이들의 바운더리는 경직되어 있고 폐쇄적이다. 이들은 자기 안에 갇혀 있다. 이들은 다른 사람에 대한 관심이 부족하다. 이들의 바운더리는 자기보호에만 매달려 있을 뿐, 교류 기능은 마비되어 있다. 따라서 이들은 다른 사람의 접근을 차단하는 데 급급하다. 건강한 바운더리를 갖고 있는 사람은 상대가 접근해오면 선택적으로 개방한다. 그러나 방어형의 바운더리에는 그러한 조절 기능이 없는 대신 알람 기능이 지나치게 발달되었다. 이들은 누군가 다가오기만 해도 경고음이 울린다. 누군가와 친밀함을 느끼기도 전에, 그 사람이 어떤 의도로 다가오는지를 미처 파악하기도 전부터 이들은 고통과 두려움을 느낀다. 그리고 이에 대한 대응은 '거리 두기' 또는 '차단'이다.

방어형에게 '관심'은 '간섭'과 별 차이가 없다. 자신이 요청하지 않았는데 자신에게 다가오는 것은 다 간섭이고 오지랖이고 침범이다. 현주는 자신에게 다가오는 동료 교수들의 행동을 모두 간섭으로 느꼈다. 자신은 동료 교수들의 방에 찾아가거나 그들의 사생활에 관심을 두지 않았는데, 타인을 존중하기 때문이라고 했다. 하지만 그것은 사람을 존중하는 것이 아니라 '대인방어', 즉 사람을 믿지 못하는 것이다.

현주의 거리 조절은 건강한 독립이 아니라 가까워지는 것에 대한 두려움에서 비롯된다. 현주는 누가 사생활에 대해 사소한 것이라도 물으면 경계부터 한다. 마치 조금만 건드려도 몸을 말아버리는 공벌레처럼 바운더리가 닫혀버려 상대가 더 접근하지 못하도록 밀어낸다. 이러한 반응은 잔뜩 움츠린 자세, 냉담하거나 무심한 표정, 까칠한 말투, 경계 어린 눈빛 등을 통해 상대에게 전달된다. 의식적으로 그러는 것은 아니다. 독립적이어서는 더욱더 아니다. 애착손상 때문이다. 이들이 보이는 '지나친 독립성'은 자기방어를 위한 갑옷 같은 것이다. 과거 어떤 시기와 상황에서는 자신을 지키기 위해 그런 갑옷이 필요했을 것이다. 하지만 위험이 사라지면 공벌레는 다시 말린 몸을 풀어야 한다. 그러나 상처가 큰 이들일수록 갑옷을 벗지 못한다. 전쟁 때든 휴전 때든, 잠을 잘 때든 활동할 때든 늘 갑옷을 입고 있을 수밖에 없다. 자신을 보호하기 위해 입었던 갑옷이 어느 순간부터는 자신의 힘조차 발휘하지 못하게 구속하는 사슬이 되고 마는 것이다. 작가 안셀름 그륀Anselm Gruen은《자기 자신 잘 대하기Gut Mit Sich Selbst Umgehen》에서 이렇게 이야기를 했다.

상처받은 사람들은 마음의 문을 닫고 사랑이 필요하지 않다고 오기를 부린다. 그러나 이는 인간을 점점 더 냉혹하고 공허하게 되도록 놔두는 절망감에서 나오는 반작용일 뿐이다. 상처받지 않기 위해 하는 일이 오히려 다른 사람들로부터 자신을 고립시키고 참된 관계를 맺을 줄 모르게 만들고 만다. 그래서 한 인격은 자신이 갈망하는 모든 사랑을 근본적으로 차단한다.

현주는 다른 사람들 때문에 힘든 것이 아니라 갑옷처럼 자신을 옭죄는 폐쇄적인 바운더리 때문에 힘들다. 내가 "사람과 가까워지는 것도 힘들지만 이제 자기 안에 갇혀 있는 것도 힘들다고 느끼는 것 같네요"라고 말하니 현주는 부정하지 못했다. 무언가 잘못되고 있음을 현주 역시 잘 알고 있었다. 현주는 두렵지만 이제 사람들을 향해 마음의 문을 열고 관심과 간섭을 구분할 때임을 받아들였다. 현주의 마음 안에 아직 두려워하는 어린 현주가 느껴졌다. 나는 조심스럽게 말했다.

"어릴 때부터 그 무거운 갑옷을 걸치느라 힘들었을 거예요. 그 갑옷을 다 벗을 필요는 없어요. 그래서도 안 되고요. 다만 사람을 봐 가면서, 그리고 상황에 따라서 이제 그 단단한 갑옷을 조금씩 벗을 수도 있지 않을까요. 지금의 현주 씨는 어린 시절의 현주 씨가 아니니까요."

현주는 가만히 고개를 끄덕였다.

● 방어형의 특징 ●

1. 사람들과 함께 있는 자리에서 긴장을 내려놓지 못한다.
2. 기본적으로 사람을 믿지 못하고, 누군가 다가오면 안 좋은 의도가 있을 것이라고 생각한다.
3. 오랫동안 알고 지내는 사람이라도 그(녀)와의 관계에서 친밀감을 느끼기가 어렵다.
4. 집단 안에서도 사람들과 함께하지 않고 혼자 있으려 하고, 도움 받아도 될 일을 지나치게 혼자 힘으로 하려고 한다.
5. 시시비비를 가리는 대화는 잘하지만 감정을 드러내는 대화는 기피한다. 사람들과 갈등이 생기면 바로 관계를 끊어버린다.
6. 냉담한 표정이나 가시 돋친 말로 상대와의 거리를 유지함으로써 자신을 보호한다.
7. 작은 도움이라도 받으면 빚진 느낌이 들어 빨리 갚아버려야 마음이 편하다.
8. 프라이버시에 과도하게 집착하고 누군가 관심을 갖는 것에 필요 이상 예민하게 반응한다.
9. 자신의 생각에 갇혀 다른 사람들의 생각이나 의견을 잘 받아들이지 못한다.
10. 매우 독립적인 것처럼 보이지만 자기를 보호하는 데 급급해서 정작 자신이 원하는 삶을 향해 나아가지 못한다.

10장
자기밖에 모르는 사람들
-지배형

●

'자아중심성'이 엄청난 이들은 자신감으로 가득해 보이지만,

이 자신감은 '자존감'과는 거리가 멀다.

이들은 의외로 작은 비판과 작은 좌절에도 심한 수치심을 느낀다.

●

경화는 울음을 멈추지 못했다. 책상 위에 휴지가 한 움큼 쌓여갔다. 2개월 전 1년을 조금 넘게 사귄 남자친구와 헤어졌다고 했다. 사실 처음에는 남자친구를 별로 좋아하지 않았다. 남자친구가 일방적으로 좋다고 쫓아다닌 끝에 연애가 시작됐다. 말이 연애지 사실 남자친구의 일방적인 구애였다. 경화는 요구하는 게 많았고, 자주 짜증을 냈다. 남자친구는 힘들어하면서도 말도 안 되는 요구나 짜증을 잘 들어주고 달래주었다. 그럴수록 경화는 모든 것을 자기 뜻대

로 하려고 했다. 자신이 해야 할 일을 심부름꾼 부리듯 남자친구에게 시켰고, 남자친구의 친구들 중에서 마음에 안 드는 친구는 만나지 말라고 요구하기도 했다. 처음에는 남자친구도 잘 따랐지만 어느 정도를 넘어서자 더 참지 못하고 먼저 헤어지자고 한 뒤 연락을 끊어버린 것이다.

전혀 예상하지 못한 일이었다. 경화는 이런 일을 경험해본 적도 상상해본 적도 없었다. 연애를 많이 했지만 모두 자신이 먼저 끝냈다. 그래서 처음에 헤어지자는 말을 들었을 때 무슨 말인지 이해하지 못했다. 그러고는 이내 분노가 폭발했다. '네가 어떻게 나한테……!' 자존심을 꺾고 자신이 노력해보겠다고 자세를 낮췄는데도 남자친구는 연락이 없었다. 죽고 싶을 만큼 비참했다. 난생처음 느껴보는 모욕감이었다. 경화는 분이 풀리지 않아 날마다 남자친구에게 문자로 악담을 퍼붓고 있다. 나는 경화에게 남자친구를 다시 만난다면 어떻게 하고 싶은지 물었다.

"정말 잘해주고 싶어요. 그래서 그 애가 다시 하루종일 내 생각만 하면서 안달복달하게 만들고 싶어요. 그럴 자신이 있어요. 그러고 나서 다시 나에게 깊이 빠져들어서 헤어나올 수 없는 순간이 오면 내가 그 애를 차버릴 거예요. 애걸복걸하더라도 거들떠보지 않고 돌아설 거예요. 날 이렇게 비참하게 만든 그 애를 완전히 짓밟고 싶어요."

지배와 착취로 얼룩진 인간관계

경화는 무남독녀 외동딸이다. 엄마는 자식에 대한 욕심이 많았다. 어릴 때부터 딸을 유명한 연주자로 만들고 싶었다. 한글을 익히기 전부터 피아노를 가르쳤다. 경화는 다른 길이 있다는 것조차 생각지 못하고 피아노만 배웠다. 초등학교 고학년부터는 예술중학교 입시 준비에 매달렸다. 6학년이 되면서 많이 힘들었다. 하루종일 피아노 앞에 앉아 있는 것도, 학교 친구들과 멀어지는 것도 싫었다. 엄마랑 많이 싸웠다. 그러나 엄마는 단호했다. 불같이 화를 내며 이겨내야 한다고 다그쳤다. 분했지만 엄마의 기세에 눌렸다. 예술중학교에 들어간 뒤에는 더 크게 싸웠다. 집에 들어가지 않기도 하고 한동안 피아노 연습을 쉰 적도 있었다. 그럴 때마다 아빠가 달래주었다. 엄마랑 싸우면 아빠는 늘 경화 편이 되어주었고, 해달라는 대로 다 해줬다. 엄마랑 다툼이 커지면서 엄마와 아빠의 다툼도 커졌다. 경화가 고등학교 때 두 사람은 별거에 들어갔다. 아빠와 살게 된 경화는 전혀 슬프지 않았다. 오히려 엄마를 이긴 것 같은 쾌감을 느꼈다.

피아니스트인 경화는 예쁜 외모 덕분에 많은 남자들의 구애를 받았고, 그중에서 마음에 드는 남자를 골라 만나왔다. 연애는 늘 오래가지 않았다. 선물 공세와 사랑 고백이 이어지지만 얼마 만나지 않고 헤어졌다. 자신 앞에서 쩔쩔매는 남자들의 모습을 보고 나면 만나고 싶은 마음이 사라졌다. 단 한 번도 마음을 줘본 적이 없다고 했다. 경화는 놀랍게도 지금까지 자신에게 사랑을 고백한 남자들의 숫자를 헤아리고 있었다. 남자를 만나고 헤어지는 것이 경화에게는 별로 힘든 일이 아니었다. 오히려 사랑 고백을 한 남자의 숫자가 늘어날수록 자존감은 올라갔다. 보통 남자라면 누구나 자신을 좋아할 수밖에 없다고 생각했다. 경화와 몇 분 대화를 나누다 보니 오만함이 느껴졌다.

경화에게 연애는 사랑이 아니었다. 경화와 남자친구는 스타와 열성팬 같은 관계였다. 경화는 남자친구로 만나주는 것만으로도 상대는 고마워해야 한다고 생각했다. 남자친구는 자신을 향해 감탄과

찬사를 보내야 마땅했다. 경화는 기분 안 좋은 일이 있으면 남자친구에게 위로를 받으려는 게 아니라 남자친구에게 짜증을 내고 상대를 깎아내림으로써 자신의 힘과 우월감에 도취됐다.

주위에 보면 자전거를 타거나 걸으면서, 심지어는 지하철 안에서도 남들이 다 듣도록 노래를 크게 트는 이들이 있다. 이들 중 상당수는 자아중심성의 문제가 심각하다. 다른 사람이 어떻게 느낄지는 전혀 고려하지 않거나 자신이 좋아하는 노래는 다른 이들도 좋아할 것이라는 엄청난 착각을 한다. 지배형의 특징이다. 이 유형은 역기능적 관계패턴 중에서 '자아중심성'이 가장 심각하다. 늘 자신이 기준이기 때문에 이견이나 갈등이 생기면 기본적으로 자신이 옳고 합리적이라고 생각한다. 이렇게 지배형은 나르시시즘과 맞닿아 있다.

사실 모든 인간은 정도의 차이가 있을 뿐 기본적으로 나르시시스트다. 모든 것을 있는 그대로가 아닌 자기 위주로 바라보고 살아가기에 죽을 때까지 자아중심성에서 벗어날 수 없다. 다만 아이일 때는 심하던 자아중심성이 시간이 지날수록 점차 완화되어간다. 하지만 자아가 과분화된 아이는 관계형성 능력에 큰 결함을 가지고 어른이 된다. 이들은 반복적인 애착손상으로 말미암아 누군가로 향해야 할 애착욕구가 고스란히 자기 자신을 향한다. 병적인 자기애가 만들어지는 것이다. 자신만 중요하고 다른 사람은 중요하지 않게 여긴다. 이들은 '자기우월감'과 '특권의식'을 갖고, 스스로를 특별하고 예외적인 존재로 여긴다. 자신이 빠지면 모든 일이 제대로 돌아갈 수 없고, 남들에게는 일어날 수 있는 일들이 자신에게 일어나서는 안 된다고 생각한다.

분노 뒤에 숨어 있는 '수치심'

자기 색깔과 자기 PR을 중요하게 여기는 요즘 세상에 첫인상만 놓고 보면 지배형들은 매력적이다. 다른 사람의 눈치를 많이 보고 스스로 개성이 없다고 생각하는 사람들의 눈에 당당하고 자신감 넘쳐 보이는 이들은 부러움의 대상이다. 그러나 이들이 보이는 자신감은 '자존감'과는 거리가 멀다. 이들은 의외로 작은 비판과 좌절에도 심한 수치심을 느낀다. 심지어 상대가 자신과 다른 의견을 내는 것조차 자신을 무시하거나 비난했다고 느낀다. 단지 상대는 자신의 생각을 이야기했을 뿐인데 말이다.

이들은 겉으로 매우 강해 보이고 자존감도 높아 보이지만 내면에는 애착욕구의 좌절로 인해 수치심을 느끼는 아이가 있다. 다만 그것을 부정하고 있을 뿐이다. 이들은 관계에서 고통과 좌절을 겪지 않기 위해 '힘'을 추구한다. 고통당하지 않으려면 힘이 있어야 하고, 힘이 없으면 언제 또다시 짓밟힐지 모른다는 무의식적 공포를 가지고 있다. 그러나 힘이 있다고 해서 수치심이 사라지는 것은 아니다. 수치심은 여전히 마음속에 또아리를 튼 채 작은 자극에도 자기애에 상처를 입힌다.

수치심은 죄책감과 다르다. 죄책감이 '잘못된 행동wrong behavior'

에 대한 자기반성의 감정에 가깝다면 수치심은 '잘못된 존재wrong self'에 대한 자기혐오의 감정에 가깝다. 수치심은 죄의식보다 더 깊이 스며들어 나라는 사람 자체가 부적절하다고 느낌으로써 자존감에 치명적인 상처를 주는 감정이다. 죄책감은 종종 자기개선이나 상대에 대한 사과로 이어지지만, 수치심은 자기파괴나 상대에 대한 공격으로 이어진다. 물론 수치심이 지배형의 전유물은 아니다. 문제는 지배형의 수치심은 사람을 위축시키고 의기소침하게 만드는 것이 아니라 분노로 활활 타오르게 만든다는 사실이다. 지배형의 수치심은 늘 분노 뒤에 가려진다. 이들은 자신이 부적절하다는 느낌을 받아들일 수 없다. 따라서 자기애의 상처를 빨리 회복하기 위해 상대에게 비난과 공격을 퍼붓는다. 주위 사람들은 정말 이해하기 힘들다. 그 정도로 화날 일이 아닌데 불같이 화를 내기 때문이다. 그러나 이들은 강한 분노 폭발을 통해 자신의 수치심을 빨리 태워버리고는 상대를 공격하고 통제한 데서 우월감을 느낀다. 심지어 공격받은 사람이 안절부절못하는 모습을 보며 희열을 느끼기도 한다. 겉으로 보이는 오만함과 달리 이들의 자존감은 무척 취약한 것이다.

이들의 바운더리는 폐쇄적이다. 이들은 관계의 초기에는 사람들에게 잘 대하는 것처럼 보인다. 그러나 이는 사람들의 인정과 찬사를 원해서일 뿐, 그 사람 자체에게 관심이 있어서가 아니다. 상대와 오랜 시간을 알고 지내더라도 상대가 어떤 사람인지 제대로 아는 것이 없다. 모든 관심이 온통 자신에게만 쏠려 있기에 이들은 심각한 '공감맹共感盲'이다. 상대의 말을 듣는 동안에도 계속 자기 할 말만 생각한다. 물론 그조차도 오래가지 않기 때문에 이들은 결국 자기 할 말만 하게 된다.

지배형이 대인관계에서 만나는 문제

지배형은 다른 사람과의 공유와 연결을 중요하게 여기지 않는다. 이들은 수평적인 관계를 맺지 못한다. 관계를 힘의 대결로 보고 늘 우위에 서려고 하기 때문이다. 규모가 크든 작든 이들은 언제나 우두머리 역할을 하려고 한다. 약간의 과장을 섞어서 이야기하면 '너는 열등한 사람, 나는 탁월한 사람' '너는 보통 사람, 나는 특별한 사람'으로 높낮이가 다른 관점에서 상대를 본다. 이들에게 가까운 타인이란 자신의 우월함을 드러내주는 사람이다. 이들의 관계는 두 가지 방식으로 이루어진다. 하나는 상대에게 끊임없는 인정과 찬사를 받는 것, 또 다른 하나는 상대를 깎아내림으로써 자신의 우월감을 확인하는 것. 이들과 가까운 관계를 유지하는 이들은 둘 다 또는 둘 중 하나의 역할을 해야 한다. 이들의 일방적인 관계 맺기는 숱한 갈등과 대립을 초래하지만 점점 관계의 우위를 점해간다.

이들의 언어는 매우 직설적이고 판단적이고 지시적이다. 마치 교사가 학생을 가르치듯, 부모가 아이 대하듯, 윗사람이 아랫사람 대하듯 한다. 상대가 자신의 말을 따라야 한다는 것이 대화의 전제이기 때문이다. 이들 앞에서 '내가 잘못했지만 너도 잘못한 게 있잖아'와 같은 접근은 통하지 않는다. 이들은 갈등에 대처하는 방법이 늘 공격적이다. 이들은 공격적으로 자기 의견을 주장하는 데 아주 능하고 상대의 실수나 약점을 놓치지 않고 집요하게 파고든다. "너는 뭘 잘 몰라." "넌 너무 우유부단해." "넌 이기적이야." "넌 어리숙해." "왜 그렇게 예민해!" 그리고 상대를 개조시키려고 한다. 이들의 목표는 상대를 결국 자신의 말을 잘 듣는, 또는 자신의 마음에 드는 사람으로 바꾸는 것이다. 그것도 요청이나 부탁이 아니라 지시나 강요 방식으로. 당연히 가능하지 않은 일이며, 이는 지배형의 지속적인 공격을 부른다. 이들은 그러한 변화가 어려운 것이라 생각하지 않고 상대가 자신을 무시했다고 생각한다. "내가 이렇게 하라고 했잖아." "왜 그렇게 안 해!" "네가 그렇게 한다고 했잖아." "너 나를 완전히 우습게 보는구나!" 물론 실제로는 이렇게 점잖게 이야기하지 않는다. 언어폭력과 위협이 난무한다.

도대체 이들은 왜 이렇게 상대방을 이기고 지배하는 데 집착할까? '우월감'이 이들의 정신적 주식主食이기 때문이다. 건강한 이들에게는 자존감이 중요하지만 이들에게 필요한 것은 우월감이다. 우월감이야말로 이들의 취약한 수치심에 대한 병적인 자기방어다.

이들은 연애를 할 때도 시작은 잘하지만 지속하는 것은 힘들어한다. 관계를 안정적으로 만들어갈 만큼 바운더리가 건강하지 못하기 때문이다. 이들은 관계를 자기 방식대로 끌고 가려고 하기 때문에 바운더리가 건강한 이들이라면 이들과의 관계를 계속 이어가지 않는다. 자신을 존중하지 않는다는 것을 느끼기 때문이다.

문제는 바운더리가 희미하고 우유부단한 이들이다. 이들에게는 지배형이 선망의 대상이기 때문이다. 바운더리가 희미한 이들은 이들의 당당함이 사실 '자존감'과 '자신감'이 아니라 '우월감'과 '특권의식'이라는 것을 구분하지 못한다. 오히려 지배형과의 관계를 통해 그들의 힘과 권력이 자신을 보호해주거나 그것을 이용할 수도 있다는 착각에 빠지곤 한다. 그러다 보니 예속적인 관계를 마다하지 않는다. 이들은 단호한 표현에 쉽게 흔들리고 그대로 끌려가기 쉽다. 심지어 상대가 자신을 위해서 하는 말이라고 착각하면서 말이다. 물론 시간이 지날수록 이들의 폭력적인 방식에 거부감을 느끼고 저항하지만 이들을 당해낼 도리가 없다. 지배형은 감정사슬을 잘 만들기 때문에 끝까지 상대의 잘못을 파헤쳐 문제의 책임이 결국 상대에게 있음을 받아들이게 만든다. 이들은 상대가 납작 엎드릴 때까지 결코 공격을 멈추지 않는다.

안타깝지만 지배형의 관계 문제는 나이가 들어도 별로 달라지지 않거나 더 악화되기 십상이다. 자신의 능력·지위·영향력이 떨어질수록 수치심에 취약해지고, 주변 사람들을 더 괴롭힘으로써 우월감을 느끼려고 하기 때문이다. 게다가 이들은 자기중심성이 가장 심하고 남 탓을 하기 때문에 좀처럼 자신의 문제를 인식하기 어렵다.

이들은 조직생활에서도 많은 문제를 일으킨다. 이들은 자기 방식을 고집하기 때문에 상대와 보조를 잘 맞추지 못한다. 늘 파트너십이나 팔로어십에 문제가 있다. 지배형이 리더인 경우 이들은 팀 전체의 이익보다는 자신의 업적과 성과를 돋보이기 위해 일한다. 이들은 경주마처럼 아주 목표지향적이다. 그래서 무리한 목표를 세우고 끊임없이 분발하도록 채찍질하거나, 더 나아가 부하직원들의 공을 자신의 공으로 빼앗는 일도 서슴지 않는다. 이들은 입으로는 키워주겠다고 말하지만 사실은 부하직원을 성장시키는 데 관심이 없다. 오히려 이용할 때까지 이용하다가 이용가치가 사라지는 순간 냉정하게 외면해버린다. 지배형을 부하직원으로 둔 상사들도 괴롭기는 매한가지다. 협력을 해치고 독단적이고 자기중심적으로 일을 처리하기 때문이다. 바운더리가 희미한 상사라면 지배형 부하직원에게 끌려다니게 된다.

● 지배형의 특징 ●

1. 어디서든 관심의 중심에 서기를 원하고, 사람들의 찬사를 바란다.
2. 승부욕이 지나쳐 늘 상대보다 우위에 서려고 하고, 자신보다 뛰어난 사람이 있으면 질투심을 크게 느낀다.
3. 자신을 특별하다고 보고, 다른 사람보다 특별한 대우를 받을 자격이 있다고 여긴다.
4. 현재에 만족하지 못하고 더 많은 것을 이루기 위해 앞만 보고 달려간다.
5. 갈등이 생기면 끝까지 밀어붙여 상대를 굴복시키려고 한다.
6. 이견이나 비판에 지나치게 예민하고 흥분한다.
7. 기분이 상하면 가까운 상대를 업신여기고, 바보 취급함으로써 자신이 우월하다는 것을 확인하려고 한다.
8. 사람을 깊이 사귀지 못하고, 자신에게 도움이 되거나 자신을 돋보이게 해주는 사람 위주로 사귄다.
9. 상대에게 감정이입을 못하고, 상대의 입장을 고려해서 이야기하지 못하고, 자기 하고 싶은 말만 한다.
10. 나이가 들어서도 비현실적인 성공, 갑작스러운 신분상승, 이상적인 사랑과 같은 공상에 몰두한다.

3부

행복한 관계의 조건

바운더리가 건강해지려면 필요한 다섯 가지

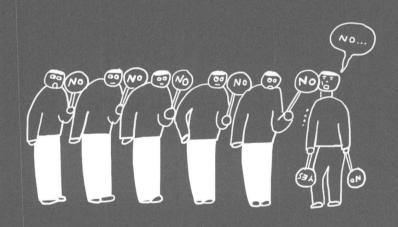

건강한 바운더리란 추상적인 표현이 아니다.
바운더리가 건강함을 구체적으로 나타내주는 '관계의 자원' 영역 다섯 가지가 있다.
'관계조절력' '상호존중감' '마음을 헤아리는 마음' '갈등회복력' 그리고 '솔직한 자기표현'이다.

지금까지 애착손상은 어떻게 바운더리 발달에 문제를 일으켰고, 이로 인해 인간관계가 어떻게 왜곡되는지를 알아보았다. 3부에서는 건강한 바운더리는 무엇을 말하며, 바운더리가 건강한 사람들의 인간관계는 어떤지 알아보기로 하자. 건강한 인간관계란 '나도 좋고 너도 좋은 관계를 맺고 유지하는 능력'을 말한다. 하지만 서로 좋은 관계를 위해서는 건강한 바운더리의 다섯 가지 기능이 잘 작동해야 한다. 먼저 바운더리가 건강한 사람들의 다섯 가지 특징이 무엇인지 간단히 정리해보자.

첫째, 관계 조절 능력이 있다. 이들의 바운더리는 유연하다. 이들은 대상과 친밀도에 따라 그 깊이와 거리를 조율하며 관계를 맺는다. 기본적으로 인간을 신뢰하되 합리적인 의심을 할 줄 알기 때문이다. 이들은 관계의 친밀도에 따라 더 깊이 교류하고 관계의 위험으로부터 자신을 보호할 수 있다.

둘째, 상호존중감을 가지고 있다. 이들은 자기존중감뿐 아니라 타인을 존중하기에 상호적인 관계를 맺는다. 그것은 이들이 자아중심성을 극복했기 때문이라기보다 자신의 자아중심성을 잘 인지하고 있기 때문이다. 이들은 자신에게 좋은 것이라 하더라도 상대는 싫어할 수 있다는 것, 상대와 나의 차이는 옳고 그름의 문제가 아니라 관점의 차이임을 알고 있다.

셋째, 이들은 상대의 마음과 함께 자신의 마음을 헤아릴 줄 안다. 이들은 정서적으로, 인지적으로, 실천적으로 공감할 줄 안다. 상대의 고통을 안타까워하며 위로와 친절을 베풀지만, 그렇다고 상대의 삶을 책임지려 하거나 휘두르려 하지 않는다. 이들은 상대를 위해 무엇이 필요한지를 고려할 줄 알고, 상대가 스스로 문제를 해결할 수 있도록 자신이 처한 상황에서 노력과 친절을 베푼다.

넷째, 이들은 갈등회복력이 높다. 이들은 관계가 가까워질수록 갈등을 피할 수 없다는 사실을 받아들인다. 다시 말해 이들은 갈등을 만들지 않고 좋은 관계를 가지려는 것이 아니라, 갈등을 풀어냄으로써 좋은 관계를 만들려고 한다. 이들은 갈등 상황에서 시시비비를 가리는 것이 아니라 상대의 마음을 이해하고 다시 연결하는 것을 중요하게 여기기 때문이다. 이들은 먼저 나서서 갈등을 풀려고 하며, 비교적 장기적이고 안정적인 관계를 만들어간다.

다섯째, 자신을 솔직하게 표현한다. 이들은 자신의 마음에 바탕을 두고 표현한다. 단, 상대를 배려하지 않는 거친 솔직함이 아니라 상대를 배려한 부드러운 솔직함이다. 그러므로 이들이 자기 주장과 거절을 할 때는 정중함과 부드러움이 느껴진다. 그리고 이들은 단지 감정 표현에서만 솔직한 것이 아니다. 자신의 기호·취향·관심사·욕구를 표현함으로써 자기 세계를 만들며, 이를 통해 비슷한 사람들과 자연스럽게 관계를 형성한다. 이들은 자기 세계를 가지고 있기에 상대에게 휘둘리지 않으며, 인간관계에 필요 이상 매달리지 않으며, 혼자서 기쁨을 만들어내는 능력이 있다.

11장

관계조절력:
관계의 깊이를 조절하는 능력

●

협력과 배신이 공존하는 사회에서는 맹목적인 이타주의자가 아니라
'분별 있는 이타주의자'가 생존에 유리하다.

●

바운더리가 건강한 사람들은 관계의 깊이와 거리를 조절할 줄
안다. 인간은 기본적으로 사회적 존재이고 호혜적 관계를 맺지만,
모두가 그런 것은 아니다. 내가 하나를 베푼다고 해서 상대가 나에
게 다시 하나를 되돌려주는 것은 아니다. 선천적이든 후천적이든 사
회에는 남보다 더 많은 것을 가지려 하고, 다른 사람의 몫까지 차지
하려는 이들이 있다. 단순화해서 말하면 우리 사회 안에는 세 부류
의 사람들이 있다. 다른 사람을 이용하고 착취하려는 이들, 하나를

받으면 하나를 주는 호혜적인 이들, 자신의 것을 기꺼이 더 많이 베푸는 이들. 물론 이는 고정된 모습이 아니라 상황이나 시기, 대상에 따라 달라진다.

이렇게 여러 사람이 섞여 있는 사회에서 우리는 어떻게 행동해야 할까? 상대를 믿고 손을 내밀어야 할까? 아니면 배신의 위험성이 높으니 아무도 믿지 말고 혼자 살아가야 할까? 1980년대에 미국의 정치학자 로버트 액설로드Robert Axelrod는 이를 실험으로 입증해보았다. 협력과 배신이 벌어지는 '죄수의 딜레마 게임'의 해답을 찾는 컴퓨터 토너먼트를 제안해 각 분야의 게임이론 전문가들에게 참여를 독려했다. 그런데 경제학, 심리학, 사회학, 정치학, 수학 등 여러 분야의 쟁쟁한 게임이론 전문가들이 보내온 프로그램 중에서 우승을 차지한 것은 맞대응전략Tit For Tat이라는 아주 단순한 프로그램이었다. 이는 우선 협력으로 시작하고 그다음부터는 상대의 대응에 따라 맞대응하는 전략을 사용했다. 즉, 처음에는 먼저 도움을 베푸는 것으로 시작한다. 이때 상대가 도움만 받고 배신을 하면 상대하지 않고, 상대도 도움을 베풀면 다시 베푸는 것이다. 간단하지 않은가! 협력과 배신이 공존하는 사회에서는 맹목적인 이타주의자가 아니라 '분별 있는 이타주의자'가 가장 생존에 유리하다. 우리가 잘 살아가기 위해서는 자신과 관계하는 사람들이 어떤 사람인지 분별할 줄 알아야 하고, 그에 따라 바운더리를 조절할 수 있어야 한다.

건강함이란 삶의 양면을 아우르는 것

우리의 내적 욕구와 외적 세상이 어느 정도 서로 상응한다는 것, 이것이 바로 내가 얘기하는 기본적 신뢰입니다. 어머니는 바로 이 기본적 신뢰를 가르쳐야 하는 당사자입니다. 그런데 불신하는 것을 배우는 것도 이에 못지않게 중요합니다. 사실상 우리가 갖게 되는 기본적인 사회적 태도를 결정짓는 요인은 신뢰와 불신 사이의 특정한 비율입니다. 어떤 상황에 처했을 때 우리는 얼마나 신뢰할 수 있는지, 그리고 얼마나 신뢰하면 안 되는지를 구별할 수 있어야 합니다. (⋯) 사람은 변화하는 조건과 상황에 끊임없이 맞닥뜨리면서 신뢰와 불신 사이에서 평생 투쟁해야 하기 때문에 살아가면서 희망을 굳건히 발달시킬 뿐 아니라 지속적으로 희망을 확인하고 또 확인해야 합니다.

정신분석학자 에릭 에릭슨Eric Erikson의 말이다. 에릭슨은 한 인간이 정신적으로 건강하다는 것을 '부정'을 제거한 '긍정'의 상태로 보지 않았다. 그보다는 긍정이라는 바탕 위에 부정이 놓여 있는 창의적 균형 상태라고 보았다. 신뢰뿐 아니라 불신도 중요하다는 것을 강조한 것이다. 정신적인 건강함이란 '삶의 양면을 바라보고 이를 통합하는 능력'을 말한다. 만일 어떤 사람이 모든 것을 신뢰하거나 모든 상황에서 낙관적인 태도를 견지하고 있다면 그는 건강한 사람이 아니다. 이른바 '맹신'하는 사람이다. 그러나 반대로 모든 것을 불신하는 사람 또한 사회에서 살아갈 수가 없다. 이들은 협력하지 못하고 관계를 맺을 수 없기 때문이다.

　한때 긍정의 힘이 사회적 트렌드가 된 적이 있다. 긍정적 사고, 긍정적 상상, 그리고 행복이 유행처럼 번져갔다. 간절히 원하면 이루어진다는 메시지가 난무했다. 그러나 그 결과는 허무했다. 승자독식의 시스템 안에서 개인적인 긍정성만으로 삶에서 성공을 이룬다는 것은 낭만적이다 못해 비현실적이었다. 그에 비해 바운더리가 건강한 사람들은 삶의 양면, 관계의 양면을 바라볼 줄 안다. 이들은 기본적으로 인간을 신뢰하지만, 한편으로는 합리적인 의심을 할 줄 알기 때문이다.

　많은 사람이 믿음과 의심을 반대로 생각한다. 그러나 인간관계에서 믿음은 의심의 반대가 아니다. 인간에 대한 믿음은 신앙이 아니며, 우리는 맹목적 믿음을 경계해야 한다.

제대로 의심하고 능동적으로 생각하는 능력

　당신이 건물의 경비원이라고 해보자. 만일 건물 앞에서 배회하는 사람이 있다면 의심을 해보는 것이 당연하다. 누군가가 특별한 이유 없이 나에게 지나친 친절이나 혜택을 베푼다면 불순한 의도는 없는지 경계심이 드는 것은 당연하다. 똑같은 제품인데 한 인터넷 쇼핑몰에서만 유독 저렴하게 판매한다면 그 쇼핑몰이나 제품을 믿어도 되는지 의심해보아야 한다. 이렇듯 '합리적 의심reasonable suspicion'이란 막연한 느낌이 아니라 구체적인 사실에 기반을 둔 의구심을 말한다.

그렇다면 '비판적 사고critical thought'란 무엇인가? 우리는 '비판적'이라는 말을 '부정적'이라는 말과 비슷하게 생각하는 경향이 있다. '넌 대체 왜 이렇게 비판적이야!'라는 힐난은 비판을 부정적으로 생각하기 때문에 나온다. 그러나 둘은 엄연히 다르다. 부정적의 반대말은 '긍정적'이지만 비판적의 반대말은 '무비판적' 또는 '맹목적'이다. '비판적'이라는 말은 어떤 주장이나 생각에 대해 여러 가능성을 염두에 두고 분석하는 능동적 사고를 말한다. 사고의 비판 기능이 살아 있어야 우리는 합리적이고 현실적으로 문제를 해결하고 자기 세계를 지켜갈 수 있다. 비판적으로 사고할 줄 모르는 사람은 다른 사람의 생각대로 살아갈 수밖에 없다.

인간관계 역시 마찬가지다. 바운더리가 건강한 사람은 합리적으로 의심하고 비판적으로 사고하는 능력이 있다. 바운더리가 희미할 수밖에 없는 아이들은 상대방의 생각·감정·주장을 그대로 흡수하고 말지만, 바운더리가 발달한 어른은 필터 기능이 있다. 무조건 다 받아들이는 것이 아니라 걸러서 받아들이거나 받아들인 다음 필요 없는 것을 다시 내보내는 '정신적 소화능력'이 있다.

그럼, 바운더리에 문제가 있는 사람들은 어떨까? 순응형을 보자. 이들은 갈등을 회피하고 '하나됨'을 원하기 때문에 합리적 의심이나 비판적 사고를 제대로 못한다. 이들에게 의심이란 하나됨을 깨뜨리는 해로운 것이기 때문이다. 이들은 의심해야 할 때조차도 사실을 왜곡하거나 상대가 하는 이야기를 그대로 믿어버린다. 예를 들어, 배우자가 외도하는 낌새가 보이는데도 '아닐 거야! 그럴 리가 없어'라며 지레 덮어버리고 오히려 의심하는 자신을 몰아세우기도 한다. 또는 친구가 남편 같은 사람이 모르는 여성과 차를 타고 가는 모습을 보았다며 확인해보라고 해도 이들은 사실을 보려고 하기보다는 '남편이랑 비슷한 사람을 잘못 봤겠지'라며 자신이 믿고 싶은 것만을 보려고 한다. 반대로 방어형의 경우처럼 의심부터 하고, 매사를 부정적으로 평가하는 것 역시 문제다. 이들은 누군가 다가오면 일단 의심부터 하고 본다.

지배형은 어떨까? 이들 역시 합리적인 의심을 하지 못한다. 이들은 처음에는 의심을 하다가도 이내 착각에 빠지기 쉽다. 누군가 특별한 이유 없이 친절을 베풀거나 잘 대해주는 것 같으면 의심하기보다 자신이 특별해서라고 생각한다. '저 사람이 나를 좋아하는구나'라거나 '나라면 이 정도 대접을 받아 마땅하지'라고 당연하게 받아들이는 것이다. 이런 성향 때문에 의외로 사기를 당하는 사람도 많다. 사기꾼들은 자신을 특별한 존재로 여기고 특별대우를 바라는 이들의 특성을 아주 잘 파고들기 때문이다.

합리적 의심과 비판적 사고는 인간관계에서만 필요한 것이 아니다. 자신과의 관계에서도 중요하다. 바운더리가 건강한 사람들은 자신에 대해서도 믿음과 불신을 함께 갖고 자기비판적 사고를 한다. 자신이 알고 있는 것이 정말 맞는지, 자신이 옳다고 믿는 것이 정말 옳은지, 자신이 가고 있는 길이 정말 제대로 된 길인지, 자신이 행복하다고 느끼는 것이 진짜 행복인지 따져 묻는다. 따라서 이들은 자신의 생각과 다른 새로운 정보를 받아들일 줄 알고, 자신의 오류를 개선해나갈 수 있다. 합리적 의심과 비판적 사고가 없는 사람은 자기 자신을 제대로 이해할 수 없다.

도식의 분화와 기본적 신뢰

"믿나이다, 믿나이다, 제발 저희를 들어올리소서." 1992년 10월 28일 밤, 다미선교회 소속 신도 8천여 명이 울부짖으며 예배를 올리고 있었다. 이날 밤 12시는 선택된 자들만이 하늘로 들어올려지는 일명 '휴거攜擧'가 예고된 시각이었다. 그러나 자정이 넘었지만 아무 일도 벌어지지 않았다. 신도들은 충격에 빠졌다. 1992년 경찰 집계에 따르면 당시 시한부 종말론으로 2명이 자살하고, 21명이 학업을 중단하고, 24명이 이혼 등 가정불화를 겪었다. 이 신도들은 이후 어떻게 되었을까? 상당수는 충격을 받고 일상으로 돌아갔지만, 놀랍게도 일부 신도는 계속 날짜를 바꿔가면서 휴거를 기다렸다. 최초로 휴거를 주장한 목사가 종말론을 거두어들였는데도 이들은 흔들림이 없었다.

왜 이들은 자신의 믿음을 수정하지 않았을까? 이들은 사실을 믿은 것이 아니라 자신의 믿음을 믿었기 때문이다. 인간관계에서도 그런 일이 벌어진다. 일반적으로 누군가에게 상처를 받거나 이용당하는 일을 겪으면 그 상대를 쉽게 믿지 않게 된다. 하지만 어떤 이들은 같은 상대를 또 믿어주고 비슷한 일을 또 당하곤 한다. 대체 왜 그럴까? 그렇게 쓰라린 경험을 했는데도 왜 인식이 달라지지 않을까?

인지심리학에는 '도식schema'이라는 용어가 있다. 사람은 아무 선입견 없이 경험을 받아들이지 않는다. 이전 경험을 거쳐 만들어진 '심리적 도식'이 있기 때문이다. 이는 우리 뇌의 '분류하고' '체계화하는' 특징 덕분이다. 쉽게 말해 뇌는 본능적으로 '먹을 것'과 '먹지 못할 것' 또는 '위험한 것'과 '안전한 것' 등으로 대상을 구분해 인지한다. 인간이 이런 도식을 활용하면 현실의 경험을 빠르게 판단하고 대응할 수 있으므로 생존력과 적응력이 높아진다. 사람은 처음부터 특정한 도식을 가지고 태어나지 않는다. 도식은 경험을 통해 만들어지고 강화된다. 그러나 모든 도식이 적응적adaptive인 것은 아니다. 오히려 도식이 선입견으로 작용해서 현실을 제대로 바라보지 못하게 만들 수 있다.

예를 들어보자. 아이가 방을 돌아다니다가 방에 떨어진 동그란 것을 주워먹었다고 해보자. 웬걸! 정말 맛있다. 사탕이었다. 그렇다면 아이에게는 '동그란 것은 맛있어'라는 도식이 생겨난다. 이후 아이가 돌아다니다가 또 동그란 것을 발견했다. 아이는 맛있는 것으로 분류된 그것을 날름 삼켰다. 그런데 이번에는 사탕이 아니라 구슬이었다고 해보자. 맛있기는커녕 숨이 막힐 뻔했다. 도식과 경험의 불일치가 일어났다. 바로 이 순간이 중요하다. 이 불일치를 통해 인지가 발달하기 때문이다.

바람직한 인식의 발달은 도식이 분화되는 것이다. 이전 경험 자체가 송두리째 부정당하는 것이 아니라 수정되고 정교해진다. 이를테면 '동그란 것 중에는 맛있는 것이 있고 위험한 것도 있어'라는 식으로 도식이 좀 더 정교해지고 구체화된다면 바람직한 인지의 발달이 이루어지는 것이다. 그런데 모든 사람에게 도식의 분화가 이루어지는 것일까? 당신은 도식과 현실경험이 부딪힐 때 어떻게 반응하는가?

도식의 분화가 일어나지 못하는 두 가지 극단적인 반응 유형이 있다. 첫째는 도식의 고착固着이다. 이는 도식과 경험이 일치하지 않는데도 자신의 도식을 꿋꿋이 고수하는 것이다. 아이가 숨이 막힐 뻔했더라도 여전히 '동그란 것은 맛있어'라고 믿으며 살아가는 셈이다. 이러면 실수나 위험을 통해 배우는 것이 불가능하고, 늘 같은 실수나 위험에 빠질 수밖에 없다. 그 반대 유형이 도식의 역전逆轉이다. 이 경우 이전에 가졌던 '동그란 것은 맛있어'라는 도식이 송두리째 부정되고 '동그란 것은 위험해!'라는 정반대의 도식이 생겨난다. 단순하게 예를 들자면, 사탕이든 구슬이든 동그란 것이라면 모두 피하게 된다.

관계에서는 어떨까? 관계라는 경험에도 도식이 적용된다. 아이가 대상항상성을 갖추는 것은 부모가 아이의 애착욕구를 언제나 잘 충족시켜줘서가 아니다. 제아무리 자애로운 엄마도 아이만 바라봐주지는 못한다. 늘 자신만 바라봐주고 자기 옆에 있어주기를 바라는 아이의 애착욕구는 좌절을 경험할 수밖에 없다. 그러므로 아이에게 애착대상이란 자신의 애착욕구를 충족시켜주는 '좋은 대상good object'이기도 했다가, 한순간에 자신의 애착욕구를 좌절시키는 '나쁜 대상bad object'이 되기도 한다. 아이는 처음에는 이 두 면을 한 대상으로 통합해서 받아들이지 못한다. 엄마는 한 사람인데 어떤 때는 좋은 엄마였다가 어떤 때는 나쁜 엄마가 된다.

그러나 3세 무렵 대상항상성이 형성되면서 이 두 엄마가 하나의 대상으로 통합된다. 애착대상이 나의 욕구를 언제나 충족시켜주는 것은 아니지만 기본적으로 나의 욕구를 충족시켜주는 통합적인 대상임을 받아들이는 것이다. 이것이 바로 '기본적 신뢰'다. 아이는 절대적 신뢰를 가지고 있기에 안정적 애착이 형성되는 것이 아니라 부족함이 있지만 기본적 신뢰를 통해 안정적 애착을 형성한다. 다시 말해 안정적 애착이란 애착욕구의 좌절이 없기 때문에 만들어진 것이 아니라 좌절의 불가피성을 통합함으로써 만들어진다. 아이는 애착대상도 자신의 욕구를 좌절시킬 수 있으며, 늘 자기만 바라봐줄 수 없다는 현실적 한계를 수용하면서 애착대상을 사랑할 수 있게 된 것이다. 물론 좌절을 포용할 만큼 애착욕구를 충족시켜주었던 경험이 축적되어 있기에 가능한 일이다.

흔히 자아와 대상이 분리된 과분화 유형에게는 관계도식의 역전이 잘 발생하고, 자아와 대상이 나눠지지 않은 미분화 유형에게는 관계도식의 고착이 잘 나타난다. 예를 들어, 연인관계에서 상대가 나에게 잘 대해주다가도 어떤 순간에 마음에 들지 않는 행동을 했다고 해보자. 과분화 유형은 처음에는 상대를 아주 좋은 사람이라고 여겼다가 어느 순간 실망스러운 모습을 발견하면 급작스럽게 상대에 대한 평가와 태도가 달라진다. 상대가 열 가지를 잘했어도 한 가지를 못하면 그동안 잘해온 아홉 가지가 사라져버리고, 한 가지 때문에 졸지에 나쁜 사람·몹쓸 사람·못 믿을 사람이 되고 만다.

그에 비해 미분화 유형은 자신에게 해가 되거나 무시하는 행동을 반복하는데도 초기에 그 사람을 좋은 사람, 도와야 할 사람이라고 생각했다면 계속해서 그러한 도식 자체를 고수하기 십상이다. 반복해서 상처를 받고 이용당하고 있으면서도 여전히 상대는 좋은 사람이라든가 책임져야 할 사람이라는 생각을 바꾸지 않는다. 이는 마치 아이가 자신의 애착욕구를 좌절시키는 양육자라고 하더라도 계속해서 매달리는 것과 다르지 않다. 과분화 유형은 기본적 신뢰를 가지고 있지 못하고, 미분화 유형은 합리적 의심을 못하기 때문이다.

바운더리가 건강한 사람은 도식의 분화가 이루어진다. 자신의 도식과 경험이 불일치할 때 이를 계기로 자신의 도식을 더욱더 체계화·정교화하고 유연하게 발달시킨다. 이들은 실패를 통한 학습이 가능하고, 같은 실수를 두 번 반복하지 않을 수 있고, 시간이 지날수록 인간관계가 더 유연해지고 성숙해질 수 있다.

12장

상호존중감:
따로 또 같이

●

나만 존중하고 남을 무시하면 성격장애로 이어지고,

남만 존중하고 자신을 무시하면 신경증과 다름없어진다.

●

바운더리에 문제가 있는 사람들은 일방적인 관계를 맺는다. 지배하고 순응하는 수직관계이거나 받기만 하거나 베풀기만 하는 일방적인 관계다. 그에 비해 건강한 관계는 수평적이면서 상호적이다. 이러한 수평적 관계 맺기에서 가장 중요한 점은 '상호존중하는 태도'다. 나를 존중하지만 상대를 존중하지 못하는 태도, 상대는 존중하지만 나를 존중하지 못하는 태도, 그리고 나와 상대 모두 존중하지 않는 태도는 건강하고 수평적인 관계를 만들지 못한다.

건강한 수평관계는 나와 너를 존중하는 상호존중의 태도에서 비롯된다. 우리 시대에 자존감이 낮은 사람들이 이토록 많은 이유는 개인의 문제가 아니라 사회가 미성숙하기 때문이다. 우리 시대에 정말 필요한 것은 개인의 자존감이 아니라 인간에 대한 존중이다. 인간, 더 나아가 생명을 존중하는 사회에서만 우리는 제대로 된 자존감을 유지할 수 있다. 우리가 살아가는 사회가 괜찮은 곳이라는 느낌이 없다면 내가 괜찮은 사람이라는 자존감도 취약할 수밖에 없다. 인간은 사회적 존재이기 때문이고, 우리는 연결되어 있기 때문이다. 바운더리가 건강한 사람들의 가장 중요한 특징은 자존감을 넘어 상호존중감을 가지고 있다는 것이다.

인간관계에서 가장 중요한 것은 무엇일까?

인간관계에서 가장 중요한 것은 무엇일까? 전설의 아서왕 이야기를 보자. 하루는 아서 왕이 사냥을 나갔다가 숲속에서 길을 잃고 만다. 그러고는 숲의 괴물에게 잡혀 죽을 위기에 처한다. 하지만 기개를 잃지 않은 아서 왕에 감탄한 괴물이 한 번의 기회를 준다. 주술을 걸어 한시적으로 1년 동안 생명을 허락해준 것이다. 그러고는 친절하게도 한 가지 제안을 한다. 1년 안에 자신이 내는 매우 어려운 문제의 정답을 맞히면 주술을 풀고 살려주겠다는 것이다. 선택지가 없는 아서 왕으로서는 받아들일 수밖에 없었다. 그 질문은 바로 이

것이다.

"여자들이 정말로 원하는 것은 무엇인가?"

아서 왕은 왕국으로 돌아왔지만 날마다 이 문제와 씨름하느라 살아도 사는 것이 아니었다. 공주, 학자, 현자는 물론이고 심지어 창녀, 광대에게까지 물어봤지만 만족스러운 답을 얻지 못했다. 독자 여러분도 그 답을 한번 생각해보기 바란다. 그러는 사이에 시간은 흘러 어느덧 약속했던 1년이 코앞으로 다가왔다. 아서 왕은 잠을 잘 수도 음식을 먹을 수도 없는 지경이 되었다.

그때 한 신하가 왕국 북쪽 끝에 사는 노파가 답을 알고 있다는 소식을 전해왔다. 아서 왕은 원탁의 기사들과 함께 밤낮으로 말을 달려 노파를 찾아갔다. 그러나 노파를 보는 순간 깜짝 놀라고 말았다. 몰골이 너무 추했기 때문이다. 말을 할 때마다 입에서는 썩은 냄새가 났다. 그러나 이것저것 가릴 처지가 아니었다.

노파는 답을 알려주는 대신 왕도 자신의 청을 들어주어야 한다는 조건을 걸었다. 그 부탁이란 원탁의 기사 중에서 가장 잘생기고 용맹스러운 거웨인 경과 결혼을 시켜달라는 것이었다. 아서 왕은 고민에 빠졌다. 그러나 그의 충성스러운 신하인 거웨인 경은 왕을 살릴 수 있다면 그렇게 하겠다고 맹세했다. 드디어 아서 왕은 노파에게 그토록 듣고 싶었던 해답을 얻었다. 그것은 무엇이었을까?

"여자들이 정말로 원하는 것은 바로 자신의 삶을 자신이 주도하는 것입니다."

의외인가? 하지만 봉건시대 여성의 삶을 떠올려보면 딱히 의외일 것도 없을 것이다. 이 답으로 아서 왕은 주술에서 벗어나 목숨을 건졌다. 충성스러운 거웨인 경은 아서 왕의 목숨값으로 흉측한 노파를 아내로 맞이했다. 혼례식이 끝나고 첫날밤이 찾아왔다. 노파는 거웨인 경에게 키스를 해달라고 요청했다. 거웨인은 노파에게 다가가 눈을 감고 입을 맞추었다. 그 순간! 놀라운 일이 벌어졌다. 눈을 뜬 거웨인 경 앞에 흉측한 노파는 온데간데없고 난생처음 보는 미녀가 앞에 서 있는 게 아닌가. 노파 역시 숲속 괴물의 저주를 받은 미녀였다. 저주를 푸는 해법은 바로 추한 모습의 노파를 있는 그대로 존중해주는 남자를 만나는 것이었다. 그러나 저주는 이중으로 걸려 있어 절반만 풀렸을 뿐이었다. 안타깝게도 여인은 하루의 반은 노파로, 나머지 반은 미녀로 살아가는 상황이 되었다. 여인이 거웨인 경에게 물었다.

"거웨인 경이시여! 당신은 낮의 아름다움을 원하시나요, 아니면 밤의 아름다움을 원하시나요?"

당신이라면 어떤 선택을 할 것인가? 현명한 거웨인은 과연 어떤 선택을 했을까?

"나는 당신이 어떤 선택을 하든 그 선택을 존중하겠습니다."

여인의 선택을 존중한다는 말을 듣는 순간, 남아 있는 절반의 마법도 풀려났다. 절반의 마법은 여인의 선택을 존중하는 사람을 만나면 풀리게 되어 있었기 때문이다. 이제 여인은 낮에도 밤에도 아름다운 모습으로 살아가게 되었다.

이 흥미로운 이야기에는 인간관계의 핵심 지혜가 담겨 있다. 상대를 존중하지 않으면 인간관계는 추해지고, 상대를 존중할수록 인간관계는 아름다워진다. 너무 당연한가? 그러나 진리와 황금률은 당연함 속에 있다. 다른 사람에게 존중받고 싶다면 다른 사람을 존중

당신이 어떤 선택을 하든 그 선택을 존경하겠습니다.

해주면 된다. 단, 나도 존중하고 상대도 존중해야 한다는 점을 잊지 마라.

어울리되 같아지기를 요구하지 않는 능력

공자 역시 이를 강조했다. "군자는 화이부동和而不同하고 소인은 동이불화同而不和한다." 《논어》 〈자로〉 편에 나오는 말이다. 군자는 화합하되 남들에게 같아지기를 요구하지 않으며, 소인은 같아지려 고 하지만 서로 화합하지 못한다는 뜻이다. 조화롭고 건강한 관계는 둘이 만나 하나가 되는 관계가 아니라 서로의 개별성을 존중하는 관 계라는 의미다. 만일 그렇지 못하고 둘이 하나가 되려고 하면 그 순 간부터 관계는 갈등으로 얼룩지고 만다. 갈등이 커지는 이유는 서로 의 차이가 커서가 아니라 서로의 차이를 존중하는 마음이 없기 때문 이다.

잠시, 차이를 존중한다는 말의 의미를 제대로 이해하고 넘어가 보자. 어떤 사람은 차이를 존중한다는 의미를 '너는 너, 나는 나'라 는 분리로 받아들인다. 우리는 서로 다르니까 간섭하지 말고 각자 자기 식대로 살아가자는 것이다. 역기능적 관계유형이라면 어느 형 에 가까울까? '방어형'이다. 이것을 '어디까지나 차이를 존중'한다거 나 흔한 말로 '쿨하다'며 합리화하지만, 이는 쉽게 말하면 같이 식사 하러 나갔지만 각자 다른 식당에서 밥을 먹고 돌아오는 격이다. 그러나 둘이 만나 그냥 둘로 존재하는 관계는 둘이 만나 하나가 되고자 하는 관계만큼이나 문제다. 서로 다른 두 세계가 만나 교류하고 침투하여 서로 연결되고 풍부해지는 '우리'의 영역이 없으니 무늬만 관계일 뿐이다. 둘이 만나 하나가 되려는 것이 '자아가 미분화된' 사람의 특징이라면, 둘이 만나 그냥 둘로 존재하는 것은 '자아가 과분화된' 사람의 특징이다. 이 두 관계 모두 상호적이지 않다. 나와 너를 존중하되 '우리'의 영역을 넓혀가는 것이 건강한 관계다.

부동不同은 남이 나와 똑같아지는 것을 요구하지 않는 것만이 아니라 나 역시 남과 똑같아지려고 애쓰지 않는다는 것, 관계에서 '자기다움'을 잃지 않는 것을 의미한다. 자기다움을 잃지 않는다는 것의 핵심은 상대와의 관계에서 나의 생각, 감정, 취향, 욕구 등을 존중하는 것이다. 존중의 대상이 늘 자신을 제외하고 다른 사람에게만 국한된다면 건강한 존중이 아니라 신경증적인 존중이다. 건강한 존중이란 존중의 대상에 상대와 함께 '나' 또한 포함되어야 한다. 상대를 무시하고 자기만 존중하는 태도와 함께 상대만 존중하고 나를 존중하지 않는 태도 역시 문제다. 나만 존중하고 남을 무시하다 보면 성격장애로 이어지고, 남만 존중하고 자신을 무시하다 보면 신경증과 다름없어진다. '난 이렇고, 넌 그렇구나' 또는 '너도 중요하고 나도 중요해' 같은 태도가 자기다움을 잃지 않는 관계다.

문화와 문화의 교류도 마찬가지다. 자기 문화의 주체성을 가지고 있다면 다른 문화를 받아들이는 것은 자문화의 쇠퇴로 가는 것이 아니라 오히려 번성으로 이어진다. 전통을 살리되 더욱 풍부해지고 새로워지는 것이다. 반면 주체성이 없다면 타 문화에 의해 자문화는 점점 사라질 수밖에 없다.

내가 나 자신을 존중할 수 있다면 누군가와 가까워지는 것은 자기에 '위협'이 되는 것이 아니라 자기가 '확대'된다. 상대를 만나지 않았다면 몰랐을 또 다른 새로운 세상을 경험하는 것이다. "사람이 온다는 건 실은 어마어마한 일이다"라고 했던 정현종 시인의 시 구절처럼 우리가 누군가를 만나는 것은 새로운 세계를 맞이하는 것이다. 그 사람 덕분에 새롭게 좋아하는 음악이 생기고, 난생처음 느껴보는 감정을 체험하고, 나와 다른 생각과 관점을 획득하면서 우리 삶은 좀 더 다채로워진다. 그것이 바로 '우정으로서의 사랑' '호혜적인 사랑', 즉 필리아_{philia}다.

우리는 문화의 상대성을 인정한다. 문화란 각각 그 집단이 처한 환경에서 살아가기 위해 만들어진 다양한 관습임을 인정한다. 문제는 이를 국가나 민족 단위에서는 잘 이해하지만 개인의 차원으로는 잘 적용하지 못하는 것이다. 사실 가족들 간에도 얼마나 다양한 문화가 존재하는가! 같은 가족이지만 개별 구성원마다 얼마나 다양한 사고, 취향, 식습관, 생활방식, 정치적 성향을 가지고 있는가. 사회가 다원화되고 개인화되어갈수록 문화의 단위는 작아진다. 최소단위는 개인이다. 집단문화의 상대성을 인정한다면 개별문화의 상대성도 인정해야 한다. 문화의 차이를 우열이나 옳고 그름의 문제로 바라볼 때 갈등은 깊어진다.

기계적 대칭성을 넘어서

바운더리가 건강한 이들은 관계에서 대칭적 관점을 가진다. 그들은 상대와 자신에게 대칭적 기준을 적용하므로 상대가 자신과 의견이 다르고 다른 욕구를 가지고 있다는 것을 옳고 그름이나 우열의 문제로 바라보지 않는다. 예를 들어, 취미로 붓글씨를 쓰는 남편과 춤을 배우는 아내가 있다고 해보자. 이는 각자의 취향이나 기질이 다를 뿐이지 기본적으로 우열의 문제가 아니다. 나는 좋은 취미를 갖고 있고 상대는 그렇지 않다고 생각할 문제가 아닌 것이다. 가까운 인간관계에서는 비대칭적인 기준과 잣대에서 비롯한 갈등이 매우 흔하다.

감정조절 워크숍에서 있었던 일이다. 인간관계에서 언제 화가 많이 나느냐고 묻자 한 직장맘이 대답했다. "내가 한 번 이야기했는데 상대가 알아듣지 못해서 같은 이야기를 두 번 세 번 하게 되면 화가 많이 나요. 말귀를 못 알아먹는 사람들이 제일 싫어요." 이 여성의 마음속에는 이러한 기준이 있다. '내가 한 번 이야기하면 너는 잘 알아들어야 해.' 그렇다면 정작 본인은 상대의 이야기를 한 번에 알아듣고 이해할까? 그렇지 않다. 그 여성 역시 상대의 이야기를 바로 이해하지 못할 때가 있다. 그런데 그럴 경우에 문제의 책임이 늘 상대에게 있다고 생각한다. 상대가 알아듣기 쉽게 이야기를 못하기 때문인 것이다. 그래서 '너는 내가 알아들을 때까지 몇 번이고 이야기를 잘 해줘야 해'라고 생각한다. 명백히 비대칭적 사고다.

부부나 연인 사이에 '당신이 말하지 않으면 나는 당신이 뭘 원하는지 몰라. 그러나 당신은 내가 말하지 않더라도 내가 뭘 원하는지 알았으면 해' '나는 외박할 수 있지만 너는 외박하면 안 돼!' '나는 남에게 싫은 말 하기 싫어. 그러나 너는 남에게 싫은 말을 할 수 있어야 해'라는 기준은 모두 비대칭적이다. 이러한 기준과 기대가 많을수록 관계에 파열음이 난다.

물론 바운더리가 건강한 사람들 역시 이 문제에서 마냥 자유로울 수는 없다. 인간은 본질적으로 자기중심적 존재이기 때문이다. 다만, 이들은 이러한 비대칭성을 인식할 수 있고 성찰할 수 있다. 그렇기에 대칭점을 찾아가기 위해 노력한다. 예를 들어, 상대가 알아서 해주기를 바라기 때문에 상대에게 실망하는 사람이라고 해보자. 이 사람이 건강한 바운더리를 가지고 있다면 점점 강도 높게 상대를 비난하는 대신에 어느 순간 스스로를 변화시켜간다. '그렇구나. 나도 상대가 이야기하지 않으면 뭘 원하는지 잘 모르잖아. 그러니까 나도 내가 원하는 것을 상대에게 말해주어야겠구나'라고 말이다.

이때 대칭적 사고를 기계적 대칭으로 바라보지 않도록 주의해야 한다. 기계적 대칭이란 모든 문제와 모든 영역에 똑같은 잣대를 들이밀어 똑같이 적용하는 것을 말한다. 서로의 성격이 다르고, 서로 잘하는 것이 다르고, 서로 맡은 역할이 다르기에 기계적인 대칭은 더 큰 파열음을 낼 수 있다. 이를테면 맞벌이 부부라고 해서 집안일의 모든 영역을 각각 절반씩 맡아야 하는 것은 아니다. 각자 잘하는 것이 다르고 여건이 다르므로 유연하게 나눌 문제다. 어떤 부분은 한 사람이 좀 더 신경을 쓰고, 다른 부분은 다른 사람이 좀 더 신경을 쓰는 식으로 조율이 필요하다. 관계의 갈등은 비대칭성 못지않게 기계적 대칭성을 고집함으로써 만들어진다.

13장

마음을 헤아리는 마음:
내 마음과 당신의 마음

●

마음을 헤아리는 마음을 지닌 양육자 아래서 자란 아이는

당연히 자기 마음에도 관심을 기울인다.

●

당신에게 초등학생 아이가 있다고 해보자. 당신의 자녀가 반 아이한테 뚱뚱하다는 놀림을 받고 씩씩거리며 집에 왔다. 당신은 어떻게 이야기하겠는가? 공감을 하느냐 못하느냐의 문제만은 아니다. 공감을 하더라도 모든 부모가 똑같은 반응을 보이는 것은 아니다. "어휴! 어떡하냐!"라며 한숨만 쉬는 부모도 있고, "누가 그런 이야기를 했어? 당장 이름 대봐! 선생님한테 얘기해야겠다!"라고 화를 내는 부모도 있을 수 있다. 아니면 아이를 달래주려고 "너 정도는 뚱뚱

한 게 아니야"라고 하거나 "그런 이야기는 한 귀로 듣고 한 귀로 흘려버려"라고 할 수도 있다. 속상한 마음에 좀 더 적극적으로 대응했어야 한다고 나무라는 부모도 있다. "아휴, 그냥 가만있었어? 그럴 때는 참지 말고 너도 쏴붙여야지." 또 사실관계를 좀 더 파악하려고 하는 부모도 있다. "그 아이가 놀리기 전에 네가 뭐라고 한 것은 없어?" "그전에 그 애랑 사이는 어땠어?" 또 어떤 부모들은 이야기를 더 듣기보다는 바로 위로부터 하기도 한다. "많이 속상했겠구나." 심한 경우는 위로는 전혀 없이 "그러길래 적당히 먹으라고 했잖아! 내가 뭐랬어!"라며 불난 데 부채질을 할 수도 있다.

그에 비해 좀 더 아이의 마음을 들어보려고 하는 부모도 있다. "그 말을 들었을 때 (네 마음은) 어땠어?" "화가 났겠지. 그래서 어떻게 했어?" "아무 말도 못해서 더 속상했구나. 뭐라고 말하고 싶었어?" "다른 아이들이 신경 쓰였겠네. 걔들은 어떻게 생각했을까?" "지금은 마음이 어때?" "또 그런 일이 있으면 그때는 어떻게 할까?" 이런 부모는 아이의 마음을 충분히 들어보고 그에 따라 위로나 조언을 해준다.

안정 애착을 맺는 양육자의 비결

인간 발달에 애착의 중요성이 대두하면서 애착을 연구하는 심리학자들이 많아졌다. 그중에는 안정 애착을 형성하는 양육자와 불안정 애착을 형성하는 양육자를 비교 연구하는 이들도 있다. 안정 애착은 단지 노력과 시간만으로 얻어지는 단순한 것이 아니기 때문이다. 이들은 관련 논문들을 검토하는 것을 넘어 아이와 양육자 간의 상호작용을 담은 실험 영상들을 관찰하면서 그 특성을 분석하고 연구한다. 그렇다면 안정적 애착을 형성하는 핵심 요소는 무엇일까?

영국 요크대학교 심리학과 교수인 엘리자베스 마인스Elizabeth Meins는 안정적 애착을 형성하는 핵심 특성을 '(아이의) 마음을 헤아리는 마음Maternal Mind-Mindedness'이라고 명명했다. 안정적 애착을 맺는 양육자들은 하나같이 아이의 마음을 헤아리면서 양육하고 있었다. 이들은 다른 양육자들보다 눈에 띄게 아이의 마음상태에 관심이 많다. 아이와 같이 있는 동안 단지 잘 놀아주는 것만이 아니라 '마음상태를 헤아리는 언어mind-minded talk'를 더 많이 사용했다. 다시 말해 안정적 애착을 맺는 양육자들은 아이가 보내는 신호와 소통에 더 주의를 기울이고 아이를 돌보면서 아이의 심리적 반응이 어떤지를 자세히 살핀다. 유아는 자신의 마음을 잘 표현하지 못하기 때문이다. 그리고 마음의 상태를 일컫는 단어를 자주 사용하면서 기분이 어떤지를 점검한다. "우리 아가, 오늘은 기분이 어때?" "이런, 기분이 안 좋아 보이네. 무슨 일이 있었을까?" "아, 엄마가 안 보여서 무서웠구나!" "자동차 놀이가 지루해? 그럼, 그림책은 어때?"와 같이 아이의 마음을 헤아리는 것이다.

물론 많은 부모가 이렇게 아이의 마음을 헤아리며 대화를 하곤 한다. 하지만 중요한 것은 '적절함'이다. 아이의 내적 상태에 관심을 기울이고, 아이의 비언어적 표현을 살펴가며 그 마음상태를 적절한 단어로 표현해주고, 아이의 반응을 봐가면서 이를 수정하고 보완하는 과정이 필요하다. 아이의 마음을 헤아린다는 것은 단지 아이의 마음을 잘 넘겨짚는 것이 아니다. 아이의 마음은 아이의 내적 상태와 이를 바깥으로 표현하는 신호를 주의 깊게 관찰해야만 알 수 있다. 아이가 놀고 싶을 때는 어떻게 하는지, 아이가 졸릴 때는 어떤 변화가 일어나는지, 아이를 어떻게 대해주면 기분 좋아하는지 등 주의 깊은 관찰이 중요하다.

이렇게 마음을 헤아리는 마음을 가진 양육자 아래에서 자란 아이들은 당연히 자기 마음에도 관심을 기울인다. 양육자의 주요한 관심이 자신의 마음이라는 것을 알기 때문이다. 안정적 애착을 형성한 아이들은 자신의 내적 감각·감정·욕구를 알아차리고 표현할 수 있고, 그러면 양육자가 적절히 반응해줄 것이라는 기본적인 신뢰를 가지고 자라난다. '함께하는 시간의 양'이 신뢰를 좌우하지는 않는다. '함께 무엇을 어떻게 하느냐'도 아니다. 가장 중요한 것은 '마음을 얼마나 헤아리느냐'다. 이것이 애착의 가장 중요한 촉진 요소다. 아이에게는 단지 잘해주거나 상처 주지 않으려고 애쓰는 부모보다는 아이의 마음이 어떨지 생각해보고, 아이에게 마음이 어떤지 물어봐주고, 함께 이야기 나눌 부모가 필요하다.

이러한 '마음을 헤아리는 마음'은 단지 좋은 부모에만 해당되는 것이 아니다. 사람을 상대하는 사람이라면 반드시 가져야 할 중요한 덕목이다. 사람을 상대하는 교사, 배우자, 친구, 상담가 등에게 가장 중요한 것은 상대의 마음을 헤아리는 마음이다. 마음을 헤아리는 마음을 가진 이들은 옳고 그름을 따지기 전에 상대의 마음이 어떤지에 깊은 관심을 가지고, 상대에게 마음이 어떤지 물어보고, 상대가 자신의 마음을 드러낼 수 있도록 편안한 환경을 만들어준다. 이들 앞에서 상대의 바운더리는 열린다.

왜 힘들다는 말을 못했냐고요?

외동아들과 함께 상담실에 들어온 정희는 오열을 터뜨렸다. 대학생 아들이 유서를 써놓고 자살을 시도하려고 했기 때문이다. "그렇게 힘들면 말을 해야지. 이놈아! 네가 그렇게 되면 엄마가 살 수 있을 것 같으냐!" "왜 이야기 안 했어! 왜? 왜?" 상담을 진행하기 어려워 어머니를 진정시키고 잠깐 밖에서 기다리게끔 했다. 그러고 나서 아들에게 왜 그렇게 힘든데도 부모에게 이야기할 생각을 못했느냐고 물어보았다. 고개를 숙이고 있던 아들은 이렇게 대답했다.

"엄마한테 이야기할 수가 없었어요. 고민이 있거나 힘들 때 엄마한테 이야기해서 도움이 된 적이 없어요. 엄마는 내가 힘들어하는 것을 알면 걱정하느라 식사도 잘 못하세요. 내가 힘든 것보다 더 힘들어하세요. 내가 10개만큼 힘들어한다면 엄마는 늘 15개, 20개만큼 힘들어하고 걱정하세요. 그런 모습을 볼 때마다 위로를 받기는커녕 자책이 돼요. '나 혼자 걱정하면 되는데 엄마까지 힘들게 했구나!'

싫어서요."

그가 어머니에게 이야기할 수 없었던 것은 어머니가 공감해주지 않아서가 아니라 '과잉공감' 때문이었다. 과잉공감이란 상대의 고통을 자신의 고통처럼 느끼지만 그 고통에 힘들어하느라 상대에게 별다른 위로와 도움을 주지 못하는 상태를 의미한다. 과잉공감 역시 공감의 부족만큼이나 인간관계에 문제를 일으킨다. 공감이란 단지 다른 사람의 감정과 고통을 잘 느끼는 것만을 의미하지 않는다. 또 공감을 인간의 전유물이라고 할 수도 없다. 미국 브라운대학교의 심리학자 러셀 처치Russell Church의 실험 결과에 따르면, 설치류인 쥐들도 공감에 기초한 친사회적 행동을 한다. 막대기를 눌러 먹이를 먹도록 훈련받은 쥐라고 하더라도 막대기를 눌렀을 때 눈앞에 보이는 쥐가 충격을 받는다면 더 이상 막대기를 누르지 않았다. 인간만이 다른 사람의 고통에 공감한다고 생각하는 것은 인간의 오만이며 착각이다. 그렇다면 인간과 동물 또는 영장류의 공감능력은 어떤 차이가 있을까? 이를 이해하기 위해 공감을 좀 더 세부적으로 나누어보자.

첫째, 정서적 차원의 공감이다. 이를 '정서전염emotional contagion'이라고 한다. 정서전염은 가장 원시적인 공감의 형태로, 다른 사람의 얼굴 표정·말투·자세 등을 자동으로 모방함으로써 상대의 고통이나 감정에 무의식적으로 동화되는 것을 말한다. 신생아실에서 한 아기가 울음을 터뜨리면 다른 아기도 따라서 우는 '신생아성 반응울음'이 대표적인 예다. 사회적 동물일수록 다른 사람의 고통, 감정, 행위에 자동으로 반응하고 모방하는 '거울뉴런mirror neuron'을 가지고 있기 때문에 우리는 자신도 모르는 사이에 상대의 생각이나 감정에 전염되기 쉽다. 흥미로운 것은 신생아실의 아이들에게 자신의 울음소리를 녹음해서 크게 틀어주면 아이는 따라 울지 않는다는 점이다. 거울뉴런은 놀랍게도 자신의 울음소리와 타인의 울음소리를 구분해서 반응하는 것이다. 이러한 정서전염은 의식이 작용하지 않는 낮은 차원의 공감이지만 공감의 가장 기본적인 토대가 된다. 우리가 정신적 트라우마를 받으면 이러한 거울뉴런이 제대로 활성화되지 않고 자신의 고통에 갇히게 된다.

둘째, 인지적 공감이다. 이는 상대의 입장에 서서 상대의 마음을 이해하는 것이다. 인지적 공감을 하려면 무엇보다 '나'와 '상대'의 마음이 다르다는 것을 이해해야 한다. 상대는 나와 다른 마음을 가진 독립적 인간임을 받아들일 수 있을 때 인지적 공감이 가능하다. 다시 말해 1인칭 관점에서 벗어나 2인칭 관점에 설 수 있을 때 인지적 공감이 가능하다. 인지적 공감은 보통 5세 이후에 나타난다. 예를 들어, 5세 남자아이가 자신은 생일선물로 레고를 받으면 가장 좋지만 아빠에게는 가장 좋은 선물이 레고가 아닐 수 있다고 생각한다면 인지적 공감능력이 나타나고 있는 것이다. 인지적 공감능력은 자아중심성에서 얼마나 벗어나느냐와 맞닿아 있다. 나에게는 좋은 것이 상대에게는 좋지 않을 수 있다는 것을 염두에 두는 것이다. 따라서 인지적 공감능력이 높은 사람은 상대의 마음을 쉽게 속단하지 않는다. 자신의 마음과 다르다는 것을 알기 때문이다. 이들은 나의 입장과 상대의 입장을 오갈 수 있으며, 상대에게 정말 필요한 것이 무엇인지 생각해볼 수 있다. 또한 공감을 하되 과잉공감에 빠지지 않고 자신의 입장으로 되돌아올 수 있다. 이들은 자신과 상대의 입장, 그리고 상황과 맥락을 고려해서 실제 어떻게 반응하고 행동할지 판단하므로 서로를 위한 공감적 위로와 행동을 할 수 있다. 인지적 공감 능력을 흔히 '입장을 바꿔서 생각하는 능력', 즉 '역지사지易地思之'라고 한다.

정서전염, 즉 정서적 공감은 뇌의 '거울신경망mirror neuron network'를 통해 일어나며, 이는 다른 동물들도 갖추고 있다. 그러나 인지적 공감의 신경망은 인간만이 가지고 있다. 이를 '정신화 신경망mentalizing neuron network'이라고 한다('정신화mentalizing'라는 말은 우리 자신이나 타인의 마음상태에 초점을 두는 것을 뜻하며, 이를 통해 자신과 타인의 내적 경험을 헤아리는 것을 말한다. 인지적 공감과 유사한 개념이다). 이 정신화 신경망은 우리가 다른 사람의 관점에 서려고 할 때 활성화된다. 학자들은 우측하 두정부피질과 복내측 전전두엽피질, 그리고 측두엽과 두정엽이 만나는 '측두두정접합부Temporo Parietal junction'가 이에 관여하는 것으로 보고 있다. 거울신경망이 타고난 것이라면 정신화 신경망은 발달의 과제인 셈이다. 바운더리가 건강하지 못한 네 가지 유형은 모두 정신화 신경망이 제대로 발달하지 못했다. 정도의 차이는 있지만 이들은 1인칭 관점에 갇혀 있거나 정서전염에 머물러 있어 타인의 내적 경험을 이해할 능력이 떨어진다. 예를 들어, 돌봄형은 정서적 공감은 매우 뛰어나지만 인지적 공감이 떨어지기 때문에 본인의 의도와 달리 성급한 위로, 과잉공감, 문제를 악화시키거나 불필요한 도움을 주는 등 여러 문제를 보인다.

셋째, 행위적 차원의 공감이다. 이는 '공감적 돌봄empathic care', 즉 '배려와 친절'을 말한다. 상대의 고통을 덜어주기 위해 위로와 보살핌을 베풀기 위해서는 다른 이의 고통을 안타깝게 여기는 정서전염, 역지사지의 마음, 도덕과 교육, 그리고 자신의 감정을 조절할 수 있는 능력 등이 복합적으로 필요하다. 그런데 굳이 정서적 공감과 인지적 공감 외에 행위적 공감을 구분할 필요가 있을까?

타인에 대한 공감능력과 그 사람을 보살피는 행위는 별개임을 보여주는 연구들이 있다. '어휴, 어떡해' '정말 안됐다!'라며 공감은 하지만 막상 행동으로 이어지지 않는 경우다. 이는 의지의 문제이기도 하지만 과잉공감과 같은 정서조절 능력과 연관이 있다. 앞에서 예로 든 정희처럼 본인이 오히려 더 힘들어하며 그 고통이나 불편이 빨리 끝나기만을 지켜보거나 심지어 외면하기도 한다.

이렇게 타인의 고통에 잘 공감하지만 그 때문에 무척 힘들어하는 과잉공감을 '공감적 과각성empathic overarousal'이라고 한다. 이들은 안타깝게도 대리외상vicarious trauma에 잘 빠진다. 대리외상이란 간접 경험만으로도 자신이 직접 트라우마를 겪은 것처럼 충격을 받고 비탄과 불안에 빠지는 것을 말한다. 예를 들면, 성수대교 붕괴나 세월호 참사 장면이 실린 영상을 보는 것만으로도 충격과 고통을 받아 심장이 뛰고 잠을 못 이룬다. 또는 다른 사람들의 트라우마에 대한 이야기를 듣는 것만으로도 마치 자신이 그 현장에 있었던 것처럼 생생한 충격을 입는다. 의료진이나 심리치료사들에게도 많이 생기는 일이다.

공감적 과각성의 특성을 가진 이들 중에서는 오히려 타인의 고통을 외면하는 이들이 있다. 겉으로는 타인의 고통에 무관심한 것처럼 보이지만 실제로는 너무 큰 고통을 느끼기 때문이다. 그러므로 이들은 TV 뉴스나 신문 사건사고란을 잘 보지 않는다. 행위적 공감을 위해서는 정서적 공감도 필요하지만, 공감을 조절하고 침착하게 도움을 줄 수 있는 능력 또한 필요하다.

건강한 공감을 위해서는 위 세 가지가 모두 필요하다. 정서적으로 공감해야 하고, 상대의 입장에서 생각하되 자기와 상대를 구분할 줄 알아야 하고, 마지막으로 상대의 고통과 함께하기 위해 자신이 할 수 있는 위로와 친절을 베푸는 실천능력을 갖추어야 한다. 감정과 인지, 그리고 실천이 통합되는 온전한 공감을 '공감의 삼각형'이라고 한다. '마음을 헤아리는 마음'은 바로 정서적 공감과 인지적 공감이 연결된 상태를 말한다. 다만, 아이와의 애착관계에서 '마음을 헤아리는 마음'이란 양육자가 아이에게 향하는 일방적인 태도라면, 건강한 성인의 관계에서 '마음을 헤아리는 마음'은 쌍방향이다. 즉, 상대의 마음만이 아니라 내 마음도 함께 헤아린다는 것이다. 그렇기에 이들은 타인중심적이거나 자기중심적이지 않고 상호호혜적인 관계를 맺어갈 수 있다. 이들은 다른 사람의 고통과 기쁨에 함께하되,

일방적으로 희생하거나 문제를 더 악화시키지 않는다. 이들은 상대의 문제에 얽혀 허우적거리지 않으며, 자신이 할 수 있는 한도 내에서 상대에게 필요한 도움과 위로를 건넬 수 있다.

사람마다 '공감의 원'이 있다

아이가 사회성과 학습능력을 키우는 데 모방은 무척 중요한 역할을 한다. 남을 모방하지 못하는 아이가 바로 자폐다. 모방은 유아기 학습의 원천이며 관계 형성의 기초를 이룬다. 워싱턴대학교의 심리학자 앤드루 멜초프Andrew Meltzoff의 연구를 통해 확인된 결과, 아이는 태어난 지 42분에서 72시간 사이에 다른 사람의 얼굴 표정을 정확하게 모방할 수 있다. 놀랍지 않은가? 아이들은 놀라운 모방의 선수다. 부모의 언행도 따라 하지만 TV에 나오는 대사나 노래, 몸짓도 쉽게 따라 한다. 이렇듯 아이들은 다른 사람을 흉내 내면서 무언가를 배우고 관계를 맺는다.

어른도 예외가 아니다. 누군가 하품을 하면 따라 하고, 누군가 흥얼거리면 자신도 모르게 흥얼거리는 것처럼 어른들도 모방 본능이 있다. 우리는 상대를 좋아할수록 상대의 동작이나 표정 등을 더 따라 하게 되고, 역으로 그럴수록 상대는 우리에게 더 친근감을 느낀다. 모방과 흉내 내기야말로 사회성과 인간관계의 기반이라고 할 수 있다. 이는 기본적으로 무의식적인 과정이다. 만일 누군가 의식적으로 상대를 흉내 내고 이를 상대가 알아차린다면 오히려 역효과가 날 수 있다.

앞에서 말했듯이 인간이 다른 사람을 무의식적으로 흉내 내는 것은 '거울뉴런'의 작용 때문이다. 인간은 다른 사회적 동물에 비해 거울뉴런이 풍부하게 배선되어 있어 행위뿐 아니라 다른 사람의 고통과 감정도 무의식적으로 모방한다. 그것이 인간 사회성의 생물학적 기초다. 한 아이가 뛰어가다가 넘어져 손바닥에 피가 난다고 해보자. 그 모습을 본 우리는 그 고통의 일부를 느낄 수 있다. 자신도 모르게 손이 뜨끔하고 얼굴이 찡그려진다. 베이징대학교 샤오징쑤 Xiaojing Xu 연구팀은 사람의 볼을 뾰족한 바늘로 찌르는 장면을 담은 영상을 학생들에게 보여준 다음 뇌에 어떤 반응이 일어나는지 MRI로 관찰했다. 그 결과 전대상회피질anterior cingulate cortex 영역이 활성화되었다. 흥미로운 점은 영상에 나온 인물이 자신과 같은 인종일수록 전대상회피질이 더 활성화되었다는 것이다. 동양인은 동양인의 고통에, 백인은 백인의 고통에 더 강하게 반응했다.

우리가 가지고 있는 '공감의 원circle of empathy'은 제한이 있다. 우리는 자신과 유전자를 공유하거나 동질감을 느끼거나 '같은 편'이라고 생각할 때 공감한다. 아무 연고가 없는 나라에서는 전쟁이 나고 사람이 죽어가더라도 무관심하기 십상이다. 더 나아가 상대가 경쟁의 대상이거나 위협이 될 수 있는 '다른 편'이라면 우리는 정반대의 경험을 할 수 있다. 다른 편의 고통을 보며 위안, 고소함, 즐거움, 더 나아가 희열을 느낄 수도 있다. 독일어로 이를 '샤덴프로이데

Schadenfreude'라고 한다. 샤덴프로이데는 인간의 높은 사회성의 어두운 그림자다. 인간은 집단 안에서 깊은 연결감을 갖기 위해 끊임없이 자기 편을 만들려고 한다. 단짝을 만들고 작은 무리를 지어 큰 집단 안에 내 편인 작은 집단을 만든다. 이를 '내집단in-group'이라고 한다. 이렇게 큰 집단 안에 내집단이 만들어지면 그 성원이 아닌 사람들은 자연스럽게 '외집단out-group'이 되어 결국 내집단 간의 대립을 초래한다. 내집단 성원끼리는 결속력과 공감을 느끼지만, 외집단에 대해서는 경쟁의식과 이질감을 느낀다. 인간은 어느 사회든 간에 '우리 집단we-group'이라고 하는 내집단과 '그들 집단they-group'라고도 부르는 외집단을 갖는다. 그리고 그 사회의 문화가 경쟁적일수록 '그들 집단'의 불행과 고통에 대해서 안도감을 느끼고 기뻐한다. 인간의 높은 사회성은 협력과 대립을 동시에 발달시켜왔고, 인류는 21세기에도 여전히 높은 차원의 국제적 협력과 함께 인종청소와 같은 비극적인 전쟁의 역사를 되풀이하고 있다.

인간은 모두 다르다. 공감능력은 말할 것도 없다. 사람들은 저마다 상대의 고통에 공감할 수 있는 범주인 '공감의 원'을 가지고 있다. 우리가 알고 있는 성인들은 모두 하나같이 공감의 원이 넓은 이들이다. 예수는 이웃을 내 몸처럼 아끼고 원수까지 사랑한 분이며, 부처는 고통을 느끼는 모든 존재를 향한 깊은 연민을 가졌다.

정반대로 공감의 원이 몹시 좁은 이들도 있다. 사이코패스나 자폐증, 그리고 과분화된 자아를 가진 이들은 자신의 고통만 느낄 뿐, 타인의 고통에 무심하다. 그러나 사이코패스나 자폐증은 선천적인 원인으로 인해 공감능력이 부재하다면 과분화 유형은 애착손상으로 인해 공감능력이 발달하지 못했다. 따라서 애착손상을 치유하고 공감능력을 훈련한다면 더디더라도 점점 나아질 수 있다. 그에 비해 바운더리가 건강한 이들은 여닫음을 잘 조절할 수 있으며, 살아가면서 공감의 원을 점점 넓혀간다.

바운더리에 따른 공감능력의 문제

바운더리의 문제는 공감능력의 문제와 직결된다. 먼저 자아가 미분화된 사람들을 보자. 이들은 정서적 전염이 잘 일어난다. 자아가 약하고 자아와 외부의 경계가 모호하기 때문이다. 이들은 타인의 고통, 특히 자신과 가까운 사람들의 고통을 자신의 고통처럼 느낀다. 실제로 그 고통을 감정적으로만이 아니라 신체적으로도 느낀다. 의식적이 아니라 자동적으로 말이다. 이렇게 강한 정서적 전염은 행위로도 이어진다. 상대의 고통에 적극적으로 개입하여 이를 함께하려 하거나 덜어주려고 애쓴다. 문제는 이러한 접근이 늘 좋은 결과로 이어지는 것은 아니라는 사실이다. 이들은 인지적 공감과 맥락적 사고가 떨어지기 때문이다.

사람은 힘들 때 위로를 느끼는 방식이 다양하다. 예를 들어, 내향적인 이들은 자기 시간을 갖기를 원하는 경우가 많다. 조용히 음악을 듣거나, 혼자 걷거나, 자기 공간에서 아무런 간섭을 받지 않고 있는 것이 회복에 도움이 될 수 있다. 그러나 자아가 미분화된 사람들은 나의 입장과 다른 사람의 입장이 다르다는 것을 잘 이해하지 못한다. 이들 역시 자아가 과분화된 사람들처럼 자기중심적 사고가 강하기 때문이다. 이들은 자신이 힘들 때 누군가 옆에서 위로해주기를 바란다면 상대도 그럴 것이라고 생각한다. 그래서 상대가 "바쁠 텐데 괜찮아. 지금은 나 혼자 있고 싶어"라고 이야기하더라도 이들은 곧이곧대로 듣지 않고 상대 옆에 자꾸 머무르려고 해서 본의 아니게 상대에게 스트레스를 줄 수도 있다.

실제 공감과 돌봄이 위로가 되려면 상대가 원할 때, 원하는 방식으로 다가가야 한다. 그러나 미분화된 자아를 가진 사람들은 자신이 느낄 때, 자신의 방식으로 다가간다. 결과적으로 이들의 강한 정서적 전염은 아이러니하게도 '공감 실패'로 이어지고 만다.

이에 비해 과분화 유형은 인지적 공감보다 정서적 공감능력이 크게 떨어져 있다. 이는 거듭된 애착손상으로 말미암아 자기와 외부 사이에 차단벽이 설치되어 있기 때문이다. 그러므로 이들은 공감하려는 노력 이전에 애착손상을 치유해야 한다. 다시 말해 사람을 기본적으로 불신하는 태도와 애착욕구가 반복적으로 좌절된 데 대한 울분이 먼저 해소되어야 한다.

내적 경험을 공유하는 것

우리는 좋은 관계를 '따로 또 같이alone together'라고 표현한다. '나와 너'라는 개별적 세계와 '우리'라는 상호적 세계가 공존하는 관계를 말한다. 그렇다면 무엇을 같이하는 것이 중요할까? 밥을 같이 먹는 것일까? 잠을 같이 자고 TV를 같이 보는 것일까? 아니면 운동이나 취미생활을 같이 하는 것이 좋을까? 중요한 것은 같은 시간, 같은 공간에서 같이 무언가를 하는 것이 아니다. '같이'의 핵심은 내적 경험을 공유하는 것이다. 상대의 내적 경험을 공유할 때 '같이'의 의미가 있다. 그 공유란 꼭 똑같은 경험을 해야 하는 것은 아니다. 예를 들어, 아내가 TV 드라마의 사별 장면을 보고 눈물을 펑펑 흘렸다고 해보자. 남편도 TV를 같이 봐야 하고, 똑같이 눈물 흘려야 하는 것은 아니다. "어떤 이야기인데 그렇게 슬퍼?"라고 관심을 갖고 물어봐주는 것, 아내가 돌아가신 아버지 이야기를 꺼낸다면 "아버지 생각이 나서 그렇게 울었구나!"라고 그 내적 경험을 알아주는 것이 공유다.

'같이'의 의미는 상대의 마음에 대한 관심, 반영, 그리고 공유다. 이것은 마음의 일치를 말하는 것이 아니다. 상대가 내 마음에 관심을 가져주고, 상대의 마음으로 흘러들어간 내 마음이 상대의 마음과 섞여 다시 내게 흘러들어오는 것, 이것이 바로 공감이다. 연인이나 부부가 말다툼을 할 때 흔히 옛날에 다퉜던 문제를 또다시 꺼내는 경우가 많다. 논리적이고 이성적인 사람일수록 이를 이해하지 못한다. 지금 의견차이가 나는 것을 가지고 싸우면 됐지, 왜 과거의 일을 또다시 들먹여서 문제를 더 꼬이게 만드느냐는 것이다. 물론 그렇게 느낄 수 있다. 그러나 이런 일은 기본적으로 상대와 내가 다른 사람이기 때문에 벌어진다. 나는 과거의 기억이 약해져서 별것 아니라고 생각하지만, 상대는 그때의 섭섭했던 기억이 생생할 뿐 아니라 지금 일이 과거의 해결되지 못한 상처를 또 건드린 것이다.

공감이란 그 마음을 알아주는 것이다. "왜 또 옛날이야기를 하냐고!" "왜 별것도 아닌 일을 또 끄집어내!"라고 화를 내는 대신에 "아직도 그 일이 생각나는 걸 보니 당신 그때 진짜 힘들었구나!"라고 이야기하는 것이다. 만일 당신이 상대의 마음에 관심과 반영을 보이지 못하고, 단지 사실관계와 합리성을 따진다면 갈등은 결코 풀릴 수 없다. "옛날이야기는 하지 않기로 했잖아" "그 일은 이제 잊어! 잊으라고!" "왜 또 그래. 그 일은 여차여차해서 이랬던 거라고 내가 이야기했잖아" 등의 이야기는 아무런 도움이 되지 않는다. 치유는 사실을 확인할 때가 아니라 상처받은 마음이 받아들여질 때 이루어진다.

바운더리가 건강한 이들은 가까운 관계에서 옳고 그름이나 사실관계를 따지기보다 상대의 마음을 헤아리는 데 더 초점을 둔다. 그렇기 때문에 연결이 잠시 끊어지더라도 오래지 않아 다시 회복될 수 있는 것이다.

마음을 헤아리는 마음은 공감과 비슷하지만 공감을 넘어선다. 공감이 상대의 감정과 고통을 헤아리는 것이라면 마음을 헤아리는 마음은 더 나아가 상대의 흥미, 욕구, 생각, 재능, 행복, 미래 등 마음

전체에 관심을 기울이고 이를 헤아리는 것이다. 이들은 가까운 이들에게 이렇게 묻는다. "너는 언제 행복해?" "너 요즘 관심사는 뭐야?" "내가 어떻게 해줄 때 기분이 좋아?" "당신은 은퇴하고 어디서 어떤 일을 하며 살고 싶어?" 만약 누군가 당신의 관심사, 행복, 미래 등에 대해 관심을 가지고 이를 물어봐주는 사람이 있다면 당신은 그 사람을 어떻게 느낄 것 같은가?

14장

갈등회복력:
회피보다 복구가 중요해

●

관계회복력을 얼마나 잘 발휘할 수 있느냐는

꼬이고 꼬인 갈등을 얼마나 풀어봤느냐에 달려 있다.

●

인간관계에서 갈등이 없을 수 있을까? 싸움을 하지 않는 커플은 좋은 관계일까? 사실 갈등이나 싸움이 없다는 것은 그 관계가 친밀하지 않다는 의미다. 인간관계는 가까워질수록 충돌이 일어날 수밖에 없다. 그러나 인간관계의 갈등을 풀기란 생각처럼 쉽지 않다. 갈등이라는 한자말만 보더라도 그렇다. 갈등은 칡나무를 뜻하는 갈葛과 등나무를 의미하는 등藤이 합쳐져서 만들어진 단어다. 두 나무는 모두 콩과의 덩굴식물인데, 칡나무는 물체를 왼쪽으로 감고 올라가고 등나무는 오른쪽으로 감고 올라가기 때문에 두 나무가 만나면 서로 뒤엉키기 쉽다는 데서 유래된 말이다.

갈등에 대처하는 방식

부부상담을 해보면 문제가 있는 부부들은 공통적으로 다음과 같은 특징이 있다.

첫째, 상대를 자꾸 바꾸려고 한다. 문제부부들은 권력에 집착한다. 이들은 부모 중에 한 사람이 권력을 일방적으로 독점해온 가정에서 자란 경우가 많다. 그에 따라 한쪽 부모를 무의식적으로 모델링한다. 그들이 보아온 갈등해결이란 상대방에게 일방적으로 순응하거나 상대를 굴복시키는 것이었다. 이러한 권력게임에 익숙해진 이들은 어른이 되어서도 갈등을 생산적으로 바라볼 수 있는 안목이 없다. 이들은 갈등이 일어나면 이를 더 깊은 관계로 이어가기 위해 해결하기보다는 순응해버리거나 상대를 굴복시킬 기회라고 여기고 결코 물러서지 않는다. 상대의 생각, 기호, 욕구, 취향 등을 존중해주지 않고 자신이 바라는 모습으로 상대가 바뀌도록 집요하게 요구한다. 아이러니한 점이라면 상대에게는 자신을 있는 그대로 좋아해주기를 바란다는 것이다.

둘째, 갈등을 풀어갈 수 있는 능력이 거의 없다. 이들은 지금까지 누군가와의 관계에서 갈등을 생산적으로 풀어본 경험이 거의 없

어 갈등이 생기면 어찌할 바를 모른다. 대화를 한다고 하지만 가만히 보면 이들은 자기 하고 싶은 말만 한다. 상호독백을 하고 있는 것이다. 마치 벽에 대고 이야기하는 것 같아 얼마 있지 않아 절망하고 분노한다. 결국 이들은 갈등을 풀기보다 참거나 싸우거나 도망치거나, 아니면 아예 관계를 끊는 방식을 택하고 만다. 그러면서도 어딘가에는 모든 것이 척척 맞는 누군가가 있을 것이라는 기대를 버리지 않는다.

셋째, 상대가 문제가 있거나 부족한 사람임을 입증하려고 애쓴다. 이들은 갈등을 서로의 차이 때문이라고 보지 않고 상대에게 그 원인이 있다고 본다. 상대의 부정적인 면만을 바라보면서 자신은 좋은 관계를 위해서 끊임없이 노력하는데 상대는 전혀 노력하지 않는 다고 생각한다. 이들은 늘 상대의 행위를 비판하는 것을 넘어 상대 자체를 비난한다. 어렵사리 관계를 유지해온 것은 자신이 인내하고 희생했기 때문이라고 생각한다. "나 정도 되니까 이렇게 참고 사는 거야"라며 상대에게 고마워할 것을 강요한다. 좋은 부부라면 관계의 감정통장에 긍정적 감정과 부정적 감정의 비율이 3:1은 되어야 하는데 이들은 1:3은커녕 아예 긍정적 감정이 바닥난 상태다.

물론, 분노나 미움의 감정은 어떤 부부간에도 느낄 수 있다. 그러나 보통의 부부에게 분노나 미움은 사이가 나쁠 때 생겨났다가 시간이 지나면 약해지고, 상대에게 안 좋은 일이 생기면 안타까운 마음이 일어난다. 그러나 갈등이 풀리지 않은 채 반복되면 분노나 미움 역시 쌓여간다. 이는 단지 양만 많아지는 것이 아니라 증오, 혐오, 경멸의 감정으로 질적인 변화를 일으킨다. 이런 감정들은 응집력과 지속성이 강해서 쉽게 사라지지 않는다. 특별한 일이 없더라도 상대와 함께 있는 것이 지긋지긋하고 고통으로 느껴질 따름이다. 그렇다고 희망이 없다는 것은 아니다. 무엇이 서로를 힘들게 했는지 충분히 이해하는 시간을 거친다면 회복은 가능하다. 다만 들끓는 감정을 순화시키고 대화할 수 있는 상태가 되어야 한다.

사람들이 갈등에 대처하는 방법에는 회피, 설득, 공격, 차단, 순응, 타협, 상생 등 여러 가지가 있다. 회피는 갈등이 있다는 것조차 외면하는 것이고, 설득은 자신의 관점을 받아들일 때까지 집요하게 이해시키려 하는 것이고, 공격은 힘으로 상대를 굴복시키는 것이고,

차단은 갈등이 생기면 상대와의 관계를 단절하는 것이고, 순응은 갈등이나 마찰이 싫어 그냥 상대의 입장을 따르는 것이고, 타협은 서로 조금씩 양보하여 절충하는 것을 말한다. 그렇다면 상생이란 무엇인가? 자신의 감정과 욕구를 서로 이야기하고 소통함으로써 갈등을 풀고 공생하는 방향으로 나아가는 것을 말한다. 오직 상생만이 갈등의 매듭을 푸는 방법이고, 나머지는 미봉책에 불과하다.

이제 역기능적 관계유형들이 어떻게 갈등에 대처하는지 미루어 짐작할 수 있을 것이다. 먼저 미분화 유형을 보자. 순응형은 회피와 순응을 많이 사용한다. 상대에게 일방적으로 맞추는 것이다. 그에 비해 돌봄형은 회피와 순응도 사용하지만 타협과 설득 역시 많이 사용한다. 상대에게 맞춰줄 때도 있지만 중요한 부분은 끊임없이 상대의 감정과 생각을 바꾸어 하나로 만들려고 타협하고 설득하고 하소연한다.

과분화 유형은 어떨까? 먼저 방어형은 차단을 많이 사용한다. 갈등이 생기면 '이 사람은 아니야!'라고 바로 정리에 들어간다. 갈등을 위협으로 받아들이기 때문이다. 그에 비해 지배형은 설득도 사용하지만 차단이나 공격을 많이 사용한다. 그러나 차단은 정말 관계를 끊기보다는 관계를 끊겠다고 위협함으로써 상대를 굴복시키기 위한 방편이다. 이들은 갈등이 생기면 어떻게든 이기려고 든다. 말을 하지 않거나 집에 들어가지 않거나 위협을 가하는 것은 흔한 일이고, 여의치 않으면 자해나 위험한 행동을 저지르기도 한다. 이를테면 자신의 뜻대로 해주지 않으면 어린아이를 집에 두고 나가버리거나, 운전하다가 갑자기 급브레이크를 밟기도 한다. 그리고 이 모든 게 상대 때문이라고 탓을 한다.

그렇다면 바운더리가 건강한 이들은 어떻게 할까? 이들은 상생의 갈등해결 방식을 써서 갈등을 풀고 더 깊은 연결로 나아간 적이 있다. 따라서 이들은 갈등이 관계를 위협한다고 여기기보다 인간관계가 발전하는 과정에서 피할 수 없다고 보고 이를 풀어나간다. 갈등을 한 사람의 일방적인 인성의 문제라기보다 기본적으로 서로의 차이 문제로 바라보기 때문이다. 이들은 갈등을 누군가 나쁜 사람이라서가 아니라 가치관과 취향, 대화방식의 차이로 인해 빚어지는 쌍방의 문제라고 본다.

부부상담은 매우 역동적이라 정말 원수처럼 싸우던 사람도 의외로 빨리 회복되기도 하고, 부부 모두 아주 좋은 평판을 받는 사람들이라 잘 될 것 같은데도 전혀 풀리지 않는 경우도 있다. 두 사람이 서로 상대에게서 파괴적인 감정 이면에 감추어진 좌절된 욕구를 알아차렸을 때 긍정적인 결과가 생긴다. 이들은 상담을 거치면서 상대의 마음속에 '사랑과 연결의 욕구'가 있다는 것을 알고 놀란다. '아, 화만 내는 이 사람이 사실은 내가 미운 게 아니라 나에게 사랑받고 싶은 것이었구나' '이 사람이 늘 말도 안 하고 무표정했던 이유가 나를 무시하거나 무관심해서가 아니라 사실은 우리 관계를 더 이상 깨뜨리지 않기 위해 참고 애쓰는 것이었구나' 하고 깨닫는 것이다. 이러한 상생은 자신의 감정을 이해하고, 감정 뒤에 감추어진 욕구를 들여다보고, 이에 관해 이야기 나눌 수 있을 때에야 가능하다.

갈등을 만들지 않는 것보다 중요한 것은 '갈등회복력'이다

　　인간관계라는 탑은 돌 아홉 개를 잘 쌓아도 마지막 한 개를 잘 못 쌓으면 와르르 무너지기 십상이다. 쌓아올리기는 어렵지만 허물어지는 건 순식간이다. 그러나 그 내구성은 관계에 따라 다르다. 어떤 관계는 유리처럼 한번 손상이 가면 와장창 깨지지만, 어떤 관계는 고무공처럼 얼마든지 원상복구가 가능하다. 관계의 회복력을 좌우하는 것은 꼬인 갈등을 풀어본 경험이 얼마나 있느냐에 달려 있다. 마치 어느 정도 병치레를 해야만 우리 몸의 면역체계가 활성화되어 면역력이 강화되는 것과 같다. 갈등이란 가까워지는 과정에서 어쩔 수 없이 지불해야 하는 '친밀함의 수업료' 같은 것이다. 중요한 것은 '갈등-회복 break-repair'의 경험이다. 갈등을 풀어본 경험이 없는 사람들은 늘 승패를 가르려 들거나, 갈등을 피하기에 급급하다가 결국 관계 단절로 이어지고 만다. 우리에게 필요한 것은 '관계의 갈등을 회복하는 화해의 기술'이다.

　　바운더리가 건강한 사람들은 대체로 갈등회복력이 우수하다. 이들은 갈등으로 관계가 손상되더라도 절망하거나 격분하지 않는다. 다시 회복할 수 있다고 보기 때문이다. 이들은 흥분된 마음을 다독거리고 난 뒤에 대화를 시도한다. 서로의 상한 마음을 이야기하는 것이다. 이들은 먼저 대화를 시도하는 것을 억울하거나 지는 것이라고 생각하기는커녕 오히려 성숙한 태도라고 여긴다.

그러나 미분화 유형은 사과부터 하거나 상대를 달래려고 하는 경우가 많다. 이들은 불편한 관계를 견디지 못하고 빨리 하나가 되어야 하기 때문이다. 그래서 이들은 잘못했다고 느껴서가 아니라 불편한 마음을 빨리 털어버리고 싶어서 사과하는 경우가 많다. "내가 미안해. 그러니까 화부터 풀어" 하는 식이다. 사과가 아니라 '기분 풀어'에 방점이 찍혀 있다.

그에 비해 과분화 유형은 집요하게 사과를 받아내려고 하거나 지레 관계를 끊어버린다. 지배형이 전자라면 방어형은 후자다. 이들은 먼저 잘못했다고 하는 법이 없고, 심지어 이야기를 먼저 꺼내지도 않는다. 먼저 말을 걸면 지는 것으로 생각하기 때문이다. 심하게는 진실하게 사과해도 받아들이지 않는다. 지배형의 경우는 관계의 복원이 아니라 완전한 항복을 원한다. 상생이 아니라 지배를 원한다. 따라서 이들은 사과를 강요하면서도 그에 그치지 않는다. "미안하다면 다야! 어떻게 책임질 거야!" 등 이들은 상대에게 납작 엎드리라고 강요한다. "처음부터 그러지 말았어야지"라며 시간을 거슬러 원상 복구시키라고 생떼를 쓰기도 한다.

그에 비해 바운더리가 건강한 이들은 작은 싸움을 확대시키지 않는다. 싸우고 난 뒤라도 각자의 역할이 잘 흐트러지지 않는다. 더 나아가 싸우고 난 뒤에 그들만이 통하는 은밀한 화해의 제스처가 있다. 평소와는 달리 배우자가 좋아하는 음식을 사온다거나 상대가 좋아할 만한 집안일을 하는 등 갈등을 풀어가려고 시도한다. 이러한 제스처는 별일 없었던 것처럼 덮고 넘어가자는 것이 아니라 감정을 다독거리고 차분히 대화를 하자는 의미다. 이들은 갈등을 서로의 입장 차이와 불분명한 의사소통 등의 문제로 바라보기 때문이다.

이들은 무엇 때문에 갈등과 충돌이 벌어졌는지를 좀 더 이야기하려 하고 들어보려고 한다. 이들이 갈등회복력이 높은 이유는 대화 가운데 '회복대화repair talk'를 사용하는 빈도가 높기 때문이다. 이들은 싸우고 난 뒤에도 회복대화를 써서 감정을 추스르고 관계를 복원한다.

이러한 회복대화는 크게 네 종류의 언어를 통해 이루어진다. 첫째, "잘 잤어?" "뭐 좀 먹었어?"와 같은 상대의 안부를 묻는 언어다. 이들은 싸우고 난 뒤에도 상대의 안부를 묻는 짧은 대화를 나눔으로써 갈등을 풀 토대를 만든다. 회복의 토대가 만들어지면 상대의 마음상태에 관심을 갖는다. 둘째, "(마음이) 어때?" "(마음이) 괜찮아?" "아직도 속상해?"와 같이 상대의 마음에 관심을 기울이는 언어다. 상대의 지금 마음이 어떻고 왜 마음이 상했는지를 알고 싶다는 관심의 표현이다. 셋째, "그랬구나" "그랬겠네"와 같이 상대의 마음을 있는 그대로 알아주는 언어다. 상대가 무엇 때문에 마음이 상했고 지금 마음이 어떤지를 이야기하면 이들은 그 마음을 알아준다. 그 과정에서 스스로 미안함을 느낀다면 "미안해"라고 사과한다. 넷째, "함께해. 부탁해. 노력할게" 등 실천을 표현하는 언어다. 속상한 것만을 이야기하는 것이 아니라 상대가 또는 두 사람이 어떻게 했으면 좋겠다는 의견을 구체적으로 나누고, 그중에서 할 수 있는 것은 노력하겠다고 이야기한다.

이러한 회복대화는 손상된 관계를 다시 복원하고 더 단단하게 만들어주는 '연결의 대화'다. 연결의 호르몬이라고 부르는 옥시토신처럼 관계를 이어주는 옥시토신 대화인 셈이다. 물론 1단계부터 4단계까지 물 흐르듯 갈등이 풀어지는 관계란 현실에 없다. 1단계에서 그냥 문제를 덮어버리고 아무 일도 없었던 것처럼 지낼 수도 있고, 좀 더 풀어보려고 3단계까지 갔다가 다시 말도 안 하는 상태로 틀어져버릴 수도 있다.

갈등회복력을 높이기 위해서는 가치의 우선순위가 분명해야 한다. 상대를 이기는 것보다, 누가 맞고 틀리느냐를 따지기보다 '연결'을 더 중시해야 한다. 갈등회복력이 높은 사람들은 '존이구동尊異求同'의 자세가 되어 있다. 존이구동이란 '서로 차이를 존중하되 공통점을 찾아 해결책을 함께 만들어간다'는 의미다. 그것이 바로 상생의 자세다. 그에 비해 갈등회복력이 없는 사람은 어떻게든 차이점만 보고 나쁜 점만 발견하려고 한다. 바운더리가 건강한 이들은 서로 견해가 다른 사안에 대해 필요 이상 자기 주장을 하지 않는다. 내 생각은 이렇지만 당신은 다르게 생각할 수 있다며 상대성을 인정한다. 이들이 주목하는 것은 사실관계와 시시비비가 아니라 서로의 마음이다. 상대와 자신의 감정과 욕구에 주목한다. 그리고 이를 표현하려고 하고 들어주려고 한다. 이 역시 마음을 헤아리는 마음이 있기 때문에 가능한 일이다.

● 갈등회복력이 높은 사람들의 특징 ●

1. 가까운 인간관계에서는 갈등이 있을 수밖에 없다고 생각한다.
2. 갈등을 일방적으로 상대의 인격 문제라기보다 어떤 관계에서나 나타날 수 있는 소통방식, 관점, 문화의 차이 등 쌍방적인 문제로 본다.
3. 갈등을 풀어냄으로써 더 깊은 인간관계를 만들어본 경험이 있다.
4. 감정적으로 폭발하거나 서둘러 사과하거나 달래기보다 왜 갈등이 생겼는지 이해하려고 한다.
5. 시시비비나 사실관계를 따지기보다 서로의 감정과 좌절된 욕구에 주목한다.
6. 자신의 실수나 잘못일 경우 반성하고 구체적으로 사과할 줄 안다.
7. 상대에게 잘못을 시인하게 하거나 사과를 강요하지 않는다.
8. 다툼 뒤에 '회복대화'를 이어감으로써 갈등을 풀려고 노력한다.
9. 자신이 원하는 것을 말하지 않아도 상대가 알아주기를 바라는 것이 아니라 이를 표현할 줄 안다.
10. 갈등 상황에서도 상대와의 관계에서 자신의 역할을 수행한다.

이러한 갈등회복력은 개인적인 인간관계뿐 아니라 회사나 조직 내의 인간관계에서도 똑같이 힘을 발휘한다

15장

솔직한 자기표현:
과장된 두려움 버리기

●

상대를 판단하거나 자기방어를 위한 표현에서 벗어나

내 마음이나 상황을 표현하는 것은 바운더리가 건강하게 작동한다는 증거다.

●

건강한 바운더리를 세우는 것의 핵심은 방어가 아니라 표현이다. 바운더리는 자기를 보호하는 방어적인 자기표현이 아니라 자신의 생각, 감정, 욕구를 솔직하게 표현할 수 있을 때 잘 기능하고 있는 것이다. 그러나 이게 어디 쉬운가! 관계와 집단 안에서 자기표현을 솔직하게 하지 못하는 것은 단지 개인의 특성 때문만은 아니다. 개인의 개별성을 존중하지 않는 집단주의와 권위주의 사회에서 솔직함은 잘난 척이나 이기적인 모습으로 오해받기 쉽다. 특히 냉전과

군사독재 시절을 거친 우리나라에서 자신의 생각을 솔직히 이야기 하는 것은 위험한 일이기도 했다. 그냥 조용히 있는 것이 무난한 처세술로 꼽혔다. 그 오랜 문화는 개인화된 지금의 사회에도 고스란히 남아 있다.

좀 더 솔직해진다고 해서 뭐가 두려운가?

우리의 두려움은 늘 과장되어 있을뿐더러 모호하다. 우리는 종종 무엇을 두려워하는지도 모른 채 두려워한다. 두려움을 이겨내려면 내가 무엇을 두려워하는지 자세히 들여다보고, 묻고 또 물어야 한다. '그 두려움이 사실인가?' '이것이 정말 내가 두려워할 일인가?' '이것이 내가 감당할 수는 없는 일인가?'

예를 들어, 순응형은 거절을 잘 못한다. 관계가 불편해지는 것을 두려워하기 때문이다. 그렇다면 스스로 물어보자. '내가 솔직하게 이야기를 해서 관계가 불편해진다면 어떨 것 같은가?' '불편할 수 있다고 하자. 그럼 내가 불편한 만큼 상대도 나를 불편하게 여길 것 같은가?' '그렇다고 하자. 상대도 불편함을 느낀다면 뭐가 걱정되는가? 상대가 나를 피하고 멀리할 것 같은가?' '만일 그렇다면 그 불편한 관계는 일시적인가? 계속 갈 것 같은가?' '만일 내가 솔직하게 얘기했다는 것만으로 상대가 계속 나를 싫어하고 피한다면 나는 그 사람을 어떻게 생각할 것인가' '상대와 관계가 불편해진다면 나는 솔

직하게 말한 것을 후회하겠는가? 그럼 앞으로 계속 마음을 감추고 지내야 하는가?'

만일 아무리 생각해도 솔직하게 이야기하는 것보다 작은 불편함이라도 만들지 않는 것이 중요하다면 순응하며 살아야 한다. 그러나 관계가 일시적으로 불편해지더라도 솔직하게 이야기하는 것이 더 중요하다고 생각한다면 용기를 내어 표현해야 한다.

우리는 솔직한 자기표현 앞에서 늘 망설인다. 관계 때문이다. '내 마음을 솔직하게 드러내면 상대가 어떻게 느낄까?' '그럼 상대와의 관계는 어떻게 될까?'를 늘 고민하고 염려한다. 조직생활을 하면

서는 다수와 다른 의견을 내면 집단에서 배제되거나 불이익을 받을까 봐 걱정한다. 그러나 이런 걱정을 하는 사람들과 달리 상대가 어떻게 느낄지를 별로 신경 쓰지 않고 이야기하는 사람들도 많다. 그것이 좋다는 말이 아니다. 어느 집단이든 키가 큰 사람과 작은 사람이 있듯이 사람들의 반응을 많이 신경 쓰는 사람과 그렇지 않은 사람들이 있다는 것이다. 건강한 마음과 건강한 관계란 한마디로 '균형'에 있다. 타인과의 관계를 신경 쓰지 않는 것만큼 신경을 많이 쓰는 것 또한 문제다.

솔직한 자기표현에 두려움이 큰 사람들은 하나같이 '타인민감성'이 높다. 이들은 애착손상과 불안성향으로 말미암아 자신의 내면을 향해야 할 안테나마저 모두 상대를 향해 있다. 상대의 기분을 포착하는 데 예민하다. 문제는 예민도는 높지만 정확도가 떨어진다는 것이다. 상대의 기분 변화를 잘못 알아채는 경우가 많고, 알아챘다고 하더라도 부풀려서 받아들이는 경우가 많다. 예를 들어, 상대는 며칠 잠을 못 자서 얼굴이 굳어 있는데, 타인민감성이 높은 사람들은 자신과 같이 있는 게 불편해서 표정이 안 좋다고 생각할 수 있다. 또는 상대가 말수가 없어 조용히 있는데, 자신을 싫어해서 침묵한다고 생각하기도 한다.

순응형은 상대의 기분이 안 좋아 보이면 자기 때문이라고 자책하는 데 익숙하고, 돌봄형은 누구 때문이든 상대의 기분을 안 좋아 보이면 이를 좋게 만들어주어야 할 책임이 자신에게 있다고 느낀다. 특히 순응형은 자신 때문에 상대가 불편을 느끼는 것을 견디지 못한다. 만일 자신이 보고 싶은 영화를 친구랑 보러 갔는데 친구가 재미없었다고 하면 필요 이상 미안해한다. 그래서 처음부터 그런 일을 만들지 않으려고 선택을 상대에게 미루고 자신에게 맞지 않더라도 이에 순응한다.

마음과 표현이 한없이 어긋날 때

미분화 유형은 자신의 마음과 외적 표현의 불일치에 자주 맞닥뜨린다. 좋은데 좋다는 말을 못하기도 하지만, 그보다는 싫은데 싫다고 하지 못하는 경우가 많다. 이들은 심지어 싫은지 좋은지를 구분하지 못하는 경우도 많다. 의식의 안테나가 늘 바깥으로만 향해 있어 자신의 마음상태를 지각하는 것에 둔감하다. 이들은 관계나 조직 안에서 상대가 무슨 일을 부탁하면 거절을 잘 못한다. 더 큰 문제는 상대의 요청이나 부탁이 없는데도 상대가 원하는 것 같다고 느끼고 상대에게 동조하거나 불필요하게 배려하는 것이다. 이를 '심리적 동조conformity 현상'이라고 한다. '동조同調'란 요청이나 지시가 없는데도 상대나 집단으로부터 암묵적인 압력을 느껴 상대와 집단의 기대대로 생각이나 행동을 바꾸는 현상을 말한다.

미국의 심리학자 솔로몬 애시Solomon Asch는 1952년에 필라델피아에 있는 스와스모어대학교의 연구실에서 이 현상을 실험으로 입증했다. 애시는 대학생들에게 세로 선이 그려져 있는 카드를 한 장

보여주고, 또 다른 카드에 그려진 세 개의 선에서 길이가 같은 것을 찾아보라고 요구했다. 누구나 보면 쉽게 판단할 수 있어서 오답률이 1퍼센트도 되지 않는 문제였다. 그러나 연구진은 실험 참가자가 대답하기에 앞서 5명의 도우미에게 각본에 따라 틀린 답을 먼저 대답하도록 했다. 실험 참가자는 6번째 이후로 대답하도록 했는데 많은 경우에 동조현상이 나타났다. 자기가 처음 생각한 답이 아니라 앞에서 답변한 사람들에 동조해서 오답을 말한 것이다. 33퍼센트가량은 매번 앞사람들의 의견에 동조해서 오답을 말했고, 76퍼센트는 적어도 한 번 다른 사람의 의견에 동조하느라 오답을 말했다. 오직 24퍼센트만이 자신이 판단한 대로 정답을 말했다. 문제는 오답임을 알려주고 나서 참가자들이 보인 반응이다. 놀랍게도 이들 대부분은 다른 사람들의 의견이 자신의 결정에 영향을 주지 않았다고 대답했다. 단지 혼자 착각한 것이라고 생각한 것이다.

리치몬드대학교 사회심리학자 포사이스Donelson Forsyth는 동조현상이 잘 나타나는 사람과 그렇지 않은 사람을 조사해보았다. 그 결과 대체로 권위주의적일수록, 의존성이 높을수록, 부정적인 결과에 대해 자기비난을 하는 경향이 클수록 동조에 취약했다. 그에 비해 자신을 타인과 차별화하고 싶은 경향이 높고, 지능이 높으며, 자존감이 높을수록 동조를 잘 하지 않는 것으로 밝혀졌다.

사회생활을 하면서 눈치를 보는 것은 사회성의 중요한 기능이다. 중요한 것은 제대로 눈치를 보는 것이다. 동조현상은 사실 노골적인 압력이 아니라 암묵적인 압력을 느끼기 때문에 일어난다. 상대는 아무 요구도 하지 않았는데 상대에게 맞추기 위해 생각과 행동을 바꾸는 것이다. 문제는 그것을 상대가 원하느냐는 것이다. 사실 미분화 유형은 눈치를 많이 보지만 상대의 마음을 잘 읽어내지는 못한다. 타인민감성 때문이다. 이들은 이러한 동조현상을 인정하지 않고 오히려 미화하는 경우가 많다. 상대의 마음을 잘 헤아리고 배려한다고 생각한다. 그러나 착각이다. 정반대인 경우가 많다. 이들은 상대의 마음 읽기에 자주 실패한다.

특히 순응형은 상대의 눈치를 많이 보면서 상대의 기분을 거스르지 않으려고 노력한다. 이는 과도한 심리적 동조현상을 낳는다. 상대는 요구하지도 않았는데 상대의 생각, 취향, 의도, 욕구에 동조해버린다. 이를테면 가끔 교회에 다니는 직장인이 직장상사와 이야기를 하는데 상사가 종교의 역기능을 이야기하면 그렇게 생각하지 않으면서도 자기도 모르게 맞장구를 칠 수 있다. 실제 직장상사는 다른 의견에도 귀 기울여주는 사람인데도 말이다. 이는 엄밀히 말해 아부와 다르다. 이해타산을 따지고 일어나는 반응이 아니라 자신도 모르게 상대의 생각에 동조하게 되는 자동 반응이다. 나와 타인을 구분해주는 바운더리가 희미하기 때문이다.

돌봄형도 그렇다. 이들은 자신의 노력으로 상대를 기쁘게 해주는 데 익숙하기 때문에 자신의 욕구를 억누르고 지나치게 배려하기 쉽다. 상대는 혼자 걷고 싶어 괜찮다는데도 집까지 바래다주거나, 자신은 별로 먹고 싶지 않은 음식인데도 상대가 좋아한다는 이유로 맛있는 척하며 억지로 먹는다. 이들은 상대에게 바라는 것이 없다고 말하면서 헌신적인 행동을 한다. 그러나 왜 없겠는가! 이들은 자신의 배려와 노력에 대해 상대가 인정해주고 기뻐해주기를 바란다. 그러나 상대가 무엇을 원하는지를 알아보지 않고 베푸는 일방적 배려는 암묵적인 강요가 되기 쉽다. 이들과 가까운 이들은 상대로부터 배려받고 존중받는 느낌보다는 부담, 불쾌감, 당혹스러움을 느낀다. 이러한 감정이 쌓이면 분노로 이어진다.

부드러운 솔직함과 거친 솔직함

우리가 솔직한 자기표현에 어려움을 느끼는 것은 솔직함에 위험이 따른다고 느끼기 때문이다. 관계가 불편해지거나, 상대가 상처받거나, 집단에서 배제되거나, 불이익을 당할 것이라고 예상하기 때문이다. 그럴까? 그럴 수도 있고 아닐 수도 있다. 다시 말해 모든 솔직함이 위험한 것도 아니고 모든 솔직함이 좋은 것도 아니다. 우리는 솔직하다는 의미를 좀 더 명료하게 이해할 필요가 있다.

영어에는 솔직하다는 뜻의 단어가 여럿 있지만 frank와 honest가 대표적이다. 둘 다 '솔직한'이라는 형용사이지만 의미에 차이가 있다. frank는 때로는 남을 불편하게 만들 수 있는 거친 솔직함이다. 그에 비해 honest는 상대의 기분을 고려한 부드러운 솔직함이다. 물론 상대의 기분을 감안해서 솔직하게 이야기했더라도 상대는 불편할 수 있다. 그것이 인간관계의 주관성이며 공식이 통하지 않는 난해함이다. 그러나 어찌 되었든 우리는 이 둘을 구분해야 한다.

상대의 기분을 고려하지 않는 솔직함, 즉 frank는 무례한 것이다. 과장해서 말하면 자신은 시원하다며 옷을 벗고 다니는 것과 같다. 우리는 흔히 솔직한 사람이 좋다고 말한다. 그러나 꼭 그런 것도 아니다. 한두 번이면 모를까, 지나친 솔직함은 불편할 뿐이다. 사람들은 걸러진 솔직함을 좋아하지, 노골적으로 솔직한 사람을 결코 좋아하지 않는다.

부드러운 솔직함은 거친 솔직함에 없는 세 가지가 있다. 첫째, 이성과 감정이 연결되어 있다. 감정과 이성이 분리되어 감정적으로 표현하는 것은 거친 솔직함이지만, 감정이 이성을 만나면 표현이 부드러워진다. 이성은 연결을 중시하고 문제해결을 원하기 때문이다.

둘째, 상대에 대한 판단이 중심이 아니라 나의 마음이나 상황을 표현하는 것이 중심이다. 예를 들어, 도서관에서 공부하는데 옆 사람이 이어폰으로 노래를 들으며 흥에 겨워 책상을 두드린다고 해보자. 당신은 매우 신경이 쓰이고 불쾌하다. 기본 예의도 모르는 사람이라는 생각이 든다. 그렇다면 어떻게 해야 하나? "당신은 왜 이렇게 예의가 없습니까!"라고 이야기하는 것은 상대를 판단한 데 따른 거친 솔직함이다. 부드러운 솔직함은 "소리 때문에 공부가 잘 안 됩니다"라며 이야기하는 것이다.

셋째, 나의 말과 행동이 상대에게 어떻게 전달될지 염두에 두고 표현하는 것이다. 거친 솔직함에는 1인칭만 존재하지만, 부드러운 솔직함에는 1인칭과 2인칭이 함께 있다.

미분화 유형의 문제가 자신의 마음을 감추거나 인지하지 못할 만큼 솔직하지 못한 것이라면 과분화 유형은 거친 솔직함이다. 과분화 유형은 감정과 이성이 분리되고, 상대를 자꾸 판단하며, 자신의 관점만 중요하게 여기고, 상대의 마음을 헤아리지 않는다. 이들은 사회적 감정이 부족하고 꼭 필요한 눈치도 보지 않는다. 특히 지배형의 감정표현은 날것이고 자기 주장은 직설적이다. "난 네가 싫어!" "싫은 것을 싫다고 하지 그럼 어쩐란 말이야!"처럼 이들은 자신의 표현에 대해 상대가 어떻게 느낄지 고려하지 않는다. 그것은 그 사람의 문제니까. 상대가 나를 화나게 했다고 느끼면 상대가 왜 그랬는지는 안중에 없이 상대에게 화를 퍼붓고 만다.

방어형도 마찬가지다. 이들은 타인이 접근하면 늘 과잉경계를 한다. 관심과 간섭을 구분하지 못하고 접근을 바운더리의 침입으로만 본다. 따라서 상대의 의도와 마음을 고려하지 않고 거칠게 자신의 불편을 표현한다. 예를 들면, 직장 동료가 점심시간에 "이번 주말에 뭐 하세요?"라고 묻는다고 해보자. 큰 의미 없이 한 말이거나 그저 작은 관심을 표현한 말일 수 있다. 하지만 방어형은 이걸 바운더리의 침범으로 느끼고 자동으로 불쾌감이나 반감을 느낀다. "별일 없어요"라고 무성의하게 대답하면 그나마 다행이다. 심한 경우에는 "왜 그런 것을 물어보세요?" "알아서 뭐하려고요"라고 공격적으로 표현한다. 이런 경우에 상대는 '이게 저렇게 반응할 정도로 불편한 질문인가?'라는 생각을 하지 않을 수 없다. 이렇듯 과분화 유형은 자신의 감정과 생각을 솔직하게 표현하지만 그것은 상대를 찌르는 창이 되기 쉽다. 이들의 자기표현은 투명한 유리창과 같아 속마음이 그대로 드러난다. 사회관계 속에서 그러한 '투명한 모습'은 순수함이 아니라 미숙함이다.

과분화 유형의 솔직함은 frank다. 상대에게 상처를 줄 수도 있고, 관계를 불편하게 만들 수도 있고, 집단에서 누군가를 소외시키거나 자신이 소외될 수도 있다. 솔직할지 모르지만 거칠다. 그에 비해 honest는 지나치게 권위적인 사람이나 조직이 아니라면 상대적으로 안전할뿐더러 때로는 호감을 준다. 문명화되고 사회화된 솔직함이다. 대부분의 사람들은 타인을 배려하는 정중한 거절이나 잘 다듬어진 솔직한 자기표현을 기분 나쁘게 받아들이지 않는다.

결론적으로 솔직함 자체가 위험한 것이 아니라 이를 어떻게 표현하느냐가 중요하다. 상대가 기분이 상하거나 상처를 받는 것은 표현 방식 때문이다. 상대를 함부로 판단하는 언어, 자신의 생각만이 옳다는 고집스러운 태도, 고압적이거나 신경질적인 말투, 걸러지지 못한 날것의 감정, 상대를 무시하거나 제압하고자 하는 눈빛, 뻣뻣한 자세와 경직된 표정 등이 상대를 기분 나쁘게 하거나 상처를 준다. 당신이 부드럽고 정중한 태도로 자기표현을 한다면 당신이 생각하는 것보다 불이익이나 어려움은 없거나 적다. 어쩌면 당신의 걱정과는 정반대로 당신에게 호감을 느끼는 사람이 늘어날지도 모른다. 아니, 사람들의 반응을 떠나 당신은 당신 자신을 더욱 좋아하게 될 것이다.

우리는 좋아하는 것을 좋아한다고 하고, 싫어하는 것을 싫어한다고 할 자유가 있다. 좋은 관계란 내가 무언가 불편하거나 내키지 않는 것에 대해 불안이나 곤란함을 느끼지 않고 이야기할 수 있는 관계다.

4부

바운더리의 재구성

바운더리를 다시 세워 '나답게' 사는 법

우리는 자신의 관계를 변화시켜나갈 책임이 있다. 그러기 위해서 우리는
자신의 관계의 역사를 들여다보고, 자신의 세계를 만들어가야 한다.
우리의 내적작동모델은 수많은 인간관계를 경험하고 성찰함으로써 교정될 수 있다.

16장

관계의 역사 이해하기

●

엄마에게서 상처를 입은 사람이라면 어느 순간

엄마 역시 엄마의 가족에게서 상처받은

사람이라고 이해하는 것이다.

●

2014년, 인터넷이 한 사건으로 떠들썩했다. 일명 '세 모자 사건'. 어머니와 10대 두 아들이 끔찍한 성폭행을 지속적으로 당해왔다고 인터넷에 폭로했다. 남편은 물론 시댁 남자들과 동네 사람들까지 모두 44명에게서 성폭행을 당했다는 내용이었다. 이 믿기 어려운 엽기적인 사건은 13세, 17세인 두 아들의 증언이 더해져 큰 파장을 불러일으켰다. 많은 사람들이 반신반의하면서도 분노했다. 희생자인 이들을 돕기 위하여 수많은 사람들이 수사를 촉구했고, 인터넷 카페도 만들고 변호사 선임을 위한 모금 활동도 펼쳤다. 그러나 이 사건을 수사한 경찰은 엽기적인 성폭행은 사실이 아니라고 발표했다. 게다가 한 무속인이 이 여성을 뒤에서 사주했다는 사실이 밝혀지면서 여론은 정반대로 흘렀다. 성폭행 사건이 성폭행 조작 사건으로 뒤바뀐 것이다. 결국 어머니와 무속인은 무고 혐의로 구속되었다. 세 모자는 과연 사기꾼이었을까? 그들은 왜 그런 행동을 했을까?

첫 관계가 우리의 관계를 지배한다

이 여성은 무고죄 등으로 1심에서 3년형을 선고받았지만 2심에서 징역 2년으로 감형되었다. 그리고 2017년 3월 15일, 대법원 판결에서 징역 2년이 확정되었다. 중증의 망상장애라는 정신감정 결과가 반영된 판결이었다. 그 여성이 고소를 반복한 이유는 무속인의 사주도 있었지만 남편과 시댁 식구들에 대한 피해망상 때문이었다. 그 여성은 어떤 이익을 취하려고 사람들을 속였다기보다 실제 성적인 피해를 당했다는 망상 때문에 고소를 한 것이라고 볼 수 있다.

문제는 아이들의 반응이다. 과연 아이들은 엄마의 강요나 부탁으로 거짓 증언을 한 것일까? 아니면 아이들도 그러한 망상을 가지고 있던 것일까? 아이들을 만나보지 않고서 판단하기 어렵지만 아이들 역시 엄마의 망상을 부분적으로 공유하고 있었을 것으로 추측된다. 실제 밀접한 가족관계에서는 양육자의 생각, 감정, 신념 등을 자녀들이 그대로 공유하는 일이 종종 벌어진다. 아무리 허무맹랑한 망상이나 비현실적인 환각이라고 하더라도 말이다. 앞서 말했듯 인간에게는 거울뉴런이 잘 배선되어 있어 가까운 사람의 생각, 감정, 행위 등을 자동적으로 모방하기 쉽기 때문이다.

이렇게 망상이나 환각과 같은 뚜렷한 정신병적 증상을 정신질환이 없는 아주 가까운 가족이 함께 가지고 있는 것을 정신의학에서는 '공유정신병shared psychosis'이라고 한다. 망상까지는 아니지만 비슷한 일은 드물지 않게 벌어진다. 부부 사이에 불화가 심해서 엄마가 아빠를 증오하는 마음이 크다면 그 감정은 엄마와 밀착된 자녀에게 고스란히 전달되어 아이가 아빠를 증오하는 것이다. 물론 그 역도 성립된다. 엄마를 증오하는 아빠와 밀착된 아이 역시 엄마를 그대로 증오한다. 물론 공유정신병은 흔한 경우는 아니다. 공유정신병은 정신병적 취약성을 가지고 있거나, '세 모자 사건'처럼 가족이 지나치게 밀착되어 있거나, 미분화된 자아를 가지고 있는 경우에 생겨나기 쉽다. 이런 경우에는 무엇보다 두 사람을 분리시키는 것이 중요하다. 공유정신병을 가진 사람은 별도의 치료를 받지 않고 분리만 시켜도 좋아진다. 아마 두 아이는 불행한 결혼과 정신병으로 인해 형성된 엄마의 고통스러운 감정과 믿음체계를 어느 정도 공유하고 있었던 것으로 보인다.

이렇듯 어린아이들은 사랑하는 양육자의 감정, 생각, 욕구, 기대를 그대로 흡수한다. 아이들은 사랑하는 사람이 좋아하는 사람을 좋아하고, 사랑하는 사람이 미워하는 사람을 싫어한다. 최초의 욕망은 자아의 욕망이 아니라 처음으로 사랑하는 사람의 욕망이다. 아이들은 이렇게 부모의 많은 것을 공유한다. 그러나 자아가 형성되면서 아이들은 부모의 욕구와 자신의 욕구가 다른 것을 알고, 부모의 생각과 다른 자신의 생각을 갖게 된다. 건강한 부모라면 이러한 과정을 허용하고 아이들의 분화와 독립을 촉진시켜준다.

그러나 '세 모자 사건'처럼 부부의 불화가 심한 경우에, 부부 사이에 나누어야 할 친밀함과 사랑을 아이와 나누려고 한다. 아이들에게 정서적으로 의지하고, 위로받고, 삶의 의미를 두고, 희망을 걸고, 가장 친밀한 관계가 되기를 원한다. 배우자와 심리적으로 단절된 엄마 아빠는 자신도 모르는 사이에 자신의 아이들에게 '작은 배우자'

역할을 하도록 만드는 것이다.

가족치료 전문가 보웬은 이렇게 부부간의 갈등에 무의식적으로 자녀를 끌어들여 갈등이 다각화되는 현상에 '삼각화triangulation'라는 이름을 붙였다. 아이들은 부부갈등에서 결코 자유롭지 못하다. 한쪽 부모의 '인질'이 되어 작은 배우자 역할에서 기쁨을 느끼고, 반대편 부모를 실제 이상으로 나쁘게 보고 증오하게 된다. 한쪽 부모와 공동운명체가 되어 부부간의 갈등과 상처가 아이들의 마음을 지배해 버린 것이다.

이 이야기가 왠지 익숙하지 않은가? 맞다. 우리는 앞에서 비슷한 사례를 살펴보았다. 돌봄형으로 소개된 명호 이야기다. 그는 어린 시절 어머니의 작은 배우자 역할을 하며 성장했다. 어머니는 아들에게 심적으로 의지하면서 불행한 결혼생활을 힘겹게 버텨나갔지만 그 삶의 무게는 아들에게 고스란히 전해질 수밖에 없었다. 명호는 돌봄을 받아야 할 시기에 어머니를 돌봐야 했다. 안타깝게도 그것은 어머니와 자신의 관계에 국한되지 않고 성인이 되어서까지 인간관계를 지배하고 말았다. 그는 다른 사람을 기쁘게 하는 것에서 기쁨을 느꼈다. 이후 그는 상담을 통해 자신의 관계를 지배하고 있는 상처의 역사성과 공동의존이라는 역기능적 관계패턴을 이해하고는 뒤늦게 자아분화의 과정을 밟아갔다. 자신과 타인의 경계를 구분하고, 다른 사람에 대한 과잉책임감에서 벗어나 자신의 삶에 대한 책임감을 느끼게 되었다. 차츰 자신의 감정과 내적 욕구를 알아갔고, 혼자서도 즐거움을 느낄 수 있는 활동을 찾을 수 있었다.

내게 반복되는 '관계의 역사'를 이해한다는 것

우리는 다음 두 가지로 관계의 역사를 이해할 수 있다. 첫째, 나의 지금 관계와 과거 관계를 연결해서 바라보는 것이다. '나는 도대체 무엇 때문에 이 사람에게 끌릴까?' '나는 이 사람과 왜 이렇게 인간관계를 맺을까?' '왜 나는 비슷한 관계를 반복하고 있을까?' 만나는 사람마다 고민이나 질문이 다를 수 있지만 혹시 나의 인간관계 전체를 놓고 볼 때 무언가 반복되는 패턴이 느껴지지는 않는가? 이를테면 이런 의문 같은 것이다. '나는 왜 상대가 나에 대해 함부로 말하는데도 불쾌하다는 말을 하지 못할까?' '나는 왜 누군가 다가오면 나도 모르게 지나치게 경계하거나 밀쳐내려 할까?' '나는 왜 상대가 부담스럽다는데도 뭔가 해줘야 마음이 편할까?' '나는 왜 누군가 나와 다른 의견을 이야기하면 필요 이상으로 흥분할까?'

우리는 습관적으로 생각하고, 습관적으로 느끼고, 습관적으로 행동한다. 관계 또한 마찬가지다. 우리는 자신도 모르게 반복하고 있는 인간관계의 행동패턴이 있다. 우리는 지금 이 시간을 산다고 생각한다. 우리는 만나는 사람마다 다른 관계를 맺고 있다고 생각한다. 만일 누군가와의 관계가 힘들다면 그것은 그 사람과 나의 문제처럼 보인다. 사실이다. 그러나 과연 그 사람과 만나지 않았다면 비슷한 문제를 겪지 않았을까? 유년기의 경험은 우리가 생각하는 것 이상으로 우리의 내면과 대인관계를 지배한다. 우리가 자각하지 못한다면 최초의 관계가 우리의 내면을 지배하고 삶을 휘두를 수도 있다. 부모와 밀착된 관계를 가졌거나 유년기의 애착손상이 깊을수록 그 영향력은 크다. 성인이 되어서도 부모에게 순응하는 것만이 독립하지 못한 것이 아니다. 반대로 사사건건 부모와 대립하거나 등을 지고 사는 것 또한 독립하지 못한 것이다. 다시 말해 부모처럼 살아가는 것도 문제이지만 부모처럼 살지 않으려고 애쓰는 것, 그리고 부모와 관계 맺지 않으려고 노력하는 것 모두 부모의 영향력에서 벗어나지 못한 상태다.

최초의 관계는 하나의 '원형'이 되어 끊임없이 비슷한 관계를 찍어낸다. 비슷한 감정을 느끼고 비슷한 방식으로 관계를 맺는 것이다. 이러한 관계의 틀을 애착이론가들은 '내적작동모델internal working model'이라고 한다. 같은 벽돌을 찍어내는 벽돌의 틀이 있는 것처럼 관계 역시 비슷한 관계를 만들어내는 관계의 틀이 있는 셈이다. 그러므로 틀을 바꾸지 않으면 우리는 자신도 모르는 사이에 유사한 관계를 만들 수밖에 없다.

앞서 우리는 바운더리의 이상에 따른 네 가지 역기능적 관계의 틀을 알아보았다. 바로 '순응, 돌봄, 방어, 지배'다. 이 역기능적 관계의 틀은 모두 어린 시절 애착손상으로 인해 만들어져 전 생애 동안 반복된다. 어린 시절에는 살아가기 위해 어쩔 수 없었지만 이 틀을 그대로 어른의 관계에 적용하면 많은 문제를 불러일으킨다. 그에 비해 어린 시절에 애착손상이 컸지만 성인이 되어 건강한 관계를 만들어가는 이들은 이러한 문제를 인식하고 바운더리를 수리하고 관계의 틀을 변화시킨 사람들이다.

그러나 이러한 역기능적 관계패턴에서 완전히 자유로운 사람은 없다. 우리는 누구나 이러한 관계패턴을 조금씩 가지고 관계를 맺는다. 또한 역기능적 관계패턴은 어떤 사람을 만나느냐에 따라 달라질 수 있다. '지배'형과 '지배'형이 만나면 관계가 잘 맺어지지 않겠지만 어떤 경우에는 '순응-지배'의 관계 조합으로 탈바꿈된다. '순응-순응'형이 만나 '순응-돌봄'형으로 바뀔 수도 있다. 자아란 다층적이며, 관계에서는 언제나 역동적으로 균형을 회복하려는 움직임이 일어나기 때문이다.

우리는 자라면서 새로운 사람을 만날 때마다 새로운 관계를 맺는다고 생각하지만 조금 과장해서 말하면 아동기에 애착대상과의 맺은 관계방식이 인간관계 모델의 원형이 되어 이를 반복하는지도 모른다. 거절을 일삼고 냉담한 양육자 밑에서 자란 아이는 타인을 신뢰할 수 없을뿐더러 자신에 대해서도 좋은 느낌을 갖지 못한다.

양육자가 힘들어하는 것을 보면서 어떻게 하면 양육자를 기쁘게 해줄 것인가 고민한 아이는 커서도 정서적으로 힘든 사람을 만나 그 사람이 자신으로 인해 기뻐하는 것을 보기 위해 인간관계를 맺는다. 부모가 중병에 걸려 자신이 버려지지 않을까 늘 두려웠던 아이는 커서도 가까이 있는 사람이 자신을 갑작스럽게 떠날까 봐 두려움을 안고 살아간다. 자신이 원하는 것을 들어주지 않아 부모와 심한 전쟁을 벌였던 아이들은 커서도 자신의 원하는 것을 관철시키기 위해 상대를 굴복시키려 든다.

그렇다고 해서 이 관계의 틀이 고정불변해서 평생 벗어날 수 없는 것은 아니다. 수많은 인간관계를 경험하고 성찰함으로써 우리의 내적작동모델은 교정될 수 있다. 우리는 자신의 관계의 틀을 변화시켜나갈 책임이 있다. 그러기 위해서는 자신의 관계의 역사를 들여다보고, 자신의 세계를 만들어가야 한다.

두 번째는 부모의 관계를 들여다보는 것이다. 상담을 하다 보면 '나쁜 엄마' '나쁜 아빠'에 대한 이야기가 나온다. 그러나 치유가 이루어지면서 '왜 엄마(또는 아빠)는 나한테 그렇게 했는가?'라는 의문을 품는 순간이 온다. 다시 말해 가족관계에서 벗어나 '왜 그 사람은 그렇게 했는가?'라는 3인칭 관점으로 부모를 바라보게 될 때가 온다. 그 과정에서 부모 역시 나처럼 어떤 해결되지 못한 상처를 가지고 어른이 되었음을 이해하기도 한다. 그런 시각으로 바라보면 어느 한 사람을 일방적으로 탓할 수만은 없는 '상처의 역사성'을 자각할 수 있다. 엄마에게서 상처를 입은 사람이라면 어느 순간 엄마 역시 엄마의 가족에게서 상처받은 사람이라고 이해하는 것이다. 이렇게 생각이 이어지다 보면 우리는 누구나 상처를 받거나 주기 쉬운 인간이라는 보편적 사실에 가닿는다.

작가이자 칼럼니스트인 랜스 모로Lance Morrow는 여러 세대에 걸쳐 전승되는 상처의 본질을 겹겹이 포개진 상자묶음에 비유했다. 인형 속에 또 인형이 들어 있는 러시아 전통인형 마트료시카처럼 본 것이다. 우리는 우리가 알지 못하는 상자 속에 갇혀 있으며, 이를 깨닫지 못하고 노력하지 않는다면 계속 상자 안에서 또 다른 상자를 만들어갈 뿐이다. 상처의 대물림을 반복하는 것이다.

세대들이란 상자들 안에 담겨 있는 또 다른 상자들이다. 어머니의 폭력 안에서 당신은 할아버지의 폭력이 담겨 있는 또 다른 상자를 발견한다. 그리고 그 또 다른 상자(의심은 가지만 확실히 알지는 못하는) 안에서 당신은 뭔가 음험하고 은밀한 에너지를 지닌 상자를 발견할지 모른다. 사연과 사연이 세월을 거슬러 올라가며 계속 이어지고 있는 것이다.

_《몸이 아니라고 말할 때》에서 재인용

무엇을 이해할 것인가?

우리의 삶에는 눈에 보이지 않는 반복적인 흐름과 무늬가 있다.

우리의 소비방식, 대화방식, 연애방식, 놀이방식 등 삶을 살아가는 모든 모습에는 일정한 패턴이 있다. 어디 그뿐인가? 우리가 하는 생각, 우리가 느끼는 감정, 갈등에 대한 반응, 심지어 우리가 맺는 관계까지 자세히 살펴보면 하나의 패턴이 보일 수 있다. 쉽게 말해 습관이다. 그 패턴은 유아기에 만들어져 변화된 것들도 있지만 자라면서 점점 더 강화되고 굳어진 것들도 있다. 적응적인 것도 있지만, 부적응적인 것도 있다.

우리는 자신의 삶 속에서, 그리고 관계 속에서 무엇이 반복되고 있는지 그 패턴의 역사를 알아야 한다. 그러고 나서 그 반복되는 패턴을 무너뜨리고 새로운 적응적인 패턴을 만들어가야 한다. 이는 생각보다 쉽지 않다. 일단 자신의 인간관계에서 무엇이 문제인지를 들여다보고 이를 인정하는 것부터 쉽지 않다. 특히 과분화 유형은 더욱 그렇다. 문제나 갈등의 원인을 늘 외부에서 찾는 데 익숙하기 때문이다. 인정하더라도 쉽지 않다. 사람들은 대개 올바른 것을 추구하기보다는 익숙한 것을 추구하기 때문이다. 설사 나쁜 행동이나 관계방식이라 하더라도 사람들은 그 안에 익숙해져 있으면 묘한 편안함을 느끼고 이를 반복하게 되어 있다. 그러나 상처의 대물림을 끊어내고 심리적으로 성장하려는 사람이라면, 자신도 모르게 반복되는 역기능적인 관계의 패턴을 자각해야 한다. 이 책에서 이를 다 언급할 수는 없으므로 이해를 돕기 위해 꼭 필요한 질문을 제시하고자 한다. 하나하나 깊이 고민해보고 답변하기 바란다.

1. 어린 시절 부모와의 관계를 떠올려보세요. 아버지와 당신, 어머니와 당신, 그리고 형제와의 관계가 어땠나요? 가장 먼저 떠오르는 일화를 염두에 두면서 그 관계를 한마디로 표현해보세요. 어떤 형용사나 단어가 떠오르나요?

    내게 아버지는 _____이다.
    내게 어머니는 _____이다.
    내게 형제자매란 _____이다.

2. 어린 시절 가족에게 상처를 받았다면, 그중에서 어떤 일이 떠오르나요? 그 일을 떠올릴 때 지금도 여전히 느껴지는 감정은 무엇입니까? 되도록 구체적인 단어로 감정을 표현해보세요. 그 감정을 떠올릴 때 몸에 어떤 느낌이 온다면 몸의 어디에서 느껴지는지 잘 찾아보세요. 그 일은 이후 당신의 인간관계에 어떤 영향을 끼쳤을까요?

3. 어린 시절 집 밖에서 경험했던 일 중 무엇이 가장 속상했습니까? 그때 당신은 어떻게 행동했고, 당신의 부모와 가족은 그 일에 어떻게 반응했나요?

4. 어릴 때 가족에게 당신은 어떤 존재였나요? 아래에서 어울리는 단어가 눈에 띄나요? 눈에 띄는 단어가 있다면 왜 그

단어가 끌렸는지, 그리고 그 단어와 관련되어 어떤 일이 떠오르는지 생각해보세요.

짐 ☐ 카운슬러 ☐ 문제아 ☐ 중재자 ☐ 거짓말쟁이 ☐
걱정거리 ☐ 공주(왕자) ☐ 삐에로 ☐ 귀염둥이 ☐
대리 배우자 ☐ 효자(효녀) ☐ 있으나 마나 한 아이 ☐
희생양 ☐ 애어른 ☐ 부모의 기쁨 ☐ 부모의 친구 ☐
화풀이 대상 ☐ 무기력한 아이 ☐ 이방인 ☐

5. 어린 시절에 당신 마음의 바탕을 이루는 정서가 있었다면 뭐라고 이름 붙일 수 있을까요? 그 바탕 감정은 성인이 된 지금 어떻게 되었을까요? 이러한 감정이 당신의 관계에 어떤 영향을 끼치고 있습니까?

공허감 ☐ 행복 ☐ 외로움 ☐ 두려움 ☐ 분노 ☐
유쾌함 ☐ 수치심(창피함) ☐ 죄책감 ☐ 울분 ☐ 질투 ☐
둔감함(멍한 느낌) ☐ 우울함 ☐ 무력감 ☐ 슬픔 ☐

6. 어린 시절의 부정적 경험이 성인이 된 당신의 성격에 어떤 영향을 끼쳤을까요? 당신의 인간관계에는 어떤 영향을 끼쳤다고 생각합니까? 특히 남들보다 예민하다고 느끼는 부분이 있다면 어떤 상황인가요?

7. 어린 시절에 부모에게 상처를 받았다면 부모는 왜 그렇게 행동했을까요? 당신은 부모의 어린 시절을 알고 있나요? 당신의 부모는 그분들의 부모와 어떤 관계였을까요? 당신의 부모는 어떤 환경에서 어떻게 자랐으며 부모의 부모로부터 어떤 영향을 받았을까요?

8. 당신은 가까운 사람과 갈등이 생기면 어떻게 행동합니까? 회피, 설득, 공격, 차단, 순응, 타협, 그리고 상생 중에서 어떤 방식을 주로 사용합니까? 어린 시절의 경험은 당신의 갈등에 대한 느낌과 대처방식에 어떤 영향을 주었을까요?

9. 역기능적 바운더리의 네 가지 유형 중에 자신은 어떤 유형에 가까운가요? 복수로 답을 해도 됩니다. 그렇게 생각하는 이유는 무엇입니까?

   순응형 ☐   돌봄형 ☐   방어형 ☐   지배형 ☐

10. 지금 가장 가까운 사람과의 관계에서 습관적으로 반복되고 있는 역기능적 관계패턴이 있다면 무엇입니까?

17장

애착손상 치유 연습

●

바운더리를 다시 세우는 것은
단지 울타리를 낮추거나 높이는 것이 아니라
마음의 구멍을 메우는 것부터 시작해야 한다.

●

바운더리를 다시 세워가는 과정은 지난하다. 건강하지 못한 바운더리는 유아동기의 애착손상까지 살펴봐야 할 정도로 뿌리 깊은 역사를 가지고 있기 때문이다. 물론 바운더리에 문제가 생긴 원인이 모두 애착손상이라는 것은 아니다. 유전과 기질, 양육환경, 성장과정 등이 얽혀진 복합적인 결과다. 그리고 청소년기나 성인기의 트라우마 역시 퇴행행동으로 이어져 바운더리에 문제를 일으킬 수 있다. 그러나 이러한 여러 가지 요소 중에서도 애착 트라우마는 자아분화와 바운더리 이상의 가장 중요한 원인이라고 할 수 있다. 나는 비유적으로 애착손상을 '마음의 구멍'이라고 이야기한다. 사랑받지 못했다는 느낌은 마음이라는 그릇에 커다란 구멍을 낸다. 이들의 마음은 늘 허전하고, 그 공허함은 무엇으로도 잘 메워지지 않는다. 바운더리를 다시 세우는 것은 단지 울타리를 낮추거나 높이는 것이 아니라 마음의 구멍을 메우는 것부터 시작해야 한다. 그 구멍은 매우 크게 느껴질 수도 있지만 반대로 잘 느껴지지 않을 수도 있다. 확실한 것은 조금씩조금씩 메워갈 수밖에 없다는 것이다. 그리고 구멍이 조금씩 메워질수록 우리는 자신과 상대 모두에게 친절해질 수 있다.

관계가 달라질 수 있을까?

나이 든 분들이 흔히 하는 얘기 중에 '물건은 고쳐 써도 사람은 고쳐 쓰는 거 아니다'라는 말이 있다. 사람이, 그것도 다 큰 사람이 바뀔 수 있을까? 인간은 과연 스스로 변할 수 있는가? 답은 각자의 삶의 경험과 어떤 사람들과 관계를 맺어왔느냐에 달렸다. 나는 나 자신의 경험, 그리고 내가 상담실과 세상에서 만난 많은 이들을 통해 '사람은 바뀔 수 있다'는 믿음을 갖게 되었다. 물론 조건이 있다.

첫째, 자신에게 반복되는 문제를 자각해야 한다. 문제가 무엇이고 왜 생겨났고 어떻게 나타나고 있는지를 이해해야 한다. 둘째, 의식적인 노력으로 새로운 사고와 행동을 반복해야 한다. 자각은 변화의 시작일 뿐, 의식적인 노력이 지속되어야 한다. 셋째, 간절하고 절박하게 변화를 바라야 한다. 변화의 과정은 저항이 크고 시행착오의 연속이므로 이를 헤쳐나갈 힘이 있어야 한다. 특히 오랜 시간 반복되어온 관계의 틀을 변화시켜나가는 것은 더욱 그렇다. 연애의 경험을 떠올려보라. 친구에게는 먼저 전화하지 않던 사람이라도 애인이 생기면 먼저 연락을 하고 안부를 묻게 된다. 원하는 게 클수록, 더 깊이 사랑할수록 당신은 변화하게 되어 있다. 변화의 욕구가 커지고 사랑이 깊어지면 당신의 틀은 깨어지게 마련이다.

당신은 거절을 잘하고 싶은가? 자신을 솔직하게 표현하고 싶은가? 당신이 거절을 잘 못한다면 당신은 다른 사람과 불편한 관계를 만들고 싶지 않은 욕구를 무척 중요하게 여기는 것이다. 그러나 삶의 어느 순간, 남과 불편함을 만들지 않는 것보다 솔직하게 나를 표현하는 것이 더 중요하다는 사실을 깨달을 때가 온다. 실패하지 않는 것보다 실패하더라도 도전하는 것이 더 가치 있음을 느끼는 순간이 찾아온다. 그 순간 변화가 시작된다.

무언가에 도전하는 사람은 두렵지 않아서가 아니라 두려움보다 더 큰 가치를 만났기 때문이다. 하나를 얻기 위해서는 다른 하나를 내려놓아야 한다. 그러지 않던 사람이 자기 주장을 하면 이전에는 존재하지 않았던 불편, 긴장, 갈등 등이 생겨나게 마련이다. 그러므로 이를 감수할 수 있어야 한다. 불편을 감수할 용기가 있으면 원하는 대로 행동하면 되는가? 그렇다. 그러나 명심할 게 있다. 노력을 하더라도 뜻대로 쉽게 이루어지지 않는다는 점이다. 이것을 인정하지 않으면 당신은 쉽게 허물어진다. 특히 개인에 국한된 문제가 아니라 관계를 변화시키는 노력이라면 더욱더 쉽지 않다. 관계의 변화란 상대를 내 뜻대로 바꾸는 것이 아니라 나를 내 뜻대로 바꿔가는 것임을 놓치지 말아야 한다. 초점은 관계 안에서 '나의 변화'이며 상대의 변화는 기본적으로 내가 통제할 수 있는 게 아니다. 당신이 원하는 관계를 위해 당신의 생각, 태도, 반응 그리고 표현을 변화시키는 것이다.

늘 스마트폰만 들여다보는 남편에게 주말만이라도 가족과 함께 공원에 가자고 요청해보지만 전혀 달라지지 않을 수 있다. 어떤 이들은 화를 낼 수도 있다. "나는 집에서 아무것도 하지 않는 게 휴식이야. 왜 달달 볶아!" 하지만 중요한 것은 상대가 바뀌느냐가 아니라 당신이 원하는 것을 온전히 표현했느냐다. "내가 원하는 것은 일주일에 잠시 동안이라도 가족의 시간을 갖는 거야. 우리가 가족이라는 것을 느끼고 싶어." 물론 여전히 남편의 반응은 냉랭할 수 있다. 하지만 불쾌한 감정을 쏟아낸 것이 아니라 감정 뒤에 감추어진 자신이 원하는 것을 잘 전달했다면 당신은 이미 많은 것을 해낸 것이다. 나머지는 상대의 몫이다. 만약 당신의 표현을 상대가 계속 무시한다면 이제 그 상대를 어떻게 생각할지, 이 관계를 어떻게 할지를 진지하게 고민해야 한다.

과거와 현재의 관계 구분하기

인간관계가 자꾸 꼬이는 것은 과거, 특히 유년기의 관계방식을 지금의 관계에 적용하기 때문이다. 유년기의 관계란 '아이-어른'이라는 일방적인 관계다. 그에 비해 '어른-어른'의 관계는 상호적이다. '아이-어른'의 관계를 '어른-어른'의 관계에 적용하면 많은 문제가 생긴다. 이는 마치 가족 간의 인간관계 방식을 회사의 인간관계에 그대로 적용하는 것과 유사하다. 집에서는 경우에 따라 자신의 일을 대신해달라고 부탁할 수 있지만, 회사에서는 자신의 일은 자신이 책임지고 해야 하기 때문이다.

유년기와 청소년기를 거치며 성숙한 인간관계를 발달시켜온 이들은 유년기의 관계와 성인의 관계를 구분할 수 있다. 그러나 유년기에 미해결된 문제를 많이 가진 채 성인이 된 이들은 이를 혼동한다. 서로 이해하고 책임감을 가지고 관계를 맺어야 하는데도 마치 어린아이처럼 의존하려 하거나 떼를 써서 욕구를 관철시키려 들거나 토라져버리곤 한다. 또는 상대가 큰 소리를 내면 아이처럼 아무 말도 못하고 얼어붙어버리는 경우도 있다. '어른-어른'의 관계에서 '아이-어른'의 관계가 수없이 반복되고 있는 것이다.

한 아이가 성인이 되는 과정에서 가장 어려운 독립의 과제가 있다. 우리는 독립이라고 하면 생활이나 경제적으로 자립하는 것을 떠올리지만, 정말 중요한 것은 정신적 독립이다. 자신의 생각과 욕구를 표현하고, 자신의 가치관에 따라 스스로 결정하고, '아이-어른'이 아니라 '어른-어른'의 인간관계를 맺을 수 있어야 한다.

　어린 시절에 부모와의 관계에서 해결되지 못한 갈등에 얽매이지 않은 채 다른 사람과의 관계를 맺을 수 있는 것을 '갈등적 독립 conflictual independence'이라고 한다. 분리불안, 과잉책임감, 불신, 수치심 등의 갈등 감정에 얽매이지 않고 다른 사람을 대할 수 있는가가 중요한 척도다. 갈등적 독립에서 가장 중요한 것은 '지금의 나'는 '과거의 나'가 아니고, '지금의 상대'는 '과거의 양육자'가 아니라는 점을 인식하는 것이다. 누가 이것을 모르는가! 일반적인 관계에서는 이러한 구분이 잘 된다. 하지만 바운더리에 문제가 있는 사람들은 친밀한 관계가 되면 이러한 구분이 무너진다.

　특히 연애를 하면서 확연하게 드러난다. 본인도 모르게 '지금의 나'는 어느새 '과거의 나'로 돌아가고, '지금의 상대'는 '과거의 양육자'로 돌아가버린다. '어른-어른'의 관계에서는 도저히 바랄 수 없는 비현실적인 기대를 하게 되고, 결핍된 애착을 채우려고 하고, 원시적인 충동과 감정의 소용돌이에 휘말린다. 그러므로 건강하지 못한 바운더리를 다시 세우는 것은 '아이-어른'의 관계를 '어른-어른'의 관계로 바로잡는 일이다.

　민주는 어린 시절 아버지에게 많은 상처를 받았다. 화가 나면 아버지는 자녀들이 있으나 없으나 어머니에게 욕설을 퍼붓곤 했다. 칠순이 넘은 지금도 아버지는 전혀 달라지지 않았다. 민주는 명절 때마다 그런 아버지를 보면서도 아무 말도 못했다. 남동생도 마찬가지였다. 어릴 때 아버지를 말리다가 뺨을 맞기도 하고, 집 밖으로 쫓겨

난 적도 여러 번 있었다. 아버지는 칠순이 넘었지만 민주는 지금도 아버지 앞에서는 집 밖으로 쫓겨나던 초등학교 어린이가 된다. 민주가 아버지의 욕설을 외면하는 것은 아버지가 달라지지 않을 것이라는 체념 때문이 아니다. 체념 뒤에 감추어져 있는 두려움 때문이다. 체념은 여러 번 하소연했는데도 달라지지 않았을 때 느끼는 마음이지만, 민주는 사실 제대로 이야기한 적이 없었다.

내가 물었다. "만일 자녀들이 지금처럼 아버지의 막말을 외면한다면 아버지는 계속 그러실 겁니다. 물론 하지 말라고 얘기하더라도 아무런 변화가 없을 수도 있습니다. 만일 결과적으로 아버지가 전혀 변하지 않는다면, 민주 씨가 아버지에게 욕설하지 말라고 얘기한 것이 무의미한 일일까요, 아니면 그 자체로 의미 있는 일일까요?" 민주는 한참 고민하더니 그 이야기를 하는 것만으로 가치 있다고 말했다. 민주는 아버지가 달라지든 말든 일단 자신이 원하는 것을 표현하는 것에 집중하기로 했다. 그러고는 얼마 후에 고향을 찾았다.

여전히 어머니에게 막말을 하는 아버지를 보면서 망설임 끝에 용기를 내었다. "아버지! 언제까지 이렇게 엄마한테 욕하실 거예요? 어릴 때부터 이러실 때마다 내가 얼마나 힘들었는지 아세요? 아버지는 이런 모습을 보고 있는 자식들 마음이 어떨지 한 번이라도 생각해본 적이 있으세요? 이제 정말 그만하실 수 없어요?" 민주는 순간 감정이 북받쳐 흐느꼈지만 하고 싶은 이야기를 명료하게 전했다.

아버지는 어떻게 나왔을까? 갑작스러운 딸의 반응에 아버지는 무척 당황해했다. 어안이 벙벙하여 멍하니 있다가 방을 나가버리더니 이후로는 딸을 피했다. 민주는 더 험한 일이 벌어질까 봐 두려웠지만 아무 말 없이 서울로 올라왔다. 이후 어머니에게 들은 이야기는 이러했다. "네 아버지가 충격이 컸나 보더라. 예전과 달리 내 눈치를 보고 말도 많이 조심한다." 성격상 미안하다는 말은 하지 않았지만 이후로는 적어도 딸이 있는 자리에서는 말을 조심하게 되었다. 아버지는 딸이 자신 때문에 어른이 된 지금까지도 큰 상처를 갖고 있다는 데 큰 충격을 받았다고 했다. 중요한 것은 상대를 바꾸려는 것이 아니라 내 안의 진실을 이야기하는 것! 그것뿐이다. 용기 있는 행동은 그 자체로 가치 있는 것이지, 그 행동의 결과가 가치를 좌우하는 것은 아니다.

상처로부터 벗어나기를 원하는가?

대개 정신치료를 받는 사람들은 자발적으로 온다. 본인이 고통스럽기 때문이다. 이들은 오래된 문제를 해결해 마음의 고통에서 벗어나기를 바란다. 이것은 꼭 상담실에 오는 사람들만의 이야기가 아니다. 우리는 모두 삶이 긍정적으로 변하기를 바라고 행복하기를 원하지 않는가! 그런데 상담을 하다 보면 내담자들은 거의 대부분 '저항'에 부딪힌다. 고통에서 벗어나지 않으려고 하고 변화하지 않으려는 단단한 마음이 있다. 이러한 강한 저항에 부딪히면 치료는 한 걸음도 앞으로 나아가지 못한다. 오히려 나아졌다가 후퇴하는 일도 벌어진다. 왜 그럴까? 우리는 쓸모는 없지만 오랫동안 지니고 있던 물건을 막상 버리려고 하면 많은 미련이 생긴다. 추억이 깃든 물건일수록 마치 나의 일부라도 되는 것처럼 버리기가 힘들 수 있다.

물건이 그런데 사람은 오죽하겠는가! 인간이 사회적 존재일 수 있는 까닭은 사회적 고통을 크게 느끼기 때문이다. 가까운 사람과 헤어지거나 집단에서 배제되는 데 따른 고통은 여느 신체적 고통에 비할 바가 못 된다. '슬픔' '애도' '비탄' '고립감' '외로움' 등은 단절과 상실에 따른 감정들이다.

마음도 마찬가지다. 나와 함께해왔고 나에게 익숙한 모든 것에 우리는 친밀감을 느끼지만, 그중에서도 마음은 친밀감을 넘어 정체성을 이룬다. 치유되지 않은 애착손상을 가진 이들은 오랜 기간 동안 만성적인 불안, 절망감, 울분, 슬픔, 무력감, 복수심 등의 바탕감정을 지니고 있다. 이러한 감정들은 유쾌한 감정이 아니지만 자기정체성의 핵을 이루는 가장 익숙한 감정들이다. 우리는 자기존중감을 흔히 '인지적 차원'의 문제라고 생각한다. '나는 괜찮은 사람이다' '나는 가치 있는 사람이다'라는 말로 표현되다 보니 이를 생각처럼 느끼는 것이다. 그러나 자존감은 인지 이전에 감정의 문제다. 자기 내면의 바탕감정이 자기존중감의 핵을 이루는 것이다. 따라서 이 바탕감정을 다루지 않은 채 인지적으로 자기가치감을 높이는 것은 표면적인 변화에 불과하다. 그렇다고 모든 애착손상이 바운더리를 훼손시키는 것은 아니다. 애착손상은 보편적으로 일어나는 일이다.

문제는 치유되지 못한 애착손상이다. 그 누구에게도 이해받지 못하고 스스로도 처리할 수 없었던 고통스러웠던 감정들은 고스란히 마음에 응어리가 되어 자기정체성의 핵이 된다. 치유되지 못한 애착손상을 가진 이들에게 공포, 울분, 슬픔, 절망감, 수치심, 무력감, 복수심 등은 힘들면서도 너무나 익숙하다. 이들은 오랜 시간 동안 이러한 감정에 사로잡혀 있었기 때문에 따뜻한 느낌과 유쾌한 감정에 강한 이질감을 느낀다. 당황해하고 불편해하며 때로는 이를 밀어낸다. 자기정체성과는 다른 이질적 감정이기에 자신이 마치 다른 사람처럼 느껴지기 때문이다.

그러므로 이들은 혼란을 겪는다. 안 좋은 감정에서 벗어나고 싶으면서도 좋은 감정을 받아들이지 못한다. 과거에서 벗어나고 싶으면서도 벗어나고 싶지 않은 딜레마에 놓인다. 익숙한 감정에서 벗어나는 것 자체가 마치 자신이 해체되거나 붕괴되는 듯한 기이한 느낌을 만들어내기 때문이다. 그래서는 안 될 것 같기도 하고, 강한 상실감을 유발하기도 한다. 핵심 감정에서 벗어나 좋은 감정을 받아들인다는 것 자체가 이들에게는 자기를 부정하는 것 같고 마치 남의 옷을 입는 것 같은 불편함을 준다. 이들은 과거의 감정과 과거의 관계 방식 안에서 묘한 편안함을 느낀다. 머리로는 바뀌어야 한다는 것을 알지만 핵심 감정을 담고 있는 가슴은 강력히 저항하는 것이다. 따라서 바운더리를 다시 세우는 데 인지적 접근은 한계가 있다.

이들은 무엇보다 애착 트라우마를 반드시 치유해야 한다. 애착손상과 관련된 핵심 감정과 상처받은 채 마음속에 웅크리고 있는 어린 자기를 제대로 치유하지 않고서는 건강한 바운더리를 세울 수 없다. 반복된 애착손상으로 인한 응어리진 감정들을 전문가의 도움을 받아 안전한 환경에서 재경험함으로써 그 감정에 엉겨붙어 있는 이미지, 감각, 생각들을 하나하나 해체해야 한다. 그리고 이러한 심리적 손상이 자신의 발달과 대인관계에 어떤 영향을 주었는지를 입체적으로 이해할 수 있어야 한다. 이를 통해 애착 트라우마로 인해 분리된 신경계를 통합하고, 과각성된 스트레스 반응체계를 안정시켜야 한다. 또한 과거의 시간을 현재와 통합하여 새로운 정체성을 만들어가야 한다.

나를 위로하는 능력

지면상 애착 트라우마 치유 과정을 다 이야기할 수는 없지만, 자기치유에서 가장 중요한 한 가지를 이야기하고자 한다. 바로 '자기위로'의 기능을 발달시키는 것이다. 우리는 사랑하는 사람이 고통스러워하는 모습을 보면 안타까움을 느끼고, 그 고통을 함께하려고 하고, 위로하려고 한다. 우리 안에 '연민'이라는 감정이 있기 때문이다. 인간이 고도의 사회적 존재가 될 수 있었던 것은 이 연민이라는 은혜로운 감정 덕분이다.

그렇다면 그 사회적 감정을 자신에게도 느낄 수는 없을까? 사랑하는 사람의 고통을 대하듯이 자신의 고통을 대할 수는 없을까? 아이들은 고통을 느끼면 누군가로부터 위로를 받아야 하지만 성숙한 어른은 고통을 느낄 때 스스로를 위로할 수 있는 능력, 즉 정서적 자율성을 갖고 있다. 정서적 자율성은 사실 건강한 아이에게도 있다. 앞에서 대상항상성의 중요한 기능 중 하나가 '위안의 내재화'라고 했다. 대상항상성이 생기면 아이는 엄마가 보이지 않아도 잠시 동안 '괜찮아. 엄마는 내가 부르면 금방 달려올 거야'라며 스스로를 달랠 수 있다. 짧은 시간이지만 아이가 스스로를 다독이는 것이다.

자기 마음을 진정시킬 줄 안다는 것! 그것은 바운더리가 건강한 사람들이 가지고 있는 기능이다. 이들은 스스로 자신의 감정을 조절하고 고통을 위로하는 능력이 있다. 이들은 다른 사람의 고통을 외면하지 않는 것처럼 자신의 고통 역시 외면하지 않기 때문이다. 이들은 타인에 대한 연민뿐 아니라 '자기연민'을 가지고 있다. 연민은 성숙한 감정이다. 연민은 동정과 다르다. 연민은 고통받는 상대를 불쌍하게 보고 도와주려는 동정이 아니라, 안타깝게 느끼고 그 고통과 함께하려는 연대의 마음이다. 자기연민은 자신을 세상에서 제일 불쌍한 사람처럼 여기고 그 고통 속에 갇혀 아무것도 하지 않는 것도 아니고, 자기를 혐오하고 비난하며 고통을 증폭시키는 것은 더욱 아니다. 자기연민은 자신의 고통과 불행을 안타까워하며 자신에게 위로를 건네는 따뜻한 마음이다. 자기연민은 자기사랑과 자존감에 없어서는 안 될 감정이다. 왜 그럴까? 우리는 살아가면서 고통과 좌절을 결코 피할 수 없기 때문이다.

한 인간의 진면목은 평소 모습이 아니라 힘들 때 드러난다. 자존감과 자기애 역시 마찬가지다. 평소에는 진정한 모습을 알 수 없다.

삶이 뜻대로 되지 않을 때, 누군가에게 상처받을 때 그 고통 속에 있는 자신을 어떻게 대하느냐가 그 사람의 진짜 모습이다. 진짜 자신을 사랑하고 자존감이 높은 사람은 고통 속에 있는 자신을 돌볼 수 있다. 사람들은 단지 고통이 크기 때문이 아니라 고통에 빠진 자신을 위로하는 기능이 발달하지 못했기 때문에 상담실을 찾는다. 회피는 그나마 나은 편이다. 많은 이들은 고통당하고 있는 자신에게 위로는커녕 비난을 퍼붓는다. 자기연민의 감정이 아니라 자기혐오의 감정을 느끼기 때문이다. 과분화 유형이라면 그 고통을 다른 이에게 떠넘긴다. 이들은 모두 자신의 고통을 위로하는 능력이 형편없다.

우리는 자기위로를 배워야 한다. 고통스러울 때 자신이나 상대를 비난하는 대신에 자신에게 친절을 베풀 수 있는 태도를 배워나가야 한다. 너무 아득하게 느껴질지 모르겠지만 좀 더 실현 가능한 목표를 가지면 된다. 자신을 위로해본 적이 한 번도 없었다면 일단 자신에게 안 좋은 일이 벌어질 때 열에 한 번이라도 위로를 건네보자. 여기에서 간단한 자기위로의 방법을 소개하고자 한다.

자기위로는 평소에 훈련해두어야 한다. 그래야 고통스러운 상황이 닥쳤을 때 꺼내어 쓸 수 있다. 평소에 소방훈련을 해두어야 실제 불이 났을 때 소화기를 들고 불을 끌 수 있는 것과 같다. 잠들기 전, 출퇴근길 등 일정한 시간에 잠시 할 수도 있고, 문득문득 생각날 때마다 해도 된다. 나의 경우에는 길을 걸을 때 자주 한다. 얼마나 해야 하는가? 어디서 해야 하는가? 정답은 없다. 어디서든 자주 할수록 좋다. 일상에서 자신에게 따뜻한 관심을 조금씩 기울이면 축적효과를 발휘해 어느 순간 안 좋은 일이 닥쳤을 때 자신도 모르게 스스로에게 위로를 건네는 자신을 발견할 것이다.

자기위로 훈련 방법은 자신에게 따뜻한 미소와 따뜻한 말 한마디를 건네는 것이다. 지금의 자신에게 건네도 좋고, 내면의 상처받은 아이에게 건네도 좋다. 내면의 상처받은 아이를 치유하는 과정에서 많은 사람들이 이미지로 과거의 모습을 떠올린다. 창문 밖을 멍하니 바라보는 모습, 부들부들 떨고 있는 모습, 방구석에 웅크리고 앉아 있는 모습, 학교 운동장이나 놀이터 구석에 앉아 있는 모습 등 어떤 사실적인 장면일 수도 있고, 황량한 들판에 혼자 서 있는 모습처럼 상징적인 이미지일 수 있다.

자기위로 훈련의 첫 번째는 '따뜻한 미소'를 보내는 것이다. 눈을 감고 '나를 향한 미소!'라는 말을 떠올려보라. 그러고 나서 잠시 나에게 미소를 지어보라. 어떤 느낌이 드는가? 내가 이런 시도를 하게 된 계기가 있다. 내가 잘 안 되는 것 중의 하나가 카메라 앞에서 웃는 것이다. 인터뷰를 할 때 카메라 작가가 웃어보라고 하면 참 곤혹스러웠다. 어떻게든 웃어보려고 하지만 억지로 웃을 때가 많았다. 시간이 지나도 나아지지 않았다. 그러던 어느 날, 누군가를 위해서 미소를 짓기보다 나 자신에게 미소를 짓는다고 상상해보았다. 훨씬 잘 됐다. 그것이 계기가 되어 이후로는 때때로 나를 향해 미소 짓게 되었다. '내가 나를 향해 웃는 것!'은 내가 자기친절과 자기위로 능력을 향상시키는 데 큰 힘이 되었다. 작은 미소가 쌓이자 나도 모르게 나 자신에게 따뜻한 주의를 기울일 수 있게 되었다. 그리고 자존감 워크숍이나 치유걷기 프로그램에서 많은 이들과 함께 해오면서 그 실천적 위력을 느끼게 되었다. 이제 당신도 시도해보고 어떤 일이 벌어지는지를 지켜보기 바란다.

두 번째는 '따뜻한 말 한마디'를 건네는 것이다. 평소 특별한 일이 없더라도 자기친절의 문구를 자신에게 건네는 것이다. 이왕이면 말만 건네기보다 몸과 접촉하면서 이야기해주는 것이 더 좋다. 이동할 때에는 한 손을 심장이 뛰는 가슴에 대고 하면 된다. 정지된 상태라면 양팔로 어깨를 감싸고 해주면 좋다. 문구를 직접 만들어서 해도 좋고, 아래 두 문장을 따라 해도 좋다.

'내가 힘들 때조차 나에게 친절할 수 있기를!'
'내가 평화롭기를!'

이왕이면 자신에게 위로가 될 문구를 직접 만들어보도록 하자. 다만 '~해야 해'와 같은 의무형 문장보다는 '~하기를!'과 같은 소망형 문장이 좋다. 언젠가 시간에 쫓겨 산에서 급하게 내려올 때의 일이다. 빠르게 걷다가 나뭇가지에 긁혀 팔에서 피가 났다. 순간 부주의한 나 자신을 책망하는 마음이 일어났다. 그러나 곧이어 나도 모르게 자기위로의 문구가 흘러나왔다.

'내 마음이 평화롭기를……'
'내가 바쁠 때조차 나를 잘 돌볼 수 있기를……'

18장

바운더리를 세우는
자기표현 훈련 P.A.C.E.

●

자기표현의 핵심은 감정을 표출하는 것이 아니라

감정에 담긴 욕구, 즉 원하는 것을 표현하는 것에 있다.

●

어떻게 해야 바운더리가 건강해질까? 바운더리를 건강하게 다시 세운다는 것은 '나도 존중하고 상대도 존중하는 상호존중의 태도'로 인간관계를 맺는 것을 말한다. 그 핵심은 습관적으로 반응하는 것이 아니라 의식적으로 반응하는 것이다. 이를 위해 필요한 것은 세 가지다. 첫째, 감정과 이성을 연결시키는 것, 둘째, 자신의 욕구를 파악하는 것, 셋째, 상대의 마음을 헤아리되 솔직하게 표현하는 것이다. 바운더리를 다시 세우려면 어린 시절부터 몸에 밴 습관을 바꾸어야 하기 때문에 참 어렵다.

서양 심리학에서는 바운더리를 세우는 것을 '자기주장self-assertion'이라는 용어로 표현한다. 실제 이러한 훈련 프로그램이 많이 계발되어 있다. 그러나 동양문화에서 이 용어는 조금 공격적인 느낌을 준다. 공격적 자기주장과 능동적 자기주장으로 구분하기는 하지만 사실 얼마나 차이가 있는지 잘 모르겠다. 이 책에서는 자기주장 대신에 자기표현이라는 용어를 사용했다. 자신의 생각이나 욕구를 불안감이나 죄의식 없이 이야기하는 것 못지않게 다른 사람을 존중하는 것 또한 중요하기 때문이다.

물론 자기주장이든 자기표현이든 자신의 마음을 솔직히 드러내는 것은 분명히 위험성을 내포한다. 득과 실이 함께 있는 것이다. 무엇보다 상대의 기분이 상할 수 있고, 그로 인해 관계가 불편해질 수 있다. 때로는 그 불편함이 일시적이 아니라 지속될 수도 있다. 그러나 자신과 상대를 존중하면서 자신을 표현한다면 실제 그 위험은 예상보다 적다. 그럼 득은 무엇인가? 무엇보다 자신을 지키고 돌볼 수 있다. 자기표현을 하면 불안과 긴장이 점점 줄어든다. 더 나아가 자기표현을 하면 할수록 자신을 좋아하게 된다. 자존감이 높아야 자기표현을 잘하는 게 아니라, 자기표현을 잘하다 보면 자존감이 높아지는 것이다.

자기주장 훈련 전문가인 허버트 펜스터하임Herbert Fensterheim은 "자신을 표현할 수 있는 정도가 자존감의 정도를 결정한다"라고 말했다. 놀라운 사실은 자기표현을 잘할수록 다른 사람들 또한 당신을 좋아한다는 사실이다. 그러므로 자기표현을 해서 많은 것을 잃을까 봐 걱정하지 않아도 된다. 정말이다. 게다가 가장 좋은 점은 자기다운 삶을 살게 된다는 사실이다. 자기표현은 단지 거절이나 부탁에 머무르는 것이 아니라 자기 삶의 근원적 욕구를 찾고 이를 표현하는 것으로 확장된다. 당신은 무엇을 선택할 것인가?

이번 장에서는 자기표현을 통한 바운더리를 세우는 것에 대해 구체적으로 이야기하고자 한다. 자기표현 훈련은 여러 단계로 나누어 익히는 '분절分節학습'이 효과적이다. 마치 체조와 같다. 체조는 처음에는 여러 개의 동작으로 나누어 한 동작 한 동작 몸에 익히고, 이후에 연속동작을 익히는 것이 효과적인 훈련법이다. 나는 '바운더리를 다시 세우는 자기표현 훈련'을 위해 기계적이지만 'Pause멈춤-Awareness자각-Control조절-Expression표현'의 네 단계로 구분해보았다.

자기표현이 중요하다고 해서 모든 상황에서 자기표현을 앞세워야 하는 것은 아니다. 자기표현은 상황에 맞게, 특히 중요한 상황에서 하는 것이다. 때로는 침묵하는 것이 가장 현명할 때가 있고, 지는 것이 이기는 것일 때도 있음을 잊지 말아야 한다. 자기표현 훈련의 네 단계를 요약하면 다음과 같다. 먼저 자동적인 반응을 멈추고, 다음으로 감정과 욕구, 책임을 자각하고, 그다음으로 안팎의 상황을 파악하고, 마지막으로 솔직하지만 절제된 표현을 하는 것이다.

1단계. 일단 멈춤Pause
_멈추고 자동반응을 보류하는 연습

"네! 알겠습니다.""네. 그렇습니다.""네. 시정하겠습니다!"이런 말은 어디서 쓰는 용어일까? 맞다. 군대에서 쓰는 용어다. 군대는 어느 곳보다 상명하복이 강조되는 집단이다. 우리나라처럼 권위적인 집단주의 문화가 강한 군대는 말할 나위 없다. 권위적 군대문화에서는 생각하기 전에 말이든 행동이든 바로 나와야 한다. 바운더리가 건강하지 못한 사람들의 관계양상이 그렇다. 이들은 인지의 뇌와 감정의 뇌가 연결되어 있지 않아 자동반응의 비율이 높다. 생각하고 반응하는 것이 아니라 반응부터 하고 보는 것이다. 바운더리의 유형에 따라 자동반응 양상은 다르다.

'순응형'은 누가 부탁하면 자기 감정이나 상황을 고려하지 않고 알았다는 대답부터 하기 쉽다. '방어형'은 반대로 누군가 접근해오면 그것이 관심인지 간섭인지 구분해볼 겨를도 없이 "싫어""안 돼"라고 반응하기 쉽다. '돌봄형'이나 '지배형'도 다르지 않다. 이들은 상대의 마음을 살피거나 동의를 거치지 않고 쉽게 상대의 영역을 침범한다. "그거 틀렸어. 왜 그렇게 생각해?"하며 일방적으로 자기 주장을 펼치거나 "이렇게 해보라니까"하고 상대가 원치 않는 조언이나 도움을 줄 때가 많다. 특히 지배형은 누군가 자신의 견해와 다른 생각을 이야기하면 순간 표정이나 눈빛, 말투가 변하면서 신경질적이거나 공격적인 반응을 보이기 쉽다. 자신을 무시하거나 자기에게

도전한다고 느끼는 것이다. 이런 반응은 그 의도와 상관없이 자신과 상대 모두를 힘들게 하여 갈등을 빚는다.

이들의 반응은 제각각이지만 공통점이 있다. 첫째, 이러한 반응이 습관적이고 자동적으로 이루어진다는 점이다. 둘째, 이들은 하나같이 자기가 느끼고 생각하는 것을 사실로 받아들인다. 내가 거절하면 상대는 틀림없이 상처받을 것이고, 내가 이렇게 해주면 상대의 기분이 좋아질 것이며, 상대가 다가와서 기분이 나빴다면 그것은 상대가 나를 이용하려 했기 때문이고, 내가 무시당했다고 느꼈다면 상대는 실제로 나를 무시한 사람이 된다. 자기가 느끼고 읽은 것이 사실과 거리가 멀 수 있다는 생각을 하지 못한다.

바운더리를 다시 세우는 작업은 이러한 자동적인 반응을 줄이고 의식적인 반응을 늘려나가는 것에서 시작한다. 처음에는 자동반응을 멈추는 연습이 필요하다. 말 그대로 'STOP!'이다. 멈추고 관찰하는 것, 즉 '판단과 반응의 보류'가 필요하다. 나는 무엇을 원하는지, 내가 느끼는 것이 사실인지, 상대는 나를 무시한 것인지 아닌지, 상대는 나의 도움을 필요로 하는 것인지 등을 확인해봐야 한다. 대화 도중에 느닷없이 멈추고 가만히 있으라는 것이 아니다. 자동반응을 멈춘다는 것은 질문과 대화를 좀 더 나누는 것으로 이어진다.

순응형을 예로 들어 이야기를 풀어보자. 상사에게 "김 대리! 이것 좀 해줘" 아니면 친구에게 "지금 좀 나와봐!"라는 요청을 받았다고 해보자. 이 말에는 사실 무슨 일을 나에게 맡기려는지, 무슨 일 때문에 보자고 하는지 구체적인 내용이 빠져 있다. 순응형은 이런 경우 전후사정을 생각해보지 않고 "네!"라고 자동반응을 해서 종종 애를 먹는다. 이럴 때 먼저 대답하는 것이 아니라 "무슨 일인데(요)?"라고 물으면서 대화를 좀 더 해볼 필요가 있다.

자동반응을 멈추기란 생각처럼 쉽지 않다. 자동 기어장치의 자동차를 운전하다가 수동 기어장치의 자동차를 운전하는 것과 다르지 않다. 많은 에너지와 시간, 기술이 필요하다. 생각해보라. 우리 주위에 습관적 과속운전자가 많다. 이들은 급할 때와 급하지 않을 때를 구분하지 않는다. 학교 앞 도로에 속도제한 표지판이 보여도 속도를 줄이지 않는다. 이들이 과속하는 습관에서 벗어나 안전운전을 하겠다고 결심하는 계기는 '사고'라는 불행한 사건일 때가 많다. 그러나 이때에도 의식적으로 주의를 기울이지만 잘 되지 않는다. 습관적인 과속을 인지하고 속도를 줄이는 훈련을 충분히 하지 않고서는 안전운전을 할 수 없다.

바운더리에 문제가 있어 자신을 돌보지 못했거나 다른 사람에게 상처를 주어왔다는 것을 의식했다면 이제 주의를 기울여야 한다. 자신도 모르게 액셀러레이터 위에 있는 발을 내려놓아야 한다. 더 큰 사고가 벌어지기 전에 말이다. 훈련된 마음이란 자동반응하지 않는 것, 즉 멈출 수 있는 마음이다. 우리는 종이 울리면 침을 흘리는 실험실의 개로 살아가기를 원치 않으니까.

2단계. 알아차림Awareness
_내 감정과 욕구 그리고 책임 알아차리기

우리가 다른 사람과 교류하면서 습관적인 반응을 멈추는 이유는 명확하다. 건강한 관계를 위해서다. 멈추고 나면 무엇을 해야 할까? 운전하다가 횡단보도가 나오면 일단 멈추고 보행자가 지나가는 것을 확인해야 한다. 보행 중에 횡단보도를 건널 때면 일단 멈춰 서서 차가 오는지 좌우를 확인하고 건너야 한다. 이유 없는 멈춤은 오래가지 못한다. 이유가 명확하고 뒤를 이어 해야 할 행동이 뚜렷할수록 더 잘 멈춰 설 수 있다.

멈춰 섰다면 가장 먼저 '자신의 감정과 욕구를 알아차려야' 한다. 나의 감정을 잘 알아야 바운더리의 경계를 열 수도 닫을 수도 있으며, 상대에게 더 다가갈 수도 거리를 둘 수도 있다. 그렇다면 우리는 자신의 감정을 어떻게 잘 알아차릴 수 있을까? 그 해답은 자신의 몸, 좀 더 정확히는 몸의 지각perception에 주의를 기울이는 것이다. 감정은 마음으로 나타날 텐데, 왜 몸일까? 우리가 느끼는 감정이란 일차적으로 신체감각을 통해서 나타나기 때문이다. 여기서 말하는 신체감각이란 외부세계를 느끼는 시각과 청각 같은 외부감각exteroception을 말하는 것이 아니라 몸의 열감, 심장박동, 호흡, 어지러움, 통증, 근육의 경직감 등 몸을 느끼는 내부감각interoception을 가리킨다.

우리 마음은 몸과 연결되어 있다. 감정도 마찬가지다. 자신의 감정을 잘 알지 못한다면, 이는 감정과 관련된 몸의 느낌을 잘 인지하지 못하고 분류하지 못한다는 얘기다. 우리는 감각이 있기 때문에 감정을 느낄 수 있다. 신체감각을 동반하지 않는 감정은 감정이 아니라 생각이다. 화가 났는데 신체적으로 아무 느낌이 없다면 화를 내야겠다고 '생각'한 것이다. 바늘 가는 곳에 실 가듯 감정이 일어날 때에는 감각이 느껴진다. 그러므로 몸의 감각이란 자아의 더듬이와 같으며, 자기를 이해하는 가장 기본 통로다.

몸의 감각을 통한 감정의 지각은 메시지를 담고 있다. 감정에 신호 기능이 있는 셈이다. 아주 단순하게 이야기하면 불안은 위험을 의미하고, 즐거움은 보상을 의미한다. 앞에서 우리는 바운더리의 가장 중요한 기능 중 하나가 자기보호라고 했다. 그렇기에 우리의 바운더리에는 알람 기능이 있다. 누군가와 관계를 맺을 때 불쾌하거나 위험한 자극이 주어지면 바운더리에서 알람이 울리는 것이다. 그 알람은 신체감각을 거쳐 전달된다. 그런데 바운더리가 건강하지 못한 사람들은 이 알람 기능에도 문제가 있다. 바운더리 센서가 너무 예민하거나 너무 둔감하다. 온도가 기준점을 넘어섰는데도 울리지 않거나, 기준점 근처에도 못 갔는데 마구 울려대는 고장난 화재경보기와 비슷하다. 순응형이나 돌봄형과 같은 미분화 유형은 바운더리의 센서가 둔감한 경우가 많다. 이들은 참는 것도 잘하지만, 사실 자신이 힘들고 불편하다는 것을 잘 느끼지 못할 때도 많다.

예를 들어보자. 누군가 잠을 자야 할 너무 늦은 시간에 반복해서 전화를 하거나, 빌린 돈을 갚지 않고 또 돈을 빌려달라고 하거나, 하지 말라고 했는데도 다른 사람 앞에서 나의 약점을 자꾸 들추어내거나, 내 이야기를 들으려 하지 않고 일방적으로 자기 말만 하려고 한다면 알람이 울려야 한다. 자신의 바운더리가 존중받지 못하고 반복적으로 침해당하고 있기 때문이다. 그 알람은 불쾌감, 불안, 짜증, 언짢음, 분노 등의 감정들로 지각된다. 이러한 감정들은 분명 신체적인 감각을 통해 전달된다. 머리가 아프거나, 심장이 두근거리거나, 가슴이 답답하거나, 열감이 느껴지거나, 어깨가 굳는 것을 느낄 수도 있다.

그러나 미분화 유형들은 그 감각을 잘 느끼지 못하거나 느끼더라도 자명종처럼 후다닥 끄고 만다. 왜 그럴까? 이들은 이러한 감정들을 관계에서 '안 좋은 것' 또는 '해로운 것'이라고 인식하기 때문이다. 그래서 '좋은 사이에서는 이런 불편함을 느껴서는 안 돼!' '이런 감정을 느끼는 것은 관계에 좋지 않아!' 하며 스스로 알람을 무디게 만든다. 이들은 불편함을 해소하기보다 참는 데 익숙하다. 그러한 불편함이 관계에 위험하고 방해된다는 생각밖에 할 줄 모르기 때문에 상대는 더욱더 자신의 문제를 감지하지 못한다.

반대 상황도 있다. 과분화 유형은 알람이 예민한 경우가 많다. 이들은 실제 위험보다 과장되게 알람을 울린다. 상대는 관심을 가지고 접근하는데도 간섭하거나 휘두르려 든다고 조기경보를 울리거나, 상대가 자기 생각을 이야기한 것뿐인데 자신을 공격한다고 느껴 과잉대응하기 쉽다. 이들이 겉으로 드러내는 것은 짜증이나 화다. 이들은 실제로 화와 관련된 신체감각을 느끼기도 한다. 눈이나 몸에 힘이 들어가고, 뒷목이 뻐근하고, 열감이 느껴질 수 있다.

하지만 그 감각과 감정을 세심하게 들여다보면 겉으로 드러난 게 핵심이 아닐 수 있다. 겉으로는 심하게 화를 내지만 이들이 정작 일차적으로 느낀 감정은 다를 수 있다. 방어형은 겉으로 화를 내거나 까칠하게 반응하지만 사실 상대의 접근에 의해 자아가 무너지거나 휘둘릴까 봐 두려움을 느낀다. 그에 비해 지배형은 상대가 자신의 생각을 이야기하거나 하고 싶은 행동을 한 것만으로도 자신을 무시했다고 생각해 수치심이나 모멸감을 느낀다. 그래서 엄청난 분노와 공격성을 드러낼 수 있다. 다른 사람들은 이들이 왜 이러는지 도무지 이해하기 힘들다.

감정을 느끼는 것은 중요하다. 그렇다고 작은 감정까지 예민하게 잘 느끼는 것이 중요하다는 말은 아니다. 잘 느끼는 것을 넘어 잘 알아야 한다. 감정을 몸으로 느끼는 것이 지각perception이라면, 이 감정이 무엇이고 왜 느껴지는지를 이해하는 것은 자각awareness, 즉 알아차림이다. 그러므로 감정을 안다는 말은 몸으로 감정을 느끼고, 그 감정에 이름을 붙이고, 그 감정에 담긴 메시지를 읽어내는 것이다. 그것이 이성과 감정의 만남이며 몸과 마음의 연결이다. 바운더리가 건강하지 못한 이들은 여기에 결함이 있다. 감정을 잘 느끼지 못하거나 너무 예민하게 느끼는 것은 물론, 감정을 구분하고 분류할 줄 모른다.

감정을 인식하는 것은 두 가지 측면에서 중요하다. 첫째, 감정을 알려고 하는 것 자체가 감정조절에 도움이 된다. 자신이 어떤 감정을 느끼고 있고, 그 감정이 무엇인지를 관찰하는 것만으로도 감정의 브레이크 역할을 하는 전전두엽과의 연결을 활성화시켜 감정조절에 도움이 된다. 핵심은 통제하는 것이 아니라 관찰하는 것이다. 아주 간단하게는 자신이 지금 느끼는 감정이 무엇인지를 생각해보고 '나는 지금 짜증이 나' '나는 지금 불안해' '나는 지금 우울해'라는 식으로 감정에 이름을 붙여준다. 익숙해지면 난이도를 높여 이름을 붙인 감정에 강도에 따라 점수를 준다. 가령 10점으로 수량화하여 강도를 표현해주는 것이다. '나는 지금 5점 정도 짜증이 나' '나는 지금 3점 정도 불안해'라며 혼자말로 이야기한다.

더 좋은 것은 자신의 감정과 함께 일어나는 감각을 찾아보고 그 감각에 이름을 붙여보는 것이다. 예를 들어, 아내가 처가 식구들 모임에서 가정문제를 이야기하고 있어서 화가 난다고 해보자. 아내가 처가 식구들 앞에서 당신을 비난하고 있다고 느꼈을 수 있다. 이때 무작정 화를 참기보다 그 화가 몸의 어디에서 느껴지는지 가만히 살펴보는 것이다. 안면근육이 굳어지고, 얼굴에 열감이 느껴지고, 턱관절에 힘이 들어갔다고 해보자. 그렇다면 그대로 이름을 붙여주는 것이다. '나는 지금 안면근육이 굳어지고, 얼굴에 열감이 느껴지고, 턱관절에 힘이 들어가고 있어. 나는 지금 화가 나'라고 하는 것이다.

이렇게 의도적으로 자신의 감정 경험을 관찰하며 이름을 붙이면, 그 감정에 휩쓸리지 않고 한 발짝 뒤로 물러서서 바라보는 힘이 생긴다. 그것이 바로 자기조절력이다.

둘째, 감정을 정확히 알수록 욕구 또한 명료해진다. 감정에는 신호 기능이 있어 지금의 상황에서 자신이 무엇을 느끼고 무엇을 원하는지 알려준다. 친구가 아무 연락 없이 집에 찾아와서 당혹스럽고 기분이 상했다면 당신이 원하는 것은 명료하다. 집에 오지 말라는 것인가? 아니다. 미리 양해를 구하고 찾아오기를 바라는 것이다. 그것을 어떻게 이야기하느냐는 그다음 문제다. 애인이 자신이 있는 데서 자신의 친구와 어깨를 툭툭 치며 다정하게 이야기 나누는 모습을 보고 당신이 너무 화가 났다고 해보자. 왜 화가 났는지를 생각해보면 감추어진 감정과 좌절된 욕구를 찾을 수 있다. 질투의 감정과 함께 무시당했다는 느낌이다. 그렇다면 당신이 원하는 것은 무엇일까? 애인과 헤어지는 것? 아니다. 아무리 친구라도 선을 넘지 않도록 조심하고, 더 중요하게는 자신을 존중해주는 것이다.

우리가 받아들이기 힘든 감정은 늘 감춰지기 쉽다. 감정에는 1차 감정과 2차 감정이 있다. 1차 감정을 받아들이기 힘들면 2차 감정은 1차 감정을 감추는 방어적인 감정이 된다. 분노는 본인도 모르게 어떤 감정을 감추는 2차 감정일 수 있다. 2차 감정은 자신의 욕구까지 왜곡시킨다. 자신을 사랑해주거나 존중해주기를 바라면서도 아예 관계를 끝내자고 하거나 상대에게 고통을 주는 식으로 표현될 수 있기 때문이다. 그러므로 감정을 잘 알아야 욕구를 잘 알 수 있다. 바로 앞에서 예로 든 남편의 경우를 보자. 아내가 친정 식구들 앞에서 가정문제를 이야기해서 화가 난 남편이 원하는 것은 무엇인가? 다른 사람들 앞에서 상대를 비난하는 이야기는 하지 말자는 것이다. 그리고 더 중요한 욕구는 가정문제는 부부끼리 풀어가자는 것이다. 자기표현의 핵심은 감정을 표출하는 것이 아니라 감정에 담긴 욕구, 즉 원하는 것을 표현하는 데 있다.

미분화 유형의 가장 큰 문제는 경계의 혼란이다. 이는 책임 문제에서 여실히 드러난다. 이들의 혼란은 책임의 '개인화personalization'라는 문제에서 온다. 관계에서 문제나 갈등이 생기면 이들은 일차적으로 그 책임이 자신에게 있다고 느낀다. 어떤 교통사고에서도 한쪽의 과실이 100퍼센트인 경우는 없다. 모든 과실은 쌍방과실임에도 이들은 모든 책임이 자신에게 있다고 느낀다. 순응형이 그 문제의 원인이 자신에게 있다고 느끼는 쪽이라면, 돌봄형은 그 문제를 해결할 책임이 자신에게 있다고 느낀다. 자신이 책임져야 할 몫까지 상대 탓을 하는 과분화 유형들에게 미분화 유형은 천생연분일 수밖에 없다. 탓을 하면 하는 만큼 상대가 그것을 받아들이기 때문이다. 그렇기에 '과잉책임-무책임'의 악순환은 반복된다.

미분화 유형에게 필요한 것은 책임감 있는 태도나 행동이 아니라 그 책임감이 과연 적절한지를 살펴보는 것이다. '내가 지금 느끼는 이 책임감은 적절한가?'라고 물어야 한다. 과분화 유형도 마찬가지다. 관계의 문제가 일방적으로 상대 때문이라고 느끼고 화를 내는 것이 과연 적절한지 물어야 한다. 관계의 문제를 늘 상대 탓으로 투사하는 자동반응을 멈추고 자신의 책임을 되돌아보아야 한다. 그러나 안타깝게도 과분화 유형에게는 자기성찰 능력이 부족하기 때문에 공감과 자기성찰에 관한 별도의 학습과 수련 과정이 필요하다.

3단계 조절Control
_상황과 상대에 따라 자신의 반응 조절하기

인간관계에는 정답이 없다. 똑같은 상황이라도 시기나 상태에 따라 다르게 반응할 수 있다. 각자 처한 상황과 마음이 유동적이기 때문이다. 인간관계에서 우리의 반응은 그때그때 달라야 한다. 우리는 나와 상대, 그리고 상황에 따라 자신의 반응을 조절할 필요가 있다. 상대와의 관계에 따라 나눌 수 있는 대화의 내용과 솔직함의 정도도 달라져야 한다.

조절의 첫 단계는 나의 상태나 상황에 따라 한계를 조절하는 것이다. 지난주에는 친구랑 새벽까지 대화를 나누어도 별 문제가 없었지만 오늘은 한 시간도 안 되어 피곤해질 수 있다. 지난번에는 금전적 여유가 있어 애인에게 비싼 선물을 해줄 수 있었지만 지금은 그러지 못할 수 있다. 이처럼 내가 처한 상황에 따라 나의 반응이 달라질 수 있다. 그러나 어떤 이들은 이러한 상황을 감안하지 않고 관계를 맺는다. 자신의 상황이나 여건을 살피지 않는 것이다. 예를 들어, 여자친구랑 헤어질 때 늘 집 앞까지 바래다주었던 남자가 있다고 해보자. 자신에게 바쁜 일이 있거나 몸 상태가 안 좋을 때에는 여자친구에게 양해를 구하고 혼자 보낼 수도 있다. 그러나 유독 자신의 상황을 살피지 않는 이들은 곤란함을 무릅쓰고 여자친구 집 앞까지 바래다준다. 이들은 늘 고정적인 역할에 갇혀 있고, 타인중심적인 인간관계를 한다. 상호호혜적인 관계가 아닌 이러한 관계는 결국 좋지 못한 결말을 맺을 수 있다.

우리는 인간인 이상 한계가 있다. 한계란 사물이나 능력, 책임 따위가 실제 작용할 수 있는 범위를 말한다. 집으로 비유하자면 자고 가도 되는 사이가 있고, 안방까지 들어와도 되는 사이가 있고, 거실에만 머무를 수 있는 사이가 있고, 아직은 집 밖에서 만나는 게 좋을 사이가 있다. 적절한 거리가 다르기 때문이다. 다만 이러한 한계를 엄격하게 적용하는 것은 문제가 많다. 같은 대상이라 하더라도 친밀도에 따라 얼마든지 그 한계는 달라질 수 있다. 밖에서 만나는 사이가 자고 가는 사이가 될 수 있다. 그 역도 마찬가지다. 자고 가도 되는 사이지만 내가 피곤하거나 할 일이 있다면 곤란함을 이야기할 수 있어야 한다. 한계는 내 상태와 상황에 따라 유동적이어야 한다.

다만 이 한계 조절과 관련하여 두 가지를 명심해야 한다. 첫째, 이 한계를 조절하는 주체는 상대가 아니라 자신이라는 것이다. 만일 내 상태에 따라 한계를 조절할 수 없는 사이라면 친밀한 사이가 아니다. 관계에 문제가 있는 것이다. 둘째, 아무리 가까운 사이라 하더라도 허용해서는 안 되는 최소한의 한계를 설정해야 한다. 최소한의 한계 설정은 상황이나 상태에 따라 달라지지 않는 일관성이 있는 원칙이나 기준을 말한다. 이는 너무 많아서도, 엄격해서도, 비현실적이어서도 안 된다. 예를 들어, '부모에게는 불쾌한 표정을 드러내서는 안 된다'는 것은 비현실적이고 엄격하다. 최소한의 한계 설정이란 이를테면 '부모에게 화를 낼 수는 있지만 물건을 던져서는 안 된다'와 같이 결코 허용될 수 없는 기준을 말한다. 물론 이 역시 사람마다 다를 수밖에 없다.

　어떤 사람은 '아무리 친해도 친구에게 돈은 빌려주지 않는다'라는 원칙을 한계로 정할 수 있고, 어떤 사람은 '돈은 빌려주지만 내 여윳돈 내에서 빌려준다'가 한계일 수 있다. 이러한 최소한의 한계를 설정하지 않으면 대인관계에 문제가 나타나게 마련이다. 바운더리가 건강하지 못한 사람들은 이러한 한계 설정이나 한계 인식에 문제가 많다. 한계 자체가 없거나 너무 많고, 상대의 책임을 자신의 책임으로 떠안거나 반대로 자신의 책임을 상대에게 떠넘기고, 친한 사이라도 지켜야 할 거리가 있는데 이를 막무가내로 침범하거나 허용해버린다. 특히 훈육을 하는 부모나 교사라면 이러한 최소한의 한계 설정은 꼭 필요하다. 이를테면 게임은 할 수 있지만 반드시 할 일을 먼저 해놓고 한다거나, 수업시간에 잘 수는 있지만 잠을 자려면 손을 들고 허락을 맡고 자는 등 최소한의 한계 설정이 필요하다. 우리는 내외부의 상황에 따라 우리의 반응을 조절할 필요가 있다. 그래야 상호적이고 건강한 관계가 된다.

　조절의 두 번째 단계는 상대의 입장을 파악하는 것이다. 건강한 인간관계를 위해서는 내 입장뿐만 아니라 상대의 입장 또한 살펴야 한다. 힘들어하는 친구가 나를 필요로 한다면 만사를 제쳐두고 달려갈 수 있다. 반대로 힘들어하는 친구 옆에 있어주고 싶지만 친구가 지금은 혼자 있기를 원한다면 그렇게 하는 것이 필요하다. 이를 위해서는 상대의 의도나 마음을 잘 읽을 필요가 있다. 그런데 이러한 역지사지는 쉽지 않다. 가장 좋은 방법은 눈치를 보고 지레짐

작하기보다는 '질문'일 수 있다. 상사가 시간이 있는지 물어보면 바로 대답하기 이전에 먼저 "무슨 일 있으세요?"라고 물어보는 것이 순서다. 애인을 만났는데 뭔가 기분이 안 좋아 보인다고 해보자. '나한테 불만이 있나?'라는 생각이 들 수 있다. 그러나 그것은 느낌이고 실제로는 물어보는 것이 좋다. "무슨 일 있어? 얼굴이 안 좋아 보이는데……." 다만 이때 신경 쓸 부분이 있다. 상대가 "아니야! 별일 없어"라고 했을 때다. 인간관계가 어려운 것은 같은 말이 상황에 따라 다른 의미를 가지기 때문이다. 앞서 말했듯, 각자 대화에서 맥락의 수위가 다르기 때문이다. 상대가 저맥락 대화, 즉 숨은 뜻 없이 솔직한 대화를 하는 사람이라면 그대로 이해하면 되지만, 만일 고맥락 대화를 많이 사용한다면 한 번 더 확인하는 것이 필요하다.

조절의 세 번째 단계는 통합하는 것이다. 건강한 관계는 나도 중요하고 상대도 중요하고 관계도 중요하다. 따라서 서로를 위해 무엇을 어떻게 해야 하는지 통합적으로 생각할 필요가 있다. 상대와 나모두를 위한 교집합을 찾는 것이다. 친한 친구가 보자고 했는데 어제 새벽녘까지 과로를 했다면 억지로 나가기보다 양해를 구하되 그다음에 먼저 연락해서 만나자고 청하는 식으로. 물론 매번 거래관계처럼 상대가 한 번 연락하면 나도 한 번 연락하는 식은 곤란하다. 내가 한 걸음 갔으니까 너도 한 걸음 오라고 한 것은 기계적인 균형이다. 상대가 보통 사람이고 건강한 사이라면 내가 상대를 도우면, 언젠가는 상대방도 나를 돕는다. 굳이 서로 계산하지 않아도 된다. 문제는 그런 사람들만 있는 게 아니라는 것이다. 어떤 이들은 상대에게 의존하거나 일방적으로 이용하기도 한다. 이를 잘 구분해서 상대에 따라 행동할 필요가 있다. 무조건 신뢰하고 아무한테나 마음을 여는 것이 아니라 관계의 경험을 통해 단계적으로 신뢰하고 마음을 열어가는 것이다.

4단계. 자기표현Self-Expression
_솔직하게 그러나 정중하게

앞에서 여러 가지 이야기를 했지만 결국 바운더리는 표현으로써 드러난다. 인간관계에서 자기표현의 핵심은 감정을 거침없이 표현하는 것이 아니라 감정 뒤에 있는 자신의 욕구를 표현하는 것이다. 물론 상대와의 친밀도에 따라서는 감정을 충분히 나눌 수도 있다. 다만 노골적인 솔직함이 아니라 다듬어진 솔직함이 중요하다. 바운더리를 다시 세우는 자기표현의 핵심은 '솔직하게 그러나 정중하게'라고 할 수 있다. 그렇다면 어떻게 해야 솔직하면서도 정중할 수 있을까? 솔직하면서 정중한 자기표현에는 다음과 같은 세 가지가 들어간다.

첫째는 상호주의적 표현이다. 예를 들어, 당신이 맛있게 먹은 음식점에 친구를 데려갔다고 해보자. 그런데 친구가 음식이 너무 맛없다고 솔직하게 표현하는 것 아닌가! 당신은 당혹스러울 수 있다. 이 경우에 누구 입맛이 맞는 것인가. 정답은 없다. 진실은 각자 입맛이 다른 것이다. 통일시킬 필요가 전혀 없는 문제다. 맛있게 먹은 내가 맛없다며 동조할 필요도 없고, "아니, 어떻게 맛이 없다고 느낄 수 있어!"라며 자신의 입장을 상대에게 강요할 필요도 없다.

그러나 바운더리가 건강하지 못한 사람들은 상호주의의 입장을 견지하지 못한다. 미분화 유형은 오히려 자신의 취향이나 기호까지 바꿔가며 상대와의 일체감을 느끼려 하는 반면에 과분화 유형은 상대의 취향이나 기호를 인정하지 않고 자신의 취향이나 기호를 지나치게 강조한다. 미분화 유형은 미안해하거나 크게 실망한다. 그에 비해 과분화 유형은 상대가 맛없다고 하면 "어떻게 이것을 맛없다고 할 수 있어!"라며 짜증을 낼 수 있다. 그렇다면 상호주의에 입각한 표현은 무엇일까? "나는 맛있는데 너는 별로구나! 우리는 서로 입맛이 다르네"가 될 것이다. 기본적으로 서로의 차이에 대해서는 "난 이렇게 느끼는데(생각하는데) 넌 그렇게 느끼는구나(생각하는구나)!"라는 표현이 상호주의적 태도다.

둘째, 상대에 대한 판단이 아니라 내 상황이나 마음에 대한 솔직함이다. 상대를 판단하는 표현이 들어갈수록 관계가 나빠질 수 있다. 판단적 표현은 듣는 사람에게 자신을 공격하거나 비난한다는 느낌을 불러일으키기 때문이다. 누가 당신을 공격한다는 느낌을 받으면 어떻게 반응하는가? 대부분 성찰할 시간을 갖지 못하고 즉각 반격하거나 방어한다. 그러므로 건강한 바운더리를 세우기 위한 자기표현은 되도록 비판단적일 필요가 있다. 비판단적이라는 것은 상대에 대한 판단이나 평가가 아니라 자신의 상황이나 마음을 이야기하는 것이다. 상대에 대해 이야기하더라도 상대에 대한 판단이 아니라 상대의 행동이 자신에게 어떤 영향을 끼치는지 이야기하는 것을 말한다.

예를 들어, 남편이 다투고 난 뒤에 아무 말도 하지 않아 힘들다면 "당신 또 삐쳤구나!" "왜 그렇게 남자가 소심해!"와 같은 표현은 좋지 못하다. "당신이 말을 하지 않으면 나는 불편해서 일이 손에 잡히지 않아"라며 자신의 마음상태에 초점을 둘 필요가 있다. 고민이 있어 친구에게 만나자고 전화했는데 바쁘다고 다음에 보자고 한다. 당신이 실망했다면 어떻게 이야기하는 것이 좋을까? "넌 왜 이렇게 이기적이냐. 잠깐 나올 수도 있잖아"라는 표현보다 "잠깐이라도 볼 줄 알았는데 못 나온다니까 섭섭하다"라고 표현하는 것이 낫다. 즉, 전자는 상대에 대한 평가가 들어간 표현이지만 후자는 내 마음을 표현한 것이다.

그러나 자신의 마음을 솔직하게 표현할 때에는 대상과 상황을 구분할 필요가 있다. 특히 가깝지 않은 관계에서 감정을 표현하는 대화는 신중해야 한다. 최근 심리학에서는 감정을 중요하게 여기고 감정을 표현하라고 하지만 사실 감정을 나누는 대화에 서툰 우리 문화에서는 쉬운 일이 아니다. 오히려 역효과도 많이 나타난다. 가깝지 않은 업무 관계에서는 내 감정보다는 내 상황에 대한 솔직함이 필요하다. 동료가 며칠 빈둥거리다가 갑자기 도와달라고 부탁하는데 너무 무책임해 보여서 불쾌하고 도와주기 싫다고 해보자. 이럴 때는 "왜 이렇게 무책임하냐!"라고 해서도 안 되지만 "갑자기 부탁

받으니 불쾌하네"라는 표현도 적절치 못하다. 그냥 "내 할 일이 있어 곤란해" 정도로 말하는 것이 좋다. 즉, 일반적인 사회생활이라면 내 마음보다 내 상황을 솔직하게 표현한 데 초점을 두어야 한다. 이때에도 너무 복잡하게 이야기할 필요가 없다. 'ㅇㅇ이라는 할 일이 있고 이 일은 언제까지 해야 한다'는 식으로 구구절절 이야기할 필요가 없다. 대개는 "할 일이 있다"거나 "시간이 안 된다" 정도로 충분하다.

셋째, 원하는 것을 이야기하는 것이다. 솔직하지만 정중한 자기표현의 핵심은 자신이 원하는 것을 이야기하는 것이다. 다음은 심리학자 캐롤 드웩Carol Dweck이 자신의 저서 《성공의 새로운 심리학 Mindset》에서 소개한 이야기다. 드웩은 남편이 선물을 잘 하지 않아 불만이었다. 생일 같은 특별한 날에도 선물을 챙겨주지 않았다. 그러면서 늘 마음이 중요하다며 변명 아닌 변명을 했다. 한두 번은 넘겼지만 생일 때마다 매번 그럴 수는 없었다. 그렇다고 계속 화만 낼 수도 없었다. 현명한 드웩은 자신의 분노 뒤에 있는 욕구를 잘 알고 있었다. 드웩은 생일을 며칠 앞두고 이렇게 말했다. "나는 돈을 밝히는 사람이 아니야. 그렇지만 멋진 선물은 좋아한다고." 그러자 남편은 늘 그렇듯이 "중요한 것은 마음 아니겠어?"라고 말했다. 충분히 예상 가능한 반응이었다. 그러자 드웩은 화를 내는 대신 차분하면서도 분명하게 이야기했다. "나는 표현해주지 않으면 잘 느끼지 못해. 누구나 1년에 하루씩 자기 날이 있잖아. 나는 당신을 사랑해. 나는 앞으로도 계속 당신을 위해 선물을 준비하는 데 시간과 노력을 쏟을 생각이야. 당신도 나를 위해 그렇게 해줬으면 좋겠어." 아마도 드웩은 이 답변을 즉흥적으로가 아니라 미리부터 준비했을 것이다. 실제 바운더리를 다시 세우기 위해서는 이렇게 준비된 반응이 요구된다. 그 뒤로 남편은 어떻게 행동했을까? 상대방이 선물을 받았을 때 사랑받는다고 느낀다는 것을 확실히 깨닫고는 번거롭더라도 생일선물을 챙기게 되었다고 한다.

부부나 커플을 상담하다 보면 "그런 걸 꼭 말해줘야 알아?"라고 어이없어하거나 "당신이 원하는 게 그거였어?"라며 놀라워할 때가 많다. 몇십 년을 같이 살았지만 실제 상대가 무엇을 좋아하고 어느 때에 사랑받는다고 느끼는지 잘 모르는 부부가 태반이다. 아무리 오래 알고 지내는 사이라 하더라도 상대는 내가 이야기해주지 않으면 내 마음을 잘 알지 못한다. 때로는 나조차도 내 마음을 잘 모르지 않는가! 그러므로 상대에게 내가 원하는 것을 구체적으로 이야기하는 것은 상대에 대한 높은 배려이며, 관계를 건강하게 만들어가는 토대가 된다. 중요한 것은 문제가 아니라 원하는 것에 초점을 맞춰 이야기하는 것이다. 예를 들어, 결혼한 지 얼마 되지 않았는데 시어머니가 계속 찾아와 살림을 꼬치꼬치 가르쳐준다고 해보자. 어떻게 해야 하는가! 표현해야 한다. 당신이 표현하지 않은 이상 상황은 달라지지 않기 때문이다. 물론 대가는 따른다. 많든 적든 관계가 불편해질 것이다. 그 불편함을 감수하고 이야기할지 말지는 당신 몫이다. 다만 당신이 적절하게 표현한다면 불편함은 당신이 염려하는 것보다는 심각하지 않을 수 있다. 일시적으로 불편해지겠지만 시간이 지날수록 회복할 수 있는 문제다.

이때 상대를 통제하거나 바꾸는 데 초점을 두어서는 안 된다. 상대에 대한 불만 토로가 중심이 되어서도 곤란하다. 중요한 것은 자신이 원하는 것에 초점을 두는 것이다. "어머니! 저희 집 살림에 신경 쓰지 않으셨으면 좋겠어요!"가 아니다. "어머니가 자꾸 와서 뭐라고 하시니까 힘들어요"는 더더욱 아니다. "어머니! 저는 결혼 전부터 살림은 꼭 제 스타일에 맞게 해보고 싶었어요. 부족한 게 많지만 제 방식대로 해보면서 배우고 싶어요"라고 표현하는 것이 좋다. 물론 듣는 사람 입장에서는 둘 다 기분 나쁠 수 있다. 당장 전화도 받지 않는 불편한 사이가 될 수도 있다. 하지만 전자가 상대에 대한 반감을 더 많이 전달할 수 있다. 시어머니도 한동안 기분이 나쁠 수 있지만 시간이 지나면 '쟤는 저렇구나!'라고 받아들일 수밖에 없다.

물론 원하는 것을 이야기한다고 해서 상대방이 덜컥 받아주는 것은 아니다. 오히려 무시하거나 공격적으로 감정을 쏟아부을 수도 있다. 그것을 감수해야 한다. 상대의 감정이 격해진 것은 당신이 솔직하게 자기표현을 했기 때문이 아니라 상대가 타인을 존중하지 못하고 자기감정을 조절하지 못했기 때문이다. 그 감정을 다시 원상태로 바꿔줄 책임이 당신에게 있다고 느낀다면 당신의 바운더리는 똑같은 상태에 머무를 수밖에 없다. 그렇다고 상대를 비난하거나 도발해서도 안 된다. 그것이야말로 상대가 원하는 일일 테니까. 당신이 할 일은 시시비비를 가리는 것이 아니라, 당신의 욕구를 표현하는 것이다.

● 자기표현을 할 때 잊지 말아야 할 원칙 ●

1. 나는 누군가의 동의나 허락 없이 나의 생각, 감정, 욕구를 표현할 권리가 있다.
2. 상대 역시 나의 동의나 허락 없이 자신의 생각, 감정, 욕구를 표현할 권리가 있다.
3. 건강한 자기표현은 나와 상대의 권리를 인정하고 표현하는 것이다. 당신이 상대의 권리를 무시하고 표현을 하면 공격적인 자기표현이고, 당신이 자신의 권리를 무시하고 표현을 하면 순응적인 자기표현이다.
4. 비언어적 표현과 언어적 표현을 일치시키도록 하자. 예를 들어 "싫어요"라고 하면서 웃거나 몸을 꼬아서는 안 된다. 만일 언어적 표현이 바로 나오지 않는다면 비언어적으로라도 표현을 해야 한다. 상대방의 말에 마음이 상했다면 적어도 웃으면 안 된다. "그 말은 듣기가 거북한데요" "불쾌한데요"라고 이야기하면 좋다. 말을 하기 어렵다면 낯빛을 바꿔 잠시 바라볼 수도 있다.
5. 자기표현의 핵심은 나의 영역을 보호하고 내가 원하는 것을 표현하는 것이 초점이지 상대를 판단하거나 변화시키거나 더 나아가 공격하는 것이 초점이 되어서는 안 된다.

19장

'아니오' 연습

●

바운더리가 건강한 사람들은 유연하지만 기본적인 원칙을 지키고,

허용해서는 안 되는 최소한의 한계를 설정할 수 있다.

●

거절은 바운더리의 중요한 기능이다. 앞의 '자기표현 훈련'에 포함시켜 이야기할 수 있지만 이를 따로 떼어 기술하는 이유는 중요하면서도 어렵기 때문이다. 바운더리가 건강한 사람들은 거절 기능이 잘 작동한다. 어떤 요청이나 부탁을 받을 때 자신의 감정을 파악한 뒤 안팎 상황을 고려해 자신의 역량이나 한계 밖의 요청에는 정중하고 부드럽게 거절한다. 그러나 미분화된 유형은 자신에게 해가 되는 부탁에도 거절을 잘 못한다. 관계가 손상될까 봐 두려워서다. 그에

비해 과분화 유형은 거절이 너무 빠르거나 거칠다. 미분화 유형이 거절을 못해 자신을 힘들게 만든다면, 과분화 유형은 거절이 거칠어서 상대를 기분 상하게 만든다.

결정권은 당신에게 있다

거절은 어린 시절부터 교육받아야 한다. 부모는 아이에게 "예!" 뿐만 아니라 "아니요!"라고 말하는 법도 가르쳐줘야 한다. 놀랍게도 상담을 하다 보면 자신이 싫은 것을 싫다고 하고, 하고 싶지 않은 것을 하고 싶지 않다고 이야기할 수 있는 결정권이 바로 자신에게 있다는 것을 모르는 이들이 아주 많다. 다른 생각을 이야기하고 거절하는 것에 대해 어려움을 넘어 죄의식을 갖는 이들도 있다. 어릴 때부터 순응을 강요당해왔기 때문이다. 부모는 자녀에게 싫어하는 것과 옳지 못한 것에 대해 죄책감이나 불안감 없이 "아니요!" "싫어요" "안 돼요!"라고 말할 수 있도록 가르쳐야 한다.

부모들은 보통 자녀가 부모의 말을 잘 듣는 아이가 되기를 바란다. 하지만 '아니요'를 가르쳐주지 않는다면 그 부모는 나중에 대가를 치를 수밖에 없다. 아이는 집에서뿐 아니라 밖에서도 옳지 못한 것, 좋지 못한 것에도 순응할 가능성이 많기 때문이다.

고등학교를 중퇴한 상범이 삶에서 가장 후회하는 순간은 고등학교 1학년 때다. 중학교 동창 친구들에게서 위험한 요청을 받았다.

자신들이 오토바이와 휴대폰을 훔칠 테니 그사이에 망만 보라는 것이었다. '싫어!'라고 하고 싶었지만 하지 못했다. 친구들에게 비겁자나 배신자라고 낙인 찍히는 게 싫었다. 그는 머뭇거리며 따라갔고, 결국 그날 다른 친구들과 같이 경찰에 검거됐다. 기소는 겨우 면했지만 그 일로 학교를 중퇴하게 되었다. 상범은 억울했다. 자신은 매장 유리를 부수지도 매장에 침범하지도 않았고, 그냥 밖에 서 있었을 뿐이라고 항변했다. 그러나 '거절을 못한 것' '범죄의 현장에 함께 있었다는 것' 그것이 바로 공범죄였다. 당신이 부모라면 당신의 자녀가 이렇게 되기를 바라지 않을 것이다.

청소년기에 가장 영향력을 끼치는 이들은 가족이 아니라 친구다. 이 시기에는 '또래관계'가 가장 중요하기 때문에 또래의 압력에서 벗어나기 힘들다. 보이지 않는 압력에 의해 음주, 흡연, 약물, 가출, 성폭력 등을 권유받고, 옳지 못한 일에 빠져들 수도 있다. 그러나 모든 청소년이 또래들의 잘못된 요청을 받아들이는 것은 아니다. 어려서부터 '아니요'라고 할 줄 아는 아이들은 또래들의 압박 속에서도 선을 그을 줄 안다. 호기심에 할 수 있는 것과 할 수 없는 것을 분명하게 구별하는 것이다. 바운더리가 건강한 사람들은 유연하지만 기본적인 원칙을 지키고, 허용해서는 안 되는 최소한의 한계를 설정할 수 있기 때문이다. 설사 거절한 결과로 우정에 금이 가거나, 그 집단에서 배제된다고 하더라도 말이다. 그에 비해 미분화된 자아, 즉 바운더리가 희미한 학생들은 또래의 압력에 그대로 휩쓸린다.

우리는 선택하고 거절할 권리가 있다. 우리는 하고 싶은 것을 하고, 하고 싶지 않은 것을 하지 않을 수 있다. 이러한 의사결정권이야 말로 자기존엄성의 핵심이며 건강한 바운더리의 중요한 기능이다. 따라서 이러한 의사결정권을 다른 사람에게 넘겨주는 것은 자기존엄성을 스스로 포기하는 것이다.

부탁 훈련:
나는 부탁할 수 있고 당신은 거절할 수 있다

그럼, 어떻게 거절의 근육을 키워줄 수 있을까?

나에게는 두 아들이 있다. 그중에 둘째는 어려서부터 싫은데도 거절을 못하곤 했다. 그래서 둘째에게 자신이 원치 않는 것을 거절할 수 있는 권리가 자신에게 있다는 것을 확인시켜주고 싶었다. 따로 앉혀서 가르칠 일이 아니어서 사소한 일상에서 자연스럽게 훈련하기로 했다. 매주 월요일 저녁에는 분리수거를 하는 날이다. 그럴 때 둘째를 부른다. "○○야! 같이 분리수거하러 가자"고 한 뒤에 한마디를 더 한다. "나는 너한테 같이 가자고 요구할 수 있고, 너는 아빠의 요구를 거절할 수 있어. 어떡할래?" 아이는 이 말을 듣고 자신의 마음을 한번 더 살핀다. 그러고는 따라나설 때도 있고, 거절할 때도 있다. 거절할 때는 "내가 왜 가요?"가 아니라 "오늘은 추워서 싫어요. 아빠 혼자 가시면 안 되겠어요?"라고 부드럽게 거절하는 게 좋겠다고 가르쳤다. 그 과정에서 아이는 자신의 의사결정권을 중요하게 여기게 되었다. 그 뒤로 난이도를 높였다. "그래! 난 요구할 수 있고, 넌 거절할 수 있지. 그러나 아빠는 너에게 또 요구할 거야. 네가 안 가면 아빠도 가기 싫어지잖아. 그러지 말고 같이 가자!" 처음에는 거절했다가도 다시 요구하면 따라나서기도 했는데, 시간이 지나자 요구를 거듭해도 자신의 입장을 반복해서 이야기할 수 있게 되었다. 건강한 자기 세계를 유지하려면 원치 않는 것을 거절할 수 있어야 한다.

거절은 일상에서 훈련되어야 한다. 거절은 결심만으로 저절로 되는 게 아니기 때문에 거절에 대한 면역력을 키워가는 점진적인 과정을 거쳐야 한다. 거절을 당할 수 있는 상황에 스스로를 노출킴으로써 거절에 대한 예민도를 낮추는 훈련을 할 수 있다. 다시 말해 거절을 잘하려면 반대로 부탁을 해봐야 한다. 거절당할 수 있는 부탁을 해보는 것이다. 아는 사람은 물론, 모르는 사람에게도 해볼 수 있다면 더욱 좋다. 이러한 부탁 훈련을 할 때 가장 필요한 관점이 '나는 부탁할 수 있고 상대는 거절할 수 있다'는 것이다. 그래야 '상대는 나에게 부탁할 수 있고 나는 상대의 부탁을 거절할 수 있다'라는 관점도 몸에 익힐 수 있기 때문이다. 이 관점을 틀어쥐고 있다면 상대가 내 부탁을 들어주면 고맙고, 거절한다면 어쩔 수 없다고 받아들이게 된다.

많은 사람들이 이런 기본적인 관점을 갖고 있지 못하다. 거절의 권한이 자신에게 있다는 것을 망각하는 사람도 많고, 반대로 상대가 이 정도의 부탁은 꼭 들어주어야 한다고 기대하는 사람도 많다. 그러나 내가 부탁하거나 거절할 수 있는 것처럼 상대 역시 내게 부탁하고 거절할 수 있다. 때로는 이해되지 않는 요청이나 부탁을 받을 수도 있다. 하지만 애초부터 하지 말라고 할 수는 없는 일이다. 그 부탁을 들어주느냐 마느냐는 어디까지나 나의 선택의 문제다. 그 결정권은 완벽히 나에게 있다.

거절의 표현: 내가 거절한 것은 당신이 아니라 당신의 요청일 뿐

거절에 대해 착각하는 사람이 많다. 거절 자체가 사람들에게 상처를 주고 관계를 위험에 빠뜨린다고 믿는 것이다. 특히, 가까운 사람들의 부탁일수록 그렇게 생각한다. 그러나 사실 문제는 거절 자체가 아니라 거절을 하는 태도에서 생긴다. 당신이 정중하고 부드럽게 거절할 수 있다면 거절은 상처로 이어지지 않는다. 물론 상대는 기대가 클수록 실망감도 클 수 있다. 하지만 이러한 감정은 시간이 가면 곧 회복된다. 당신은 상대를 거절한 게 아니라 상대의 요청을 거절했을 뿐이므로. 만약 감정이 회복되지 않는다 하더라도 그건 당신의 문제가 아니라 상대의 문제다. 당신이 신경 쓸 것은 자신의 마음에 귀를 기울이는 것과 정중하게 거절하는 것이다. 이를 위해 몇 가지 점을 염두에 두자.

첫째, 시간 여유를 두고 결정하라. 의식적인 반응에는 '멈춤'이 필요하다. 거절을 못하는 사람들은 부탁의 내용이 무엇인지도 모른 채, 그리고 자신의 상황을 살필 겨를도 없이 즉각적으로 부탁을 들 어준다. 그러므로 거절 훈련에서 가장 필요한 것은 시간을 두고 판 단하는 것이다. 부탁을 받고 뭔가 불편한 느낌이 들면 반응을 멈출 필요가 있다. 다만 되도록 시간을 오래 끌지 말고 그날 안으로 이야 기를 하는 것이 좋다.

둘째, 정중하되 명료하게 거절하라. 정중한 거절의 핵심은 비판 단적 표현이며, 나의 상황에 초점을 두는 것이다. 예를 들어, 소개팅 을 했는데 상대 남성이 자신감이 없어 보여 별로 마음에 들지 않았 다고 해보자. 그런데 상대에게서 다시 만나자는 연락이 왔다. 어떻 게 해야 할까? 굳이 변명을 할 필요가 없다. '제가 바빠서 당분간은 시간 내기가 어렵다'와 같은 표현은 여지나 미련을 남긴다. 그렇다 고 노골적으로 '자신감이 없는 것 같아 싫어요'라고 표현하는 것은 무례하다. 그냥 '제가 좋아하는 스타일이 아니세요'와 같은 표현이 무난하다. 즉, 상대가 일반적으로 부족한 것이 아니라 자신의 취향 에 맞지 않음을 강조함으로써 더 만날 뜻이 아님을 명확하게 전달하 는 것이다.

예를 들어, 한 친구가 주말에 옷을 사러 가자고 연락을 했는데 다른 할 일이 있다고 해보자. 그렇다면 '난 일이 있어서 안 되는데' 라고 이야기해야지, 굳이 '넌 옷도 혼자 사지 못하냐!'라는 식으로 판단이 들어가는 말은 삼가야 한다. 판단이 들어가는 거절일수록 상 대는 마음이 상하기 때문이다. 거절의 이유는 간단한 게 좋다. 굳이 상대가 묻지 않는데 자세히 이야기할 필요는 없다. 자세히 설명한다고 해서 상대가 더 잘 이해하거나 덜 실망하는 것은 아니다. 오히려 당신의 의도와는 반대로 상대는 더 기분이 상할 수 있다.

셋째, 유연성을 발휘하라. 원칙적으로 상대의 부탁이나 요청을 거절할 권한은 당신에게 있다. 그러나 이 말을 너무 기계적으로 적용할 필요는 없다. 관계가 멀수록 단호하게 거절하기가 쉽지만 가까

운 사이에서는 좀 더 유연성을 가져보자. 예를 들어 상대가 전적으로 들어줄 수도, 전적으로 거부할 수도 없는 부탁을 했다고 하자. 그런 경우에는 내 상황에 맞게 부분적으로 수락하거나 거절하는 것이 필요하다. 다른 대안을 제시하는 것도 좋은 방법이다. 가까운 친척이 돈을 빌려달라고 하는데 다 빌려주는 것은 부담된다면 문제되지 않는 선에서 돈을 빌려줄 수도 있다. 상사가 자신의 일을 부탁한다면 일단 자신의 일부터 끝내고 몇 시부터 몇 시까지 도울 수 있다고 하거나, 부탁하는 일 중 어느 부분은 도와드릴 수 있다고 제안하는 것이다.

바운더리 유형별 거절 훈련

거절 방식은 바운더리 유형에 따라 달라야 한다.

순응형은 거절의 권한 자체가 자신의 것임을 인식하는 것에서 시작한다. 이들은 순응하는 것이 몸에 배어 있기 때문에 거절 자체도 허락을 받으려고 한다. 거절해도 되는지를 확인하는 것이다. 이들은 길거리에서 포교를 당하거나 금융상품 가입을 권유하는 전화를 받더라도 상대의 이야기를 한참 동안 듣는다. 거절 자체에 미안함을 느끼기 때문이다. 그러나 상대는 그런 거절에 이골이 난 사람들이다. 순응형은 좀 더 분명하게 거절의사를 표현해야 한다. 굳이 구구절절 이유를 늘여놓을 필요도 없다. 간단히 "저는 관심이 없습니다"라고 이야기를 하거나 "제가 바빠서 먼저 끊겠습니다"라고 확실히 표현하는 훈련이 필요하다.

별로 중요하지 않은 사람의 부탁을 거절할 때는 확실할수록 좋다. 자신만을 위해서가 아니라 상대를 위해서도 그렇다. 금융상품을 권유하는 전화 같으면 바로 거절해야지 상대는 계속 설명하고 있는데 다 듣고 난 뒤에 관심 없다고 이야기한다면 상대도 기운이 빠질 일이다.

돌봄형의 경우도 거절을 잘 못한다. 이들은 가까운 누군가의 부탁을 망설임 없이 허락하는 것을 넘어 때로는 상대가 부탁하지 않았는데도 먼저 돕겠다고 말하는 경우도 많다. 물론 형편껏 할 수는 있다. 문제는 이들은 자신의 상황이 어떤지, 그 부탁이 적절한지 등을 따지지도 않고 수락부터 한다는 것이다. 사실 어떤 부탁은 매우 신중해야 한다. 지금이야 그런 일이 없어졌지만 이전에는 빚보증을 잘못 서서 곤욕을 치르는 사람들이 많았다. 물론 순응형도 거절을 못해 그런 경우가 있지만 이들은 큰 위험을 감수해가면서까지 부탁을 들어주지는 않는다. 그에 비해 돌봄형의 경우는 가까운 사람의 어려움을 그냥 지나치지 못하기에 그런 위험성이 높다.

돌봄형은 자신의 일을 뒷전으로 하고 남의 어려움부터 발 벗고 돕다 보니 자기 앞가림을 못하는 경우가 많다. 자신은 시험공부를 해야 하는데 군대에서 휴가 나온 친구가 심심하다고 하면 밤새 놀아주는 식이다. 그렇기에 연애시절에는 별 문제가 안 되지만 결혼을 하고 나면 돌봄형의 가족은 종종 곤란한 상황에 빠진다. 자신이나 자기 가족보다 다른 사람들부터 챙기기 때문이다. 결혼까지 이어지게 했던 '좋은 사람'이라는 특징이 결혼 후에는 발등을 찍는 도끼가 된다.

방어형은 어떨까? 이들은 기본적으로 '나는 나, 너는 너'라는 구도로 인간관계를 맺기 때문에 사실 부탁을 받고 거절할 상황 자체가 많지 않다. 그만큼 거리를 두고 살아가기 때문이다. 그것이 이들의 문제다. 부탁을 주고받을 관계가 부재하다는 것! 이들은 특히 삶의 모든 문제를 혼자 해결하려고 하기 때문에 누군가에게 도움을 요청하거나 부탁을 하는 일이 거의 없다. 부탁하는 것을 나약한 것으로 바라보기도 하지만 기본적으로 누군가와 얽히고 싶지 않은 것이다.

이들은 어쩔 수 없이 누군가에게 부탁해서 도움을 받는 상황에 놓일 경우 큰 부채감을 느끼고, 이 때문에 어떻게든 빨리 갚아버리려고 한다. 상대는 인간적인 호의를 갖고 도와주어도 이들은 거래관계로 만들어버리는 것이다. 무언가 베풀면 베푸는 대로 족족 갚아버리고 마는 이들을 볼 때 상대는 묘한 거리감을 느낀다. 그러므로 이들에게는 기본적인 신뢰 회복과 도움을 주고받는 인간적 관계를 만드는 것이 무엇보다 중요하다.

지배형은 거절을 잘한다. 하기 싫은 것을 하기 싫다고 이야기하는 것에 어려움이 없다. 다른 사람이 어떤 마음일지를 거의 생각하지 않기 때문이다. 그렇기에 이들의 거절은 거칠고 판단이 들어가는 경우가 많다. 사업하는 친구가 고민 끝에 돈을 빌려달라고 요청했다고 해보자. 이들은 곤란하다고 하면 될 문제인데 굳이 상대를 자극하기 쉽다. "사업한다는 놈이 그 정도 돈도 없냐!" 이들의 거절은 솔직하다 못해 야박하다. 그러나 부탁을 할 때는 상대가 들어줄 거라고 기대한다. 상대가 거절하면 이들은 좌절감과 수치심을 느낀다. '너 나 무시해? 이 정도 부탁도 못 들어줘!'라는 식이다. 이들에게는 요원하긴 하지만 상대의 마음을 헤아리는 마음이 필요하다.

관계를 끊어야겠다면: 불쾌감을 차분히 표현하는 법

상대 탓에 지속적으로 불쾌감을 느끼면서도 상대의 행동을 좋게 보려고 애쓰는 것은 어리석은 일이다. 그렇다고 상대를 바꾸려고 논쟁하는 것은 더 어리석은 일이다. 상대를 변화시키려고 하면 할수록 관계의 어려움은 악순환된다. 우리는 모든 관계를 좋은 관계로 만들 수도 없고, 그럴 필요도 없다. 우리 주변에는 누구에게나 무례하거나, 일방적인 관계를 맺으려 들거나, 나와 너무 안 맞는 이들이 있게 마련이다. 인간관계의 초점은 내가 좋아하는 사람과 더 좋은 시간을 만드는 데 투자하는 것이지, 나를 함부로 대하는 사람과 관계를 좋게 하느라 끙끙대는 것은 아니다. 경우에 따라서는 필요에 따라 형식적으로 만나는 관계가 있고, 아예 차단하는 게 나은 관계도 있다. 특히 상대가 계속 나를 무시하거나, 지배하려고 하거나, 일방적으로 이용하려고만 든다면 거리 조절이나 차단이 필요하다.

약속에 늦을 때는 늦는다고 말해달라고 요청했는데도 계속 연락 없이 늦는다거나, 남 앞에서 나에 대해 안 좋은 점을 이야기하지 말라고 했는데도 나아지지 않거나, 얼굴이나 엉덩이 등 신체부위를 톡톡 치지 말라고 했는데도 계속 쳐서 당신이 힘들다면 이러한 관계는 재고해야 한다. 상대는 당신을 존중하지 않거나 당신을 중요한 사람으로 생각하지 않는다는 의미이기 때문이다. 상대가 말로는 그렇지 않다고 할 수 있다.

예를 들면, 길거리에서 엉덩이를 손으로 톡톡 치는 남자친구는 존중하지 않아서가 아니라 사랑스러워서라고 이야기할 수도 있다. 그러나 상대의 의도가 좋다고 해서 당신의 불쾌함이 중요하지 않은 것은 아니다. 상대는 사랑 표현이지만 당신에게는 사랑 표현으로 와닿지 않기 때문이다. 상대의 해명에도 불구하고 당신은 계속 불쾌하다면 거듭 요구해야 한다. 그리고 그 요구를 존중해주기를 요청해야 한다. 더 나아가 당신이 불쾌하지 않고 오히려 기분 좋은 스킨십으로 표현해줄 것을 당부한다면 더욱 좋다. '그렇게 하면 기분 나빠!'만이 아니라 '이렇게 해주면 좋아'라고 이야기하는 것이 자기표현의 핵심이다. 예를 들어, 손을 만지는 것은 좋다면 손을 만져주기를 요구하는 것이다. 만일 그랬는데도 변화가 없다면 이 관계는 재고해봐야 한다. 우리 자신을 포함한 누군가를 평가할 때는 말이 아니라 행동을 가지고 판단해야 한다는 점을 새겨두자.

거리 조절과 차단을 시도할 때 초점은 상대를 바꾸고 공격하기보다는 '상대 때문에 자신이 힘들다는 것을 반복적으로 표현'하는 것에 있다. 물론 그로 인해 상대와의 관계가 불편해질 수 있음을 감수해야 한다. 불편함을 느껴야 거리 조절이나 차단이 되기 때문이다. 예를 들어, 머리숱이 별로 없어 스트레스를 받는데 선배가 여러 사람 앞에서 "와, 같이 있으니까 주위가 환해지네. 누가 보면 네가 선배인 줄 알겠어"라는 식으로 이야기했다고 해보자. 그것도 처음이 아니라 이전에 머리 이야기는 하지 말아달라고 부탁을 했는데 그랬다면 어떻게 해야 할까? 당신이 불쾌하지 않았다면 상관없지만 당신이 불쾌하다면 표현하는 것이 좋다.

불쾌감을 차분히 표현한다는 것은 '감정을 조절해서 짤막하고 천천히, 명료하게 그 핵심을 표현하는 것'을 말한다. 이는 불쾌감에 따른 감정적 반응이 아니라 불쾌감에 대한 의식적 반응이다. 처음부터 가능한 것이 아니라 이런 상황에서 어떻게 반응하겠다는 구체적인 시나리오를 작성해서 여러 번의 시행착오를 거쳐야 가능하다. 많은 사람들이 그렇게 하지 못하는 이유는 구체적인 시나리오를 만들지 않고 연습을 충분히 하지 않기 때문이다. 앞의 경우라면 천천히 차분하고 짤막하게 말한다. "선배! 사람들 앞에서 머리 이야기는 불쾌한데요." 이때 괜찮은 선배라면 "미안해. 지난번에도 기분이 안 좋다고 그랬지. 내가 생각 못했네"라고 할 것이다. 그러나 상대를 존중할 줄 모르는 사람들은 순순히 받아주지 않고 바로 역공을 한다. 예를 들어 "아니, 뭐 그런 걸 가지고 예민하게 그래. 그럴 거면 가발이라도 쓰고 다니든지!" 이에 대한 대응 역시 마찬가지다. 상대를 바라보며 짧게 이야기한다. "저는 신경이 쓰이고 불쾌합니다."

군이 자세히 설명하거나, 상대를 바꾸려고 할 필요는 없다. 내가 불편하고 힘든 것을 간단하게 이야기하는 것이 좋다. 설사 주변 사람들이 예민하게 본다고 해도 상관없다. 차분히 반응한다면 그렇게 생각하지도 않을뿐더러 설사 그렇게 생각한다고 하더라도 어떤 부분에서 예민한 면이 있다고 볼 뿐이다.

만일 이조차 표현하지 않는다면 두고두고 불편함은 확대된다. 특히, 여러 사람 앞에서 창피함을 느끼고 불쾌했는데 아무 반응도 하지 않고 괜찮은 척하고 있었다면 자책감까지 더해진다. 반대로 이렇게 짤막하게 불쾌함을 담담하게 표현했다면 일시적으로 불편하더라도 시간이 지날수록 괜찮아진다. 내가 무언가 반응을 했기 때문이다. 이제 공은 상대에게로 넘어간 것이다.

물론 감정을 조절하며 차분히 이야기하는 것은 쉬운 일이 아니지만, 그렇다고 아주 어려운 것도 아니다. 발표불안 치료에서는 불안으로 말이 빨라지기 때문에 의식적으로 천천히 말하는 훈련을 한다. 처음에는 잘 안 되지만 노력하면 점점 더 말하는 속도를 늦출 수 있다. 이러면 말의 속도만 제어되는 것이 아니라 불안을 조절할 힘이 생긴다.

감정을 조절해서 차분히 이야기하는 것도 마찬가지다. 어떤 내용을 어떻게 말할지 구체적인 시나리오를 가지고 시도하면 점점 더 원하는 반응에 가까워진다. 문제는 그렇게 여러 차례 이야기를 했는데도 상대가 이를 무시할 때 생긴다. 이 관계는 가능한 한 차단하거나 정리해야 한다. 당신의 요청을 반복적으로 무시하는 사람이라면 그 관계를 계속 이어갈지 말지 당신이 결정을 내려야 한다. 당신에게는 누구를 만나고 누구를 만나지 않을지에 대한 권리가 있다. 자신을 함부로 대하는 사람들 앞에서 자신을 잘 보호하는 일은 어렵지만 정말 필요한 일이다.

20장
'자기 세계' 만들기

●

건강한 자기 세계를 가진 이들은 '지금' 행복할 수 있다.
자신의 영혼이 기뻐하는 행위를 알고 있고 하고 있기 때문이다.

●

건강한 바운더리의 핵심은 거리 조절을 잘하는 것도 아니고, '싫어요' '아니요'를 잘 표현하는 것도 아니다. 우리는 방어하기 위해서가 아니라 서로 연결하기 위해 관계를 맺기 때문이다. 건강한 바운더리의 핵심은 서로 협력하고 친밀함을 나누는 상호적인 관계를 만들어가는 데 있다. 이를 위해 꼭 필요한 것은 '자기 세계'다. 건강한 바운더리란 억지로 만들어지는 것이 아니라 자기 세계를 갖추면 저절로 만들어지는 것에 가깝다. 자기로서 존재하고 기능할 수 있는 자기 세계를 가진 사람은 다른 사람과의 관계에서 지나치게 방어적일 필요도 없고, 필요 이상 신경 쓸 필요도 없다.

지금껏 내 삶에는 내가 있었는가?

그렇다면 자기 세계란 무엇일까? 잠시 애착 이야기로 다시 가보자. 왜 애착이 중요할까? 애착이 독립의 토대가 되기 때문이다. 양육의 궁극적 목적은 애착이 아니라 독립에 있다. 독립이란 단지 집을 떠나서 혼자 생활하는 것을 말하지 않는다. 자기 세계를 갖는 것을 말한다. 아이가 안정적 애착관계를 형성하고 나면 다음 발달과제는 탐색이다. 든든한 베이스캠프를 둔 아이는 호기심을 가지고 세상 이곳저곳을 탐색한다. 끌리는 대상을 향해 나아가고, 이를 만져보고 빨아보고 던져본다. 탐색은 곧 놀이다. 아이는 자신만의 놀이를 만들어내고 자신의 기호와 취향을 발달시킨다. 때로는 양육자의 존재도 잊은 채 잠시 자신의 놀이에 빠지기도 한다. 미약하나마 자기 세계를 갖는 것이다. 건강한 어른도 이와 같다. 보상이나 결과를 떠나 일차적으로 자신의 호기심과 관심에 따라 세상을 탐색하고 자신의 삶을 만들어간다.

자기 세계란 자신의 내면에 기반을 두고 생각하고 느끼고 표현하고 활동하는 주체로서의 삶의 영역을 말한다. 어릴 때는 자기 세계가 미약하지만 우리는 자라면서 자기 세계를 구축해간다. 원숙한 자기 세계는 단지 생활적인 독립을 넘어 자기철학과 정서적 자율성을 갖춘다. 정서적 자율성이란 스스로를 위로할 줄 알고, 스스로 기쁨을 만드는 것을 말한다. 대상항상성을 갖춘 아이들이 엄마의 부재에도 불구하고 스스로를 위로하며 자신의 호기심에 따라 자기만의 놀이를 만들어내는 것과 같다.

그에 비해 미분화된 아이의 탐색은 자기 세계의 형성으로 이어지지 못한다. 이 아이들은 안전감이 없는 상태로 탐색한다. 분리불안이 해소되지 않았고 기본적 신뢰가 자리잡지 못했으니 온전히 탐색에 집중하지 못한다. 호기심이 가는 곳에 집중하지 못하고 양육자의 반응을 살핀다. 양육자가 자신의 탐색 행동에 부정적인 신호를 보낸다고 느끼면 아이는 더 이상 탐색에 집중하지 못한다. 빨고 싶은 게 있는데 양육자가 엄한 표정으로 고개를 저으면 아이는 입에 갖다 대려다 말고 내려놓는다. 무심코 책을 펼쳐봤는데 순간 양육자가 기뻐했다면 아이는 이제 책을 붙잡고 놀게 된다.

미분화 유형은 상대의 욕구를 자신의 욕구라고 생각하기 쉽고, 상대가 싫어하는 것은 자신도 싫어하기 쉽다. 성인이 되어서도 마찬가지다. 타인의 감정과 욕구, 기대에 쉽게 동조한다. 특히 양육자가 좋아하는 것을 좋아하는 순응형은 어른이 되어서도 가까운 이들이 자신에게 바라는 기대와 욕구를 충족시키느라 많은 시간을 보낸다. 진정한 자기 세계를 형성하지 못하는 것이다.

과분화 유형은 어떻게 보면 자기 주장도 명료하고 자기 취향이나 욕구도 분명하게 보인다. 늘 당당하게 말하는 것처럼 느껴진다.

그러나 이들은 양육자와의 관계에서 좌절을 거듭 겪었던 상처가 있다. 함께하는 시간은 편안함이 아니라 고통이었다. 그래서 이 아이들은 너무 일찍 양육자와 분리되어 무분별한 탐색에 나선다. 이들은 단지 양육자에게서 벗어나 양육자 바람의 반대하는 방향으로 탐색하기 쉽다. 즉, 양육자가 원하는 것이라면 싫어하고, 반대로 양육자가 싫어하는 것 같으면 오히려 관심을 갖는다. 반항 심리가 유년기를 지배하는 것이다. 이는 아이의 평생을 좌우할 수 있다. 이들은 누군가의 기대와 욕구에서 벗어나 있고, 하기 싫은 것은 하지 않고 살아가기에 무척 독립적으로 보일 수 있지만 실제로는 그렇지 않다.

상대의 욕구대로 행동하는 것과 상대의 욕구대로 행동하지 않으려는 것은 자신의 진정한 욕구를 알지 못하고, 자기 삶을 살지 못한다는 점에서 본질적으로 다를 게 없다. 물론 이들 중에는 인내와 끈기로 어떤 분야에서 탁월한 능력을 보이는 이들도 있다. 그렇지만 그 발전의 동력은 내적 동기가 아니라 남을 이기려는 강한 경쟁심에 있다. 이들은 치열한 경쟁을 통해 남들보다 더욱 멋진 자신의 세계를 쌓아올렸다고 생각했다가 어느 순간 깨닫는다. 그것이 자신의 세계가 아니라는 것을! 참 아이러니하다. 이들의 모든 에너지는 자기 자신에게 쏠려 있는데도 정작 자기 삶에 자기가 없다는 허무감에 휩싸인다.

건강한 자기 세계를 이루기 위해 필요한 것

국수가 이탈리아로 넘어가 파스타가 된 것처럼, 상호교류는 풍성한 창조와 확대로 이어진다. 단, 발전적 교류를 위해서는 전제가 있다. 두 세계 모두 건강한 자기 세계가 있어야 한다. 건강한 자기 세계가 없는 교류란 상호발전이 아니라 일방적인 침투나 한 세계의 축소가 될 뿐이다. 자기 문화의 뿌리가 튼튼하지 못한 나라와 민족이 세계사에서 자취를 감춘 역사는 어렵지 않게 찾아볼 수 있다. 그렇다면 건강한 자기 세계를 이루기 위해서는 무엇이 필요한가?

첫째, 삶에 대한 '자기결정권'을 갖는 것이다. 건강한 자기 세계를 가진 이들은 주체적이다. 이들은 자신의 삶에 스스로 책임을 진다. 스스로 결정하고 그 결정이 안 좋은 결과로 이어진다 하더라도 책임질 줄 알고, 그 경험에서 무엇 하나라도 배우려고 한다. 내가 나의 선택과 행위를 결정하는 것, 싫은 것을 싫다고 하고 좋은 것을 좋다고 하는 것! 비록 경험이 짧고 지혜가 부족하더라도 삶의 자기결정권을 갖는 것이야말로 자기 세계의 핵심이다. 자기결정권이 없는 자기 세계란 씨 없는 과일이다. 그렇다고 독불장군이 되라는 것은 아니다. 의견을 듣고 조언을 구하되 최종적인 결정은 스스로 하고 그에 대한 책임을 지라는 것이다. 자기결정권을 갖는다는 것은 실수 하나 없이 현명한 결정을 내릴 수 있다는 것이 아니라 선택과 경험, 그리고 이어지는 성찰을 통해 더 나은 선택과 더 좋은 경험을 만들어갈 수 있다는 것이다.

둘째, 자기이해에서 생겨난 개성을 갖는 것이다. 자기를 모르면 자기 세계를 세울 수 없다. 자기를 모른다면, 다른 사람의 생각을 자기 생각처럼 이야기함으로써 자기 세계가 있는 것처럼 보일 뿐이다.

그렇다면 자기이해란 대체 무엇을 가리킬까? '나답게' 산다는 건 무엇을 말하는가? 다양한 영역이 있지만 가장 중요한 것은 자신의 욕구, 재능, 가치 세 가지를 아는 것이다. 하나 더 덧붙이자면, 자신이 안다고 생각하는 것에 대해 의문을 품는 자기비판적 사고다. '욕구'는 자신이 무엇을 좋아하고 무엇을 싫어하는지, '재능'은 자신이 무엇을 잘하고 무엇을 못하는지, '가치'는 자신에게 중요한 것과 중요하지 않은 것이 무엇인지를 구분하는 것이다.

이는 어느 시기에 완결되는 과제가 아니다. 인간은 평생을 두고 변화하고 성장하는 존재이기 때문이다. 재능은 상대적으로 변동성이 적지만 욕구와 가치는 얼마든지 바뀔 수 있다. 젊은 시절에는 인정과 성취가 중요했지만 나이 들면 행복과 관계가 중요할 수 있기 때문이다. 그러므로 자기이해는 삶을 살아가면서 거듭되는 과정이다. '나'라고 여겼던 것들이 허물어지고 '새로운 나'가 생겨나고, 이 역시 시간이 지나면 또 허물어지고 또다시 만들어지는 연쇄적 변화를 거치는 것이다. 그만큼 '나'라는 존재는 다양한 가능성으로 존재하고, 환경과 시간에 따라 변화하며, 관계와 경험에 따라 모습을 달리한다. 그래서 자기이해에는 '자기비판적 사고'가 꼭 필요하다. '이 것이 나'라는 틀 안에 갇힌 생각에서 벗어날 수 있어야 한다. '이것이 나의 생각인가?' '이것이 내가 원하는 것인가?' '이것이 내가 잘

하는 것인가?' '이것이 나에게 중요한가?'라는 질문들을 끊임없이 던지고 사색해야 한다.

사람은 자기 자신에 대한 이해가 깊어갈수록 바운더리가 건강해진다. 자기이해가 깊어지면 자신의 고유한 관심사, 취향, 기호, 가치관, 사상 등이 형성된다. '나'와 '나 아닌 것'을 구분하게 되면서 '나 아닌 것'에 매달리기보다 '나'인 것에 더욱 집중하게 된다. 나이 들면서 삶의 만족도가 높아지는 것은 더 이상 '나 아닌 것'에 집착하지 않기 때문이다. '나'에 집중하면 굳이 따로 노력하지 않아도 자신의 개성이 만들어지고 자기 자신의 색깔을 갖게 된다. 개성이란 노력해서 만들어지는 것이 아니다. 자기를 이해하고 자기다움을 심화시켜나가는 과정에서 저절로 만들어지는 것이다.

셋째, '관심사'를 통해 방향성을 갖는 것이다. 자기 세계는 이동성이 있다. 밖으로 더 확장하려 하고 안으로 더 깊어진다. 고정되어 있지 않고 안팎으로 움직인다. 움직임에는 방향이 있게 마련이고, 그 방향을 만들어가는 것이 바로 그 사람의 관심사다. 아이의 첫 탐색은 무질서해 보일 수 있다. 이것저것 손 닿는 대로 만지기 때문이다. 그러나 시간이 지날수록 아이는 자신의 마음을 잡아끄는 대상을 찾아가고 놀이를 만들어간다. 관심사가 생기면서 아이의 활동은 방향성이 생긴다. 어른의 삶도 다르지 않다.

그러나 관심사가 꼭 삶의 방향과 깊이를 주는 것만은 아니다. 다양한 관심사는 오히려 삶을 여기저기로 끌고 간다. 이것도 하고 싶고 저것도 하고 싶어진다. 그러나 자기이해가 뒤따르면 사소한 관심과 중요한 관심, 내면에 기반을 둔 관심사와 외부에서 기인한 관심사를 구분하고 자신의 삶에서 핵심 관심사를 찾게 된다. 이렇게 '제1의 관심사'를 찾게 되면 삶의 방향은 저절로 만들어지고, 자기 세계는 자연스럽게 구축된다. 물론 제1의 관심사가 평생 꼭 하나일 필요는 없다.

스스로 기쁨을 만들어내는 힘, 나의 '오티움'은 무엇인가?

자기 세계의 중요성은 알겠지만 여전히 손에 잡히지 않고 모호하게 느껴질 수 있다. 그렇다면 우리는 지금 자기 세계를 구축하기 위해 무엇을 해야 하는가? 건강한 자기 세계를 가진 이들은 '지금' 행복할 수 있다. 자신의 영혼이 기뻐하는 행위를 알고 있고 하고 있기 때문이다. 이들은 행복을 무한정 미루지 않는다. 자신에게 맞지 않는 것, 바랄 수 없는 것을 바라지 않는다. 그리고 사람들을 통해서만 행복을 느끼는 것이 아니라 자기 세계 안에서도 행복을 느낄 수 있다. 그러나 불행한 이들의 공통적 특징은 스스로 기쁨을 지어낼 줄 모른다는 것이다. 자신에게 맞지 않는 조건이 충족되어야만 행복해질 수 있다고 믿고, 다른 사람에 의해서만 행복을 찾으려고 한다.

우리는 흔히 행복은 '지금-여기'에 있다고 이야기한다. 그것은 지금의 경험을 좋게 생각하려고 애쓰라는 것이 아니라 지금 좋은 경험을 하라는 것을 말한다. 그렇다면 좋은 경험이란 무엇일까? 그것은 행위의 보상이나 결과와 상관없이 그 행위 자체가 나에게 기쁨을 주는 것을 말한다. 그걸 라틴어로 '오티움Otium'이라고 한다. 오티움은 '영혼을 기쁘게 하는 능동적인 여가'를 뜻한다. 즉, 좋은 여가란 아무것도 하지 않는 무위의 시간이 아니라 내 영혼이 기뻐하는 경험의 시간이다. 일이 내 영혼을 기쁘게 해주는 것이라면 굳이 오티움이 필요 없겠지만 그렇지 못하다면 우리는 오티움을 발견해야 한다. 오티움은 사람마다 다르다. 누구에게는 동식물을 키우는 것일 수도 있고, 누구에게는 바이크를 타는 것일 수도 있고, 누구에게는 악기를 연주하는 것일 수도 있고, 누구에게는 요리하는 것일 수도 있고, 어떤 이에게는 공부일 수도 있다. 공통점이 있다면 활동의 결과와 상관없이 활동하는 과정에서 기쁨을 누린다는 사실이다. 어떤 활동을 하는데 결과가 좋아야만 기쁘다면 그것은 오티움이 아니다.

　오티움을 만나면 우리는 삶의 고통이나 권태, 불행을 겪었을 때 스스로가 스스로를 위로할 수 있다. 만일 어떤 사람의 일이 너무 고달프거나 실연의 아픔을 겪는다고 해보자. 그 사람에게 오티움 활동은 더 스트레스가 될까? 아니면 고달픈 삶의 위안이 될까? 후자다. 오티움은 그 활동 자체로 즐거움을 주니까. 오티움은 어른의 행복에서 가장 중요한 요소다. 아이일 때는 관계에서 얻는 행복에 치우쳐 있지만 어른은 관계뿐 아니라 자기 세계를 통해서도 행복을 느낀다. 오티움은 내일이 아닌 오늘의 행복이며, 물거품 같은 쾌락이 아니라 기쁨과 의미를 동시에 만족시키는 진정한 행복이다. 오티움의 위력은 인간관계에서도 발휘된다. 영혼의 기쁨을 주는 오티움은 점점 깊어진다. 오티움이 깊어지면 자기만의 색깔과 향기를 갖게 되어 주위의 관심을 끈다. 그리고 그 관심사로 인해 새로운 인간관계가 만들어지고 관계가 깊어진다. 그것은 억지 노력이 아니라 오티움 활동이 주는 자연스러운 변화다. 관계를 위한 관계에 매달리지 않고, 인간관계를 맺고 유지하기 위해 필요 이상 에너지를 소모하지 않을 때, 서로의 관심사를 공유하고 공통의 경험 안에 머무를 때, 우리는 서로에게 좋은 인간관계를 맺을 수 있다. 자기 세계를 세우고 그곳을 통해 걸어나갈 때 우리는 자아와 관계의 균형을 맞춰갈 수 있다.

바운더리는 바운더리를 넘어선다

지혜란 무엇일까? 여러 가지 정의가 있겠지만 나는 '모순을 통합할 수 있는 능력'이 아닐까 싶다. 관계의 지혜도 마찬가지다. 건강한 바운더리는 자아와 관계의 균형을 유지하는 곳에 존재하고 역설적인 모순을 통합하면서 기능한다. 즉, '독립적이면서도 친밀하고' '솔직하면서도 정중하고' '따뜻하면서도 엄격하고' '이성적이면서 감성적인' 상태를 말한다.

그렇다면 바운더리가 점점 더 발달하면 어떤 모습이 될까? 점점 더 뚜렷해질까? 점점 더 튼튼해질까? 점점 높아지는 것일까? 자아를 성城에 비유한다면 그 성벽이 더욱 튼튼해지고 높아지는 것을 상상할지 모르겠다. 그러나 바운더리는 처음에 희미하게 생겨나서 점점 뚜렷해지다가 그 정점을 지나면 다시 희미해진다. 바운더리가 뚜렷하다는 것은 '나'와 '나 아닌 것'이 명료해진다는 것이다. 즉, '내 것' '내 자식' '내 삶' 등 내 것이 분명해진다. 그러나 자아가 충분히 발달하여 상호교류를 통한 연결감이 점점 확장되면 어느 순간부터 바운더리가 다시 희미해진다. '나'의 개념이 약해지고 '우리'로 확장된다. '우리 것' '우리 아이들' '우리 삶'으로 넓혀진다. '나'에 대한 집착이 줄어들고 자신을 개별적 존재로 느끼는 것이 아니라 전체 속에서 연결된 존재로 느끼게 된다.

그렇다면 어린 시절의 희미한 바운더리로 다시 퇴행하는 것인가? 그렇지 않다. 그것은 자아의 상실이 아니라 자아의 확장을 의미한다. 인간의 성장은 나선식이다. 바운더리가 다시 약해지는 것은 '미숙한 희미함'으로 내려감이 아니라 '성숙한 희미함'으로 올라섬이다. 이웃에 대한 관심이 커지고 다음 세대에 대한 책임을 생각하며, 좀 더 좋은 세상을 물려주기 위해 자신이 무엇을 해야 할지를 생각하고 실천하게 된다. 자신을 채움과 동시에 공동체에 공헌하는 것이다. 자아가 발달하면 어느 순간 자아는 스스로를 넘어선다. 고로, 빵이 되려는 밀은 먼저 잘 익어야 한다.◆

이 책의 독자기획단에 참여해주신 김성민, 김영곤, 남상욱, 남지연, 박용석, 박정원, 설문정, 안은숙, 이도현, 이미정, 이소영, 이예나, 정병섭 님에게 감사를 전합니다.